사회복지 프로그램 개발과 평가

DEVELOPMENT & EVALUATION
OF SOCIAL WELFARE
PROGRAM

사회복지 프로그램 개발과 평가

송기영 저

동문사

| Preface |

대학에서 강의를 시작한 지 벌써 7년 차에 접어들었다. 그동안은 나무만 보고 숲은 보지 못했던 시기였던 것 같다. 핑계 같지만 개인적인 일에 몰두하고, 학교의 공적인 업무에 매달려 진정으로 학생들이 원하는 강의를 하지 못했던 것 같아 미안한 생각마저 든다. 그러나 이제는 숲을 보는 차원에서 저자에게 있어 클라이언트라고 할 수 있는 학생들의 눈높이와 욕구에 맞춰 교재를 편성해 보고자 하는 목적으로 출간을 결심하였다.

강의를 잘 하는 비결은 바로 강의 준비를 철저히 하는 것이다. 본 교재는 강의자의 입장에서 자료를 철저히 준비하겠다는 취지로 집필되었다. 한편 학생의 입장에서 본다면 교재를 가지고 강의를 듣는 것이 가장 강의를 잘 듣는 비결이다. 그렇다면 강의 내용과 교재 내용이 일치하면 학생 입장에서 더 바랄 것이 없을 것이다. 본 교재는 이러한 학생 중심의 관점에서 강의 자료를 준비하는 자세로 강의 자료와 교재가 일치하도록 작성되었다. 강의 내용과 교재 내용이 일치하지 않는다면 학생입장에서는 효율적일 수 없다. 강의자 입장에서도 교재와 강의 내용이 일치 한다면 강의의 효율성이 배가될 것이다.

교재의 특성 및 기존 교재와의 차별성은 다음과 같다.

우선 다분히 이론 중심적인 내용에서 탈피하여 실제적인 내용을 담으려고 노력하였다. 그리고 가능하면 학생들의 흥미와 관심을 이끌어 내기 위해 현실 속의 내용을 삽입하였다.

둘째, 강의 내용의 수준은 소수의 선두에 서 있는 학생들보다는 다수의 중위권 학생들 눈에 맞추어 난해한 내용은 과감하게 삭제하고, 실제적이면서도 이해하기 쉬운 내용으로 편성하였다.

셋째, 수업의 구조를 탄탄하게 하기 위해 내용을 체계적으로 구성하였다. 수업의 도입 부분에서는 수업목표를 명확히 하였고, 수업 중간 중간에는 수업 활동을 통해 학생들의 이해도를 높이고 지루하지 않도록 참여를 유도하였다. 수업의 마지막 부분에서는 정리 및 요약을 위한 확인학습을 수록하여 복습하도록 하였다. 그리고 수업의 전 시간 동안 학생들의 강의 집중도를 높이기 위해 강의 집중 노트를 수록하여 학생들의 참여도와 강의 집중도를 제고하였다.

교재는 구성면에서 총 4부로 이루어졌다. 제1부는 사회복지 프로그램의 기초를 위한 총론의 성격에서 사회복지 프로그램의 이해, 사회복지 프로그램의 중요성과 유형, 그리고 사회복지 프로그램의 뼈대라고 할 수 있는 논리모델로 구성하였다. 제2부는 사회복지 프로그램 개발의 과정으로 논리모델을 활용하였다. '문제상황'에 대해서는 문제 분석 및 욕구사정을 하고, '성과'를 도출하기 위해 목적 및 목표를 설정한다. 그리고 목적 및 목표 달성에 필요한 '활동'을 구상하기 위해 자료 수집과 대안을 선택하게 된다. 활동이 결정되면 필요한 자원의 '투입'을 탐색한다. 마지막으로 활동의 총량을 '산출'을 통해 결정하며, 세부계획설계에서 나타낸다. 제3부는 사회복지 프로그램의 평가로서 사회복지 프로그램 평가의 개념과 의의, 실험설계를 통한 프로그램 평가, 비실험설계를 통한 프로그램 평가에 대해 다룬다. 마지막 제4부는 사회복지 프로그램의 분야별 실제로서 아동 · 청소년복지 프로그램, 장애인복지 프로그램, 노인복지 프로그램, 여성 · 다문화복지 프로그램, 지역복지 프로그램에 대해 살펴본다.

마지막으로 이 책이 출간되도록 도와주신 동문사 관계자 여러분들께 감사를 드린다.

2019년 6월
9312-2 연구실에서
저자 송기영

| 차 례 |

제 1 부 사회복지 프로그램의 기초_총론

제 2 부 사회복지 프로그램 개발의 과정

제 3 부 사회복지 프로그램의 평가

제 4 부 사회복지 프로그램의 분야별 실제

제 1 부

사회복지 프로그램의 기초 _총론

01
Chapter

사회복지 프로그램의 이해

Key Word 중심 수업 목표

1. 프로그램, 사회복지 프로그램, 정책, 사업, 서비스, 프로젝트
2. 사회복지 프로그램의 성격
3. 사회복지 프로그램의 산출을 위한 사회복지 교과목

1 프로그램이란 무엇인가

1-1. 프로그램의 개념

프로그램이라는 단어는 우리 실생활에서 많이 접하는 용어이다. 예를 들어 방송 프로그램, 여행 프로그램, 교육 프로그램 등과 같이 프로그램이라는 단어가 직접적으로 들어가 있는 경우도 있고, 신입생 환영회, 학과 단합 체육대회처럼 프로그램의 용어가 붙지 않더라도 프로그램의 형태를 띠는 사례가 있다.

이처럼 프로그램은 우리가 자주 대하는 생활의 한 면이라고 할 수 있다. 그러나 막상 프로그램이 무엇인지 정의하고자 한다면 명확하게 설명한다거나 정확한 개념과는 다른 뜻으로 오해하고 있는 경우가 많다.

표준국어대사전(국립국어원, 2017)에 따르면 프로그램의 사전적 의미는

"일의 진행 계획이나 순서", "연극이나 방송 따위의 진행 차례나 진행목록", "어떤 문제를 해결하기 위하여 그 처리 방법과 순서를 기술하여 컴퓨터에 주어지는 일련의 명령문 집합체"로 정의할 수 있다.

프로그램이라는 용어는 본래 '미리 쓴다'는 뜻을 지닌 라틴어에서 유래한 말로서 17세기에 처음으로 문헌에 나타났으며, 운동회의 순서나 음악회의 연주곡목 순서 등을 미리 짜놓은 것을 의미한다. 1920년대에 라디오가 개발되며 방송 시간표를 일컫는 말로 흔히 사용되었으며, 컴퓨터에서는 1946년 과학잡지 '네이처(Nature)'에 게재된 에니악(ENIAC) 관련기사에서 처음으로 쓰였다. 순서에 따라 한 번에 하나씩 실행되는 명령어로 구성되어 있어 컴퓨터가 수행해야 하는 절차를 나타내며, 컴퓨터를 실행시키기 위해 차례대로 작성된 명령어 모음을 의미하기도 한다(두산백과, http://www.doopedia.co.kr).

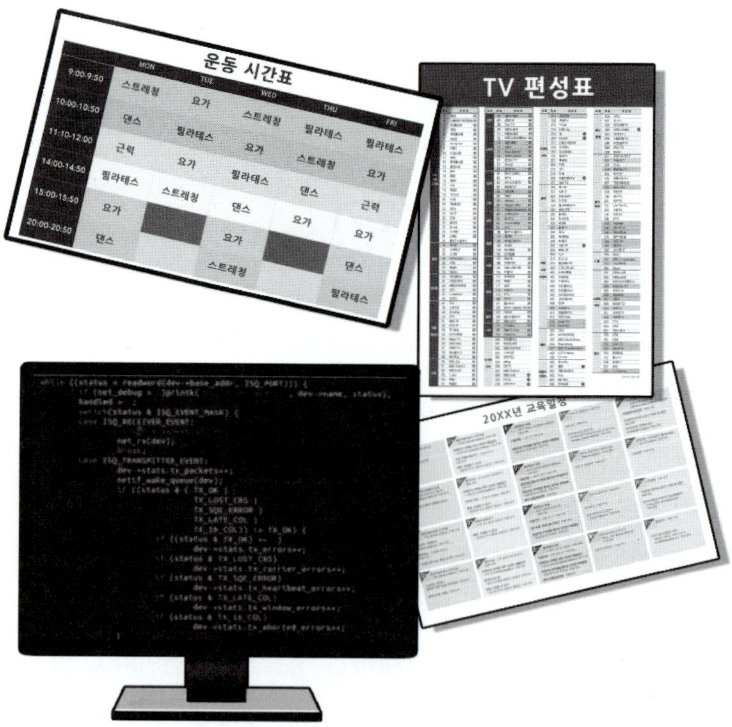

그림 1-1 프로그램 관련 이미지

출처: 네이버 지식백과.

한편, 학자들에 따라 프로그램의 정의가 조금씩 다르다. 랍과 포에트너(Rapp & Poertner, 1992)는 "하나의 목적을 이루기 위한 행동들의 집합체"로 정의하였고, 박경일 등(2016)은 "조직이나 기관이 의도된 계획에 따라 어떤 목적을 달성하기 위해 인적·물적 자원을 활용하는 일련의 집합적인 활동들"이라고 정의하고 있다.

종합하면 프로그램은 "특정 목적을 달성하기 위해 수행되는 서비스나 활동들의 집합"이라고 정의할 수 있다. 즉, 프로그램의 핵심 요소는 목적과 서비스(활동)들의 집합이다. 예를 들어, 학과 단합 체육대회가 하나의 프로그램이라고 한다면 학과의 단합이 목적이고, 이를 달성하기 위한 축구, 피구, 줄다리기, 계주 등이 활동들의 집합이라고 할 수 있다.

수업 활동 ❶

생활 속에서 접할 수 있는 프로그램의 예 생각해 보기

1-2. 사회복지 프로그램이란 무엇인가

프로그램은 특정 목적이나 목표를 지닌 활동들의 집합체라고 정의할 수 있다. 그렇다면 사회복지 프로그램은 사회복지의 목적이나 목표를 지닌 사회복지 활동들의 집합체라고 할 수 있다. 이를 다시 정리하면 사회복지 프로그램은 사회복지의 목적(목표)을 달성하기 위한 서비스들의 집합체라고 할 수 있다.

정무성·정진모(2001)는 "사회복지조직에서 특정 목표를 달성하기 위한 활동의 집합체"라고 정의하였다. 황성철(2017)은 "특정한 목적달성을 위하여 자원과 기술이 투입되어 일정한 절차에 따라 이루어지는 조직의 계획적인 활동체계"라고 정의하였다. 그리고 김영종(2010)은 "사회정책이나 목적들을 서비스 실천으로 연결하는 과정에 대한 구체적인 설계가 사회복지 프로그램을 통해 나타난다."고 하였다.

종합하면 사회복지 프로그램은 다음과 같은 도식으로 나타낼 수 있다.

- 사회복지 프로그램 = 사회복지 목적(목표)을 지닌 서비스(활동)들의 집합
- 사회복지 목적(목표) = 클라이언트나 (지역)사회의 변화
- 변화 = 클라이언트의 욕구 충족, 사회문제의 해결

결론적으로 사회복지 프로그램이란 "클라이언트의 욕구 충족과 사회문제 해결을 통해 클라이언트나 지역사회를 변화시키기 위한 서비스(활동)들의 집합"이라고 정의할 수 있다.

1-3. 프로그램의 유사개념과의 구별

사회복지 프로그램은 실천현장에서 유사한 개념과 혼용되어 사용되는 경향이 있다. 사회복지 프로그램과 유사개념으로 정책, 사업(business), 서비스(service), 프로젝트를 들 수 있다. 이러한 용어들을 구분 없이 사용함으로써 프로그램을 개발하고 실행하는 데 혼란을 일으킬 수 있다. 사회복지 프로그램을 공부한다면 명확히 구분하고 이해하는 것이 사회복지학 전공자로서 의미 있는 일이라고 할 수 있다.

황성철(2017)은 정책, 실천, 서비스, 프로젝트를 프로그램과 비교하여 다음과 같이 설명하였다. 우선 프로그램과 정책은 유사한 의미를 지니고 있으나, 정책은 정부나 공공기관의 목적 달성을 위한 주요 행동 계획과 원칙을 의미한다는 측면에서 일선 기관에서 제공하는 프로그램과 구별된다. 정책은 상위 개념이나 포괄적 성격을 지니며, 프로그램 실현을 위한 선행요건이기도 하다. 예를 들어, 종합사회복지관의 설치 및 운영을 규정한 요소는 정책이며, 종합사회복지관에서 기획하고 운영하는 세부적인 활동들은 프로그램이라고 할 수 있다.

과거에는 영리를 추구하는 기업 분야에서 '사업'이라는 용어를 주로 사용했고, 비영리 · 사회복지 분야에서는 상대적으로 '프로그램' 혹은 '서비스'라는

용어를 더욱 선호해 왔으나, 현재는 영리·비영리의 모든 분야에서 이 세 가지 용어를 필요에 따라 모두 사용하고 있다. 사전적으로 정의하면 프로그램이라는 용어가 가장 상위 개념이다. '어떤 목적을 갖고 계획된 활동'이 프로그램의 뜻이기 때문에 확장시켜 적용하면 국가 정책도 모두 프로그램이다. 예를 들어, 국민기초생활보장제도, 국민연금, 건강보험, 고용보험, 산재보험 등의 사회보험 정책뿐만 아니라 교육제도, 국방제도 등도 모두 특정한 목적을 가지고 계획된 활동이므로 프로그램이다(조성우 외, 2018).

그러나 프로그램이라는 용어를 사회복지기관에서 운영하는 활동 차원으로 제한하여 규정한다면 다음 그림과 같은 이해가 적절하다.

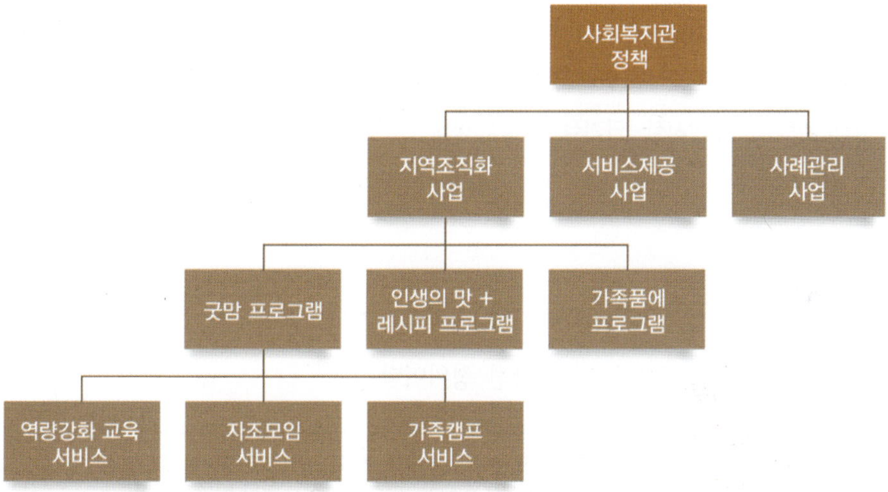

출처: 태화기독교사회복지관(http://www.taiwha.or.kr)

그림을 보면 하나의 프로그램은 여러 서비스를 묶어 놓은 것과 같다. 즉, 프로그램은 서비스를 포괄하는 개념이며, 서비스는 프로그램 활동의 주요 내용을 구성하는 요소이다. 그리고 사업은 유사한 프로그램이 모여 구성된다. 결국 서비스는 프로그램의 하위단위 구성요소이고, 프로그램은 서비스들의 집합으로 사업의 하위단위이며, 사업은 프로그램들로 구성된 상위 수준의 단위이다. 그리고 사업들을 포괄하여 제시한 것이 정책이라고 할 수 있다.

한편 프로그램이 지속적이고 일정한 구조를 갖추고 진행되는 것과는 달리

'프로젝트'는 한시적으로 실험적인 형태로 단기간에 수행하는 특정 과업이나 활동을 의미하며, 이러한 측면에서 프로젝트 팀은 흔히 사용하는 'TF(Task Force)'와 같은 의미라고 할 수 있다. 유사개념의 특징을 비교하여 정리하면 **표 1-1**과 같다.

표 1-1 프로그램의 유사 용어

구분	내용
정책	• 정부나 공공기관의 목적달성을 위한 주요 행동 계획 • 최상위 개념, 프로그램의 선행 요건
사업	• 프로그램의 합으로 상위 개념
프로그램	• 일선 기관에서 제공하는 구체적인 활동 • 정책을 기반으로 하는 사업의 구성단위 • 서비스의 상위 개념
서비스	• 프로그램 활동의 주요 내용
프로젝트	• 한시적 · 단기적 · 실험적 형태

출처: 김상곤 외(2015) 재구성.

수업 활동 ❷

다음 내용은 **프로그램**에 대한 사전 정의이다.

> 방송 프로그램을 말한다. 프로그램은 연출자가 작가, 카메라 등 여러 스태프들과 협업으로 만들어 낸 기획의 최종 산물이다. (출처: 영상콘텐츠제작사전)

본인이 **가장 좋아하는 방송 프로그램**을 한 가지를 선택하여 프로그램의 내용(줄거리, 등장인물)과 목적(주제)을 설명하기

2 사회복지 프로그램의 성격

사회복지 목적을 달성하기 위한 방법과 절차 및 활동들을 담고 있는 것을 사회복지 프로그램이라고 하는데, 구체적인 성격은 다음과 같이 설명된다(김영종, 2013).

1) 과정적 도구

사회복지 프로그램은 사회복지정책이 서비스로 구체화되어 전달되는 과정을 나타낸다. 정책이 주로 '무엇이 되어야 하는지'라는 당위성에 초점을 둔다면 프로그램은 '어떻게 그것을 실현할 것인지'에 대한 방법과 절차로서의 과정적 도구(tool)가 된다. 예를 들어, 노인 부양자의 부담을 경감하려는 목적을 지닌 어떤 사회복지정책이 있다면 이를 실현하기 위해 '시설을 이용한 주간 일시보호 서비스를 언제부터, 누구를 대상으로, 어떻게 실시할 것인가'와 같은 운영 방안과 절차의 구성이 곧 사회복지 프로그램이 된다.

2) 변화모형

사회복지 프로그램은 기본적으로 변화모형(change model)을 따른다. 사회복지의 목적은 대개 사회문제의 해결에 있다. 그러므로 사회복지 프로그램은 사회문제의 어떤 상황이나 조건(C)을 바람직한 상태(C′)로 변화(C → C′)시키는 데 사용되는 의도적 개입이 된다. 예를 들어, 지역사회 장애인들의 보행권이 보장되지 못하는 상태(C)를 보행권이 확보된 상태(C′)로 변화시키려는 의도적인 개입을 위해 어떤 사회복지 프로그램은 '장애인 보행권 확보를 위한 행동 절차'를 구체화하는 변화모형을 갖출 수 있다.

3) 휴먼서비스설계도

일반적으로 프로그램이란 특정한 목적 달성을 위해 제작된 설계도와 같다.

사회복지 프로그램은 사회복지의 목적 달성을 위한 방법과 절차들을 담는 설계도인 것이다. 대부분 사회복지 프로그램들은 '휴먼서비스' 형태의 사회복지 서비스를 구현한다는 독특성을 가진다. 휴먼서비스(Human Service)는 인간을 대상으로 하는 직접서비스의 특질을 나타내는 것으로 휴먼서비스는 사회복지 프로그램은 단순히 현금이전(cash-transfer) 서비스와는 다른 독특한 활동과 전환 과정을 묘사하는 설계도가 된다. 예를 들어, '개별 청소년의 심리사회적 변화'의 과정을 설계하는 휴먼서비스 프로그램은 '연금지급'에 관한 절차를 규정하는 프로그램 등과는 명백히 다를 수밖에 없다.

3 사회복지 프로그램 산출을 위한 사회복지 교과목

사회복지 목적을 제도적으로 실현하기 위해 정책과 행정, 실천 영역이 필요하다. 사회복지정책은 사회복지 목적 실현을 위해 특정하게 세분화된 목표를 찾아내어 결정하는 과정이고, 사회복지실천은 이러한 목표가 현장에서의 대인적 과정을 통해 수행되도록 하는 것이다. 일반적으로 정책적 목적이 실천에 이르는 과정을 매개하는 것을 행정이라고 하는데, 이를 위한 수단으로 전달체계, 조직, 프로그램이 사용된다. 사회복지행정을 조직을 통해 이루어지는 활동 혹은 노력이라고 할 때 사회복지행정의 활동이 구체화되는 장(場, setting)이 사회복지조직이 되며, 또한 사회복지행정의 실천을 위한 주요 수단이자 사회복지의 목적이나 목표를 구체적인 서비스로 전환시킬 수 있는 중요한 매개체가 사회복지 프로그램이기 때문에 사회복지행정에서 조직과 프로그램을 사회복지 목표 달성을 위해 설계하고 기획하며, 이를 관리해 나가는 활동은 사회복지행정에서 중요할 수밖에 없다(박경일 외, 2016).

즉, 사회복지행정은 사회복지정책과 사회복지실천을 매개하는 역할을 하며, 조직과 프로그램을 통해 이러한 역할을 수행한다고 할 수 있다. 컴퓨터에 비유한다면 조직은 하드웨어(H/W)이고, 프로그램은 소프트웨어(S/W)라고 할 수 있다. 어떤 사회복지 프로그램이라도 이를 운영할 조직을 필요로 한다. 현금이전 프로그램에서는 프로그램(연금지급서비스)과 이를 수행하기 위한 조직(국민연금공단)이 구분될 수 있다. 따라서 프로그램은 정책을 실천으로 연결시키는, 즉 사회복지의 목적을 구체적인 서비스로 전환시킬 수 있는 매개체 또는 소프트웨어의 기능을 한다고 할 수 있다.

정책	행정	실천
사회복지의 목적 실현을 위해 세분화된 목표를 결정하는 과정	정책적 목적 · 목표가 실천에 이르는 과정을 매개	목표가 현장에서 대인적 과정을 통해 수행됨

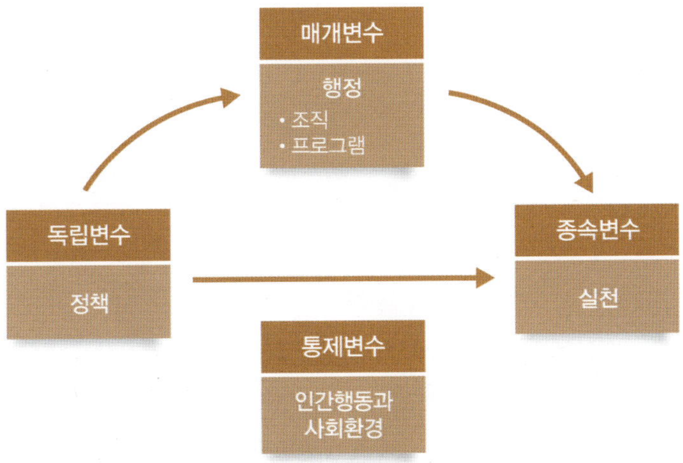

그림 1-2 정책, 행정, 실천의 관계

※ 이해를 돕기 위한 그림으로만 참조 바람

사회복지정책이 사회복지실천으로 이어주는 역할을 하는 프로그램이 개발되기 위해서는 모든 사회복지 전공 교과목들이 활용되어야 한다. 우선 생태체계적 관점에서 사회체계와 인간의 상호작용을 '인간행동과 사회환경'을 통해 배운다. 사회복지교과목들을 나무가 자라는 것에 비유하면 인간행동과 사회환경은 사회복지의 환경이자 토양에 해당한다고 할 수 있다. 그리고 사회복지의 목적과 목표를 형성하는 '사회복지정책론'과 '사회복지법제와 실천'은 나무의 뿌리에 해당한다. 한편 클라이언트의 욕구사정과 개입, 서비스 제공에 대한 방법을 '사회복지실천론'과 '사회복지실천기술론'에서 다루게 된다. 생태체계적 관점에서 클라이언트의 변화를 위해서 지역사회 체계 전체를 변화시키는 것은 '지역사회복지론'을 통해 배운다. 그리고 전문실천 영역은 '아동복지론', '노인복지론', '장애인복지론', '가족복지론' 등을 통해 다룬다. 이들 사회복지실천의 과목들은 나무의 산출물인 열매나 잎에 해당한다. 마지막으로 사회복지기관의 운영에 대해 공부하는 '사회복지행정론'에서 조직 관리에 대한 부분과 우리가 관심 있게 다루고자 하는 사회복지 프로그램은 나무의 줄기에 해당한다고 할 수 있다. 이를 그림으로 비유하면 **그림 1-3**과 같다.

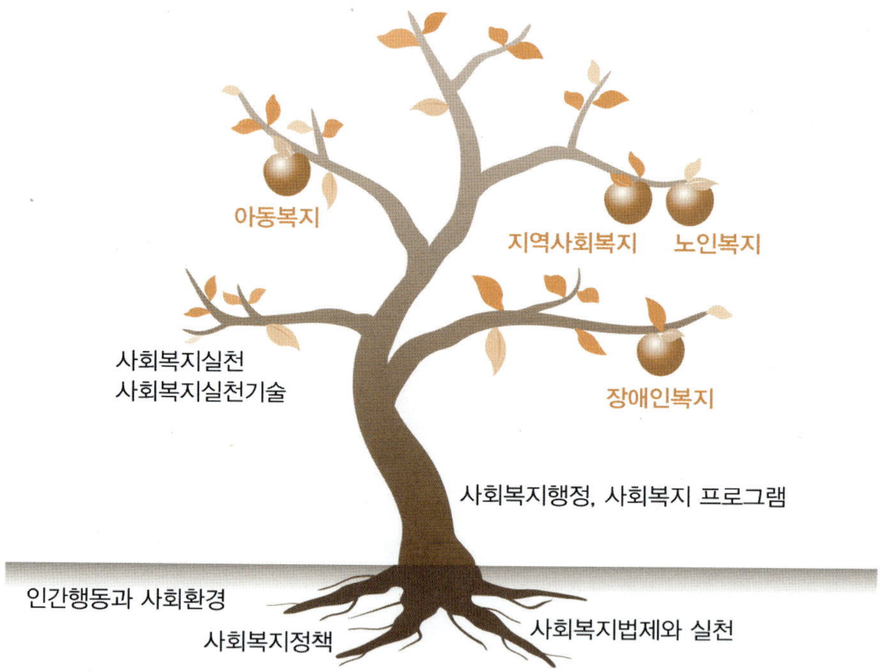

그림 1-3 사회복지 교과목 비유

수업 활동 ❸

신입생 환영을 위한 1박 2일 MT를 춘천의 한 콘도로 가고자 한다. 이때 본인이 프로그램을 짠다고 가정하고 다음 내용을 작성하기(조별로 활동 가능)

- 대상 : 사회복지학과 1학년 40명
- 일시 : 3. ○(금) ~ ○(토)
- 장소 : 춘천○○콘도 내 체육관

프로그램명	활동내용(수행방법)	시간	투입인력 (인적자원)	예산 (물적자원)

정리 및 요약_확인학습

1. 사회복지 프로그램에 대한 설명으로 옳지 않은 것은?

① 사회복지조직에서 특정 목표 달성을 위한 활동의 집합체이다.
② 사회복지정책이 서비스로 구체화되어 전달되는 과정으로서 프로그램은 방법과 절차로서의 과정적 도구이다.
③ 정책적 목적·목표가 행정에 이르는 과정을 매개하기 위해 사회복지실천이 필요하다.
④ 사회복지시설 평가제도의 도입으로 사회복지 프로그램 기획이 중요해졌다.

2. 다음 설명은 사회복지 프로그램의 어떠한 성격을 나타내는가?

> • 운영주체와 서비스 제공인력의 기준은 어떻게 할 것인지?
> • 서비스 제공대상은 어떤 기준으로 선정할 것인지?
> • 클라이언트의 안전을 확인하는 시기와 방법은?

① 과정적 도구 ② 변화모형 ③ 휴먼서비스설계도 ④ 체계론

3. 유사개념을 알맞게 연결하시오.

프로그램 •		• ① 프로그램들을 관리하기 위해 구축한 상위 수준의 운영단위
서비스 •		• ② 특정 목적을 위해 연결된 서비스들의 집합
사업 •		• ③ 클라이언트를 변화시키는 것과 관련된 활동으로 프로그램의 하위 구성요소
정책 •		• ④ 최상위 개념, 프로그램의 선행 요건

강의 집중 노트

1. 특정 목적을 달성하기 위해 수행되는 계획된 활동들(서비스 집합)을
( )이라고 한다.

2. 사회복지의 목적 실현을 위해 세분화된 목표를 결정하는 과정을
( )이라고 한다.

3. | 프로그램 | = | 목적과 목표를 지닌 | + | |

4. 변화모형에 의하면 사회복지 프로그램은 ( )를 바람직한 상태로 변화시키기 위한 의도적 개입이다.

5. 클라이언트를 변화시키는 것과 관련된 활동으로 프로그램의 하위 구성요소는 ( )이다.

6. 사회복지정책론, 사회복지법제론이 뿌리에 비유된다면 ( )은 줄기에 해당하며, 인간행동과 사회환경은 환경(토양)이고, 사회복지실천론 등은 열매(잎)에 해당한다.

읽기 자료

여행 프로그램 사례

[선착순특가][출발확정] 앙코르왓 5일 ▣특급호텔UP+호텔압살라디너+유적지툭툭이▣

일급 리조트로 실속있는 여행을 선호하는 분에게 추천하는 상품입니다.

일정	3박 5일 한국출발 2019년 02월 20일 (수) 19:15 RS0501 한국도착 2019년 02월 24일 (일) 07:05 RS0502
방문도시	인천-씨엠립(3)-인천
예약현황	예약:10명/좌석:10석 (최소출발: 성인8명)

1 일차 2019-02-20 (수)

비행 05시간 50분 RS0501

2019-02-20(수)	2019-02-20(수)
19:15	23:05
인천 ICN 출발	씨엠립 REP 도착

인천

- 기내식 안내

씨엠립

- 씨엠립 입국 수속 절차
- 캄보디아 입국절차
- 씨엠립(Siem Reap)

Chapter 02

사회복지 프로그램의 중요성과 유형

Key Word 중심 수업 목표

1. 사회복지 프로그램 개발의 중요성, 책무성, 사회복지시설 평가제
2. 사회복지 프로그램의 유형: 대상별, 기능별, 구성 · 체계별, 공급주체와 재원별 유형

1 사회복지 프로그램 개발의 중요성

1-1. 책무성의 실현

'책무성(accountability)'은 사회복지기관이 프로그램이 목적한 성과를 효과적 또는 효율적으로 이루어냈는지를 객관적인 증거를 통해 입증 받는 능력을 의미한다. 사회복지조직은 책무성을 실현하기 위해 '프로그램에 투입된 예산을 적절하게 사용하고 있는가', '계획된 표적집단에게 서비스를 제공하고 있는가', '의도된 서비스를 얼마나 많이 제공하고 있는가' 등에 대한 증거를 가지고 적절하게 설명할 수 있어야 한다(Rossi & Freeman, 1982).

사회복지 프로그램에서 책무성에 대한 논의는 복지국가의 역사로부터 시작된다. 서구에서 19세기에 걸쳐 산업혁명이 시작되었고, 이는 인류에게 좋은

결과만 가져다주지는 못하였다. 주택문제, 노동문제, 환경문제, 도시화 문제 등 여러 사회문제가 생겨나게 되었고, 이러한 사회문제에 대한 해결을 위해 국가적 개입이 사회복지서비스를 통해 필요로 하게 되었고, 이는 제1,2차 세계대전을 통해 전후 복지국가의 형태로 나타났다. 전후에도 복지국가는 번영하였지만 영원할 것처럼 보였던 복지국가도 새로운 전환기를 맞이하게 되는데 1973년 석유파동(Oil Shock)으로 인해 세계 경제가 불황을 겪게 되면서 복지국가가 위기를 맞게 된다. 그러면서 사회복지 예산이 철저히 검증을 받게 되는데, 사회복지현장에서도 사회복지 프로그램의 효과성을 객관적으로 증명받을 필요성이 제기되었다.

1980년대에는 미국의 레이건 정부와 영국의 대처 정부를 중심으로 신자유주의가 등장하게 되었고, 복지 부문에 대한 예산 삭감을 요구하였다. 특히 미국은 공공부문의 성과관리를 추구하며, 1993년에 연방정부 차원에서 모든 공공부문이 사업의 과정과 결과를 객관적인 성과지표를 통해 평가하고 보고하도록 하였다. 그 결과, 미국의 사회복지서비스도 성과 평가 중심으로 재편되었다. 한국의 경우 1997년 IMF 외환위기를 계기로 공공부문의 관료제에 대한 지속적인 개혁을 추진하게 되었고, 성과관리 제도를 도입하면서 정부와 공공기관의 주요 사업마다 성과목표를 검증받도록 하였고, 사회복지 영역에 영향을 주었다(조성우 외, 2018).

책무성이 강조되면서 사회복지기관은 단순히 서비스를 제공하는 것에서 미래에는 프로그램이 지역사회에 미치는 영향을 분석하는 것으로 초점이 이동되었다(Kettner et al., 2008). 이는 사회복지실천의 초점이 투입에서 산출 및 성과로 이동했다는 것을 의미하며, 효과성에 기반하고 논리적인 프로그램의 개발이 중요해지고 있다는 것을 의미한다. 사회복지현장에서 책무성을 실현하지 못하는 기관은 사회적으로 부정적 평가를 받게 될 것이다. 이는 기관 운영에 필요한 재원을 확보하는 데 어려움을 초래할 것이고, 결국에는 운영이 불가능해지는 극단적인 상황에까지 내몰릴 수도 있다(김상곤 외, 2015). 책무성의 실현을 위한 영역은 다음과 같다.

표 2-1 책무성의 영역

영역	개념	사례
재정적 책무성 (fiscal accountability)	재정은 적절하게 예산의 범위 내에서 집행되어야 함	사업 수행 전 예산 수립, 사업 종료 후 결산 보고
법적 책무성 (legal accountability)	관련 법률에 의한 요구를 지켜야 함	사회복지 관련 법률의 규정을 준수
전문가 책무성 (professional accountability)	사회복지사 윤리강령과 같은 전문직의 윤리규정 준수	비밀보장 준수, 클라이언트의 이익 우선 등
문화적 책무성 (cultural accountability)	클라이언트의 다양성을 이해하고, 인권을 존중함	종교가 다른 클라이언트를 차별하지 않음
서비스 전달 책무성 (service delivery accountability)	서비스가 계획된 대로 적절한 양이 제공되어야 함	도시락 배달 서비스를 예산 부족으로 적절히 제공하지 않음

출처: Grinnell, Gabor, & Unrau(2010) 재구성.

1-2. 예산 확보

사회복지 프로그램의 개발이 중요한 이유는 사회복지공동모금회, 기업복지재단 등의 단체를 통해 프로그램 실행에 대한 예산을 지원받을 수 있기 때문이다. 사회복지공동모금회나 기업복지재단에 프로그램 제안서(프로포절)를 제출하여 심사를 통해 선정된다면 그에 따른 예산을 확보하여 사회복지기관 입장에서는 부족하고 한정된 예산 상황이 개선될 것이다. 그리고 이러한 상황은 결국에는 사회복지 프로그램의 실행으로 프로그램 참여자, 즉 클라이언트에게 혜택을 가져다 줄 것이다.

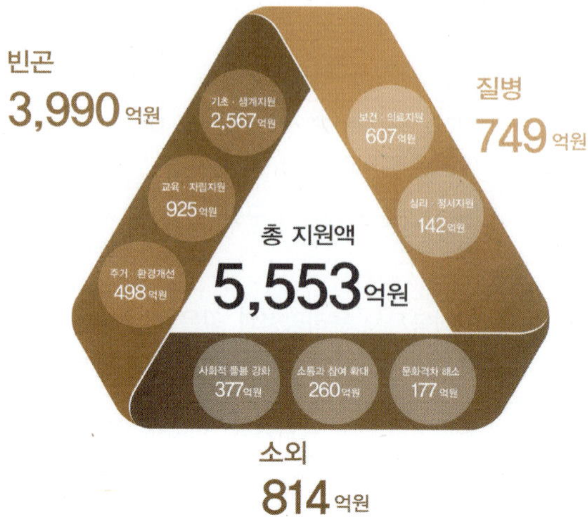

그림 2-1 2017년 사회복지공동모금회 배분 현황

출처: 사회복지공동모금회(2018). 2017 사회복지공동모금회 배분사례집.

표 2-2 사회복지공동모금회의 2019년도 배분사업 종류

구분	사업내용	배분한도	신청시기
신청사업	사회복지 증진을 위하여 자유주제 공모형태로 복지사업을 신청 받아 배분하는 사업 [프로그램사업 및 기능보강사업]	3,000만원 이하 (※ 지회별로 배분한도 내에서 조정 가능)	2018년 8월
기획사업	모금회가 그 주제를 정하여 배분하는 사업 또는 배분대상자로부터 제안 받은 내용 중에서 선정하여 배분하는 시범적이고 전문적인 사업	별도 지정	별도 공고
긴급지원 사업	재난구호 및 긴급구호, 저소득층 응급지원 등 긴급히 지원해야 할 필요가 있는 경우에 배분하는 사업	별도 지정	별도 공고
지정기탁 사업	사회복지 증진을 위하여 기부자가 기부금품의 배분지역 · 배분대상자 또는 사용용도를 지정한 경우 그 지정취지에 따라 배분하는 사업	별도 지정	수시

출처: 사회복지공동모금회(2019). 2019 배분사업안내.

1-3. 사회복지시설 평가제의 도입

마지막으로 사회복지 프로그램의 개발이 중요한 이유는 사회복지시설 평가제도의 도입이다. 1990년대 말 사회복지시설의 비리와 인권문제 등을 언론에서 보도하면서 사회적으로 사회복지기관의 투명성 강화와 국가의 관리감독을 요구하는 목소리가 높아졌고, 이러한 사회적 인식을 반영하여 1998년 사회복지사업법이 개정되었고, 이를 근거로 사회복지시설 평가제가 도입되어 국가로부터 보조금을 받는 모든 사회복지기관은 3년에 1회 이상 기관 운영 및 프로그램 성과에 대해 평가를 받아야 한다.

❖ 사회복지시설 평가의 목적

- 사회복지시설에 대한 평가를 통하여 사회복지시설의 운영 효율화 및 서비스의 질을 제고함으로써 사회복지시설 이용자 · 생활자에 대한 사회복지서비스의 질 향상 도모
- 합리적 평가지표와 평가체계의 개발을 통한 사회복지시설에 대한 객관적인 평가틀 마련
- 전국적으로 사회복지시설 평가를 통하여 사회복지시설 운영 수준에 대한 지역별 · 시설종별 차이를 파악하고, 이의 개선을 위한 사회복지시설운영 수준의 균형화 대책마련을 위한 기초 자료 확보
- 사회복지 수요 증대에 따른 사회복지시설 운영 상태에 대한 정보 제공으로 사회복지시설에 대한 국민의 선택권 확대 및 보장
- 국민들에게 직접 복지서비스를 제공하는 사회복지시설의 기능강화를 통해 사회안전망을 강화하고 시설 운영의 선진화를 통하여 국민의 복지수준 향상에 기여

출처: 사회보장정보원(http://www.w4c.go.kr)

❖ 법적 근거

「사회복지사업법」 제43조의2(시설의 평가)
① 보건복지부장관과 시 · 도지사는 보건복지부령으로 정하는 바에 따라 시설을 정기적으로 평가하고, 그 결과를 시설의 감독 · 지원 등에 반영하거나 시설 거주자를 다른 시설로 보내는 등의 조치를 할 수 있다.

「사회복지사업법 시행규칙」 제27조의2(시설의 평가)
① 보건복지부장관 및 시 · 도지사는 법 제43조의2의 규정에 의하여 3년마다 1회 이상 시설에 대한 평가를 실시하여야 한다.
② 제1항의 규정에 의한 시설의 평가기준은 다음 각 호와 같다.
1. 입소정원의 적정성
2. 종사자의 전문성
3. 시설의 환경
4. 시설거주자에 대한 서비스의 만족도
5. 기타 시설의 운영개선에 필요한 사항

사회복지기관의 평가 영역 중 프로그램 및 서비스의 배점이 50%로 가장 큰 비중을 차지하고 있다. 구체적으로 프로그램 기획의 전문성, 프로그램 수행과정, 프로그램 평가 등이 설정되어 있어서 사회복지 프로그램의 기획, 실행 평가과정을 점검하고 있다.

표 2-3 2018년 사회복지관 영역별 평가지표 및 배점

평가영역		배점
시설 및 환경		4
재정 및 조직운영		4
인적자원관리		28
프로그램 및 서비스	사례관리	12
	서비스제공	30
	조직화사업	8
이용자의 권리		6
지역사회관계		8
총계		100

출처: 사회보장정보원(http://www.w4c.go.kr)

<프로그램_평가지표 1>

평가지표	D2-1. 프로그램 기획의 전문성	
평가목표	대상자의 욕구와 지역사회의 특성을 반영한 프로그램을 기획하여 제공한다.	
평가내용	프로그램 기획의 전문성은 어떠한가?	해당 여부
	① 대상자의 욕구 및 특성을 적절히 반영하고 있다.	
	② 지역사회의 특성 및 환경변화를 적절히 반영하고 있다.	
	③ 사업계획서에 사업의 필요성, 목적 및 목표, 프로그램의 내용, 평가방법이 적절하게 기술되어 있다.	
배점기준	• 우 수 (4점) : 3개 항목이 해당된다. • 양 호 (3점) : 2개 항목이 해당된다. • 보 통 (2점) : 1개 항목이 해당된다. • 미 흡 (0점) : 해당하는 항목이 없다.	점수

<프로그램_평가지표 2>

평가지표	D2-2. 프로그램 수행과정	
평가목표	프로그램 수행과정을 체계적으로 기록하고, 전문인력 및 자원을 동원하여 서비스를 제공하고 있다.	
평가내용	프로그램 수행과정에 관한 기록, 전문인력, 자원동원 등 수행과정은 어떠한가?	해당 여부
	① 프로그램 계획대로 수행되어지고 있다.	
	② 프로그램 수행과정에 관한 기록이 구체적이고 명확하며 사실적이다.	
	③ 프로그램 수행과정에 전문인력(프로그램 진행자, 자원봉사자, 슈퍼바이저 등)이 적절히 활용되었다.	
	④ 프로그램 수행과정에 필요한 자원동원이 적절하게 이루어졌다.	
배점기준	• 우 수 (4점) : 4개 항목이 해당된다. • 양 호 (3점) : 3개 항목이 해당된다. • 보 통 (2점) : 2개 항목이 해당된다. • 미 흡 (1점) : 1개 이하 항목이 해당된다.	점수

<프로그램_평가지표 3>

평가지표	D2-3. 프로그램 평가	
평가목표	프로그램 결과에 대한 평가를 통해 향후 제공할 서비스에 평가 결과를 반영하여 보다 양질의 서비스를 제공한다.	
평가내용	프로그램의 결과에 대한 평가의 체계성과 피드백은 어떠한가?	해당 여부
	① 성과를 적절하게 평가하였다.	
	② 다양한 주체별 평가를 하였다.	
	③ 평가 결과의 피드백으로 신규 사업이 계획되어 시행되거나, 사업이 수정, 보완, 확대되어 시행되었다.	
	④ 프로그램의 효과, 결과 등을 홍보하거나 참여자들과 공유하고 있다.	
배점기준	• 우 수 (4점) : 4개 항목이 해당된다. • 양 호 (3점) : 3개 항목이 해당된다. • 보 통 (2점) : 2개 항목이 해당된다. • 미 흡 (1점) : 1개 이하 항목이 해당된다.	점 수

2 사회복지 프로그램의 유형

2-1. 대상별 유형

대상별 유형은 '표적집단 유형'으로도 불린다. '표적집단'이란 실천이나 프로그램에서 변화의 대상이 되는 체계를 의미한다. 주로 개인, 가족, 집단을 대상으로 클라이언트와 대면관계를 이루어 직접적 서비스 제공의 형태로 진행되는 프로그램은 '임상적(clinical) 프로그램[1]'이라 한다. 임상적 프로그램은 주로 상담, 치료, 재활, 정보제공, 의뢰 등의 형태로 사회복지서비스가 제공된다(황성철, 2017).

사회복지 프로그램의 목적은 문제나 욕구가 있는 클라이언트의 변화에 있기 때문에 클라이언트를 대상별로 분류하여 프로그램을 개발할 수 있기 때문에 가장 기본적인 분류기준이라고 할 수 있다.

사회복지 프로그램 대상별 유형의 사례로 사회복지공동모금회의 '2015 사회복지공동모금회 배분사례집(사회복지공동모금회, 2016)'에서는 지원배분사업을 '아동 · 청소년', '장애인', '노인', '여성 · 다문화', '저소득 긴급지원', '해외 · 북한 · 기타', '지역사회복지 안전망'으로 분류하였다. 그 대상에 따른 구체적인 프로그램은 다음과 같다.

표 2-4 참여대상 분류 기준

참여대상	기준
아동 · 청소년	• 19세 미만의 자(「민법」 상의 연령 적용)
노인	• 65세 이상의 자
장애인	• 「장애인복지법」에 의해 장애 등록이 된 자

(계속)

1) 조직과 지역사회 또는 전체 사회를 대상으로 하는 프로그램은 사회복지 행정과 지역사회조직 등 거시적 실천과 관련된 것으로 '제도적(institutional) 프로그램'이라 한다. 지역사회를 변화의 대상체계로 접근하는 제도적 프로그램은 지역사회 개발, 사회계획, 사회행동 등 로스만(Rothman, 1995)의 분류체계에 따른 지역사회 조직모델 프로그램이 사회제도나 정책의 변화를 추구하는 개별 프로그램의 형태로 발전될 수 있다.

참여대상	기준
여성/다문화	• 청장년 여성(19세~64세 이하)
	• 재한외국인, 결혼이민자(자녀포함)
위기가정	• 가족단위 대상, 청장년 남성(19세~64세 이하)
지역사회	• 지역주민이나 지역공동이익에 초점을 맞춘 사업 (지역사회 네트워크 및 마을 공동체와 관련된 사업) • 지역주민 및 사회복지관련 종사자를 대상으로 하는 사업
북한/해외/기타	• 북한지원사업 • 해외지원사업 • 기타사업

출처: 사회복지공동모금회(2019). 2019 배분사업안내.

출처: 사회복지공동모금회(2016). 2015 사회복지공동모금회 배분사례집.

수업 활동 ❶

사회복지 프로그램의 대상에 따른 유형과 같이 다음에서 졸업 후 일 하고 싶은 사회복지 취업 분야를 선택하여 그 이유를 설명하고, 관련 취업기관 탐색하기 (조별 활동 가능)

- 아동 · 청소년 분야
- 장애인 분야
- 노인 분야
- 여성 · 다문화 분야
- 해외 · 기타

참고로 사회복지공동모금회는 2016년부터 사회복지 프로그램의 유형을 기존의 대상별 분류에서 빈곤, 질병, 소외와 같이 문제와 욕구를 기준으로 프로그램의 유형을 변경하였다.

표 2-5 사회복지공동모금회 사회복지 프로그램 유형

유형	세부 영역
빈곤	기초생계 지원, 교육 · 자립 지원, 주거 · 환경 개선
질병	보건 · 의료 지원, 심리 · 정서 지원
소외	사회적 돌봄 강화, 소통과 참여 확대, 문화격차 해소

출처: 사회복지공동모금회(2018). 2017 사회복지공동모금회 배분사례집.

표 2-6 사회복지공동모금회 사업 구분 세부내용

사업 구분 (분야)	사업 목적	세부사업 설명
기초생계 지원	• 기본적 욕구 충족, 절대적 빈곤 위험 완화 및 예방	• 생계지원(현금 · 현물지원) 예) 명절물품지원, 이재민 긴급구호, 식사(급식, 반찬, 도시락 등) 관련 지원사업, 건강보험료지원, 장제비, 전기요금지원, 부식비 · 피복비 지원, 생필품지원 등
교육 · 자립 지원	• 취약계층의 자립역량 강화 지원과 빈곤의 대물림 방지	• 취약계층 대상의 교육(학습,진로, 교양 등) 및 직업훈련 등 지원 예) 장학금 및 교육비 지원사업, 기초학습 및 특기적성 교육지원, 직업훈련 교육 및 전문자격 취득지원, 취업 및 진로컨설팅 지원, 진로교육 프로그램, 사회적 경제조직(사회적기업 및 협동조합)의 인큐베이팅 등 지원, 부모교육, 저소득층 자활사업 및 인문학 교육 등
		• 교육장비 및 교육환경 조성 등 지원 예) 교육기자재 및 장비지원, 지역아동센터(공부방) 시설 개보수, 컴퓨터 및 IT기기 지원 등
주거 · 환경 개선	• 안전한 주거환경 조성 • 환경보호, 지역사회 환경 개선	• 주거관련 지원(냉난방관련) 예) 생활 및 이용시설 개보수 등 시설개보수, 주거환경 개선, 냉난방시설 및 비용(연료)지원, 안전장비 및 시설보강, 재난피해지역 복구 등
		• 국내외환경보호 관련사업 예) 녹색환경 조성, 옥상녹화, 하천정화, 벽화, 나무심기 등
보건 · 의료 지원	• 신체적으로 건강한 삶을 위협하는 요인의 완화 및 사전예방 • 의료서비스 기회 제공 및 과부담 의료비 경감	• 질병예방을 위한 공중위생 및 보건 활동 지원 • 의료서비스 및 의료비 제공 예) 검사(진단)비, 입원 및 수술비, 보건교육 및 건강교실, 고액의료비지원, 희귀난치성 질환지원, 중독치료(약물,음주,흡연), 만성질환관리지원, 건강식품지원, 재활치료 및 운동 프로그램, 의료장비 및 기자재 구입지원, 보조공학 재활기구 지원, 병의원 및 무료진료소 건립 등
심리 · 정서 지원	• 건강한 삶을 위한 정신적 · 심리적지지 및 회복	• 상담, 심리검사 및 치료 • 심리정서회복 프로그램 지원과 관계증진 활동 등 예) 상담치료, 심리검사(진단), 언어치료, 미술 · 음악 등 표현예술치료, 운동치료, 관계회복 프로그램, 중독치료(도박, 게임, 인터넷), 우울증 및 스트레스(불안) 개선 활동, 멘토링, 나들이 활동 등

(계속)

사업 구분 (분야)	사업 목적	세부사업 설명
사회적 돌봄 강화	• 보호가 필요한 취약계층의 안전한 삶 지원	• 아동보호 · 양육과 여성/노인/장애인 등 취약계층의 안전, 편의 증진, 돌봄 지원 예) 방과 후 및 주/야간보호 지원사업, 소규모시설 및 영유아시설 운영지원, 가정위탁 및 입양대상 아동지원, 한부모 및 조손가정아동의 보호지원, 재가노인 및 장애인 돌봄(사례관리 등) 관련 사업, 장애인 활동보조지원, 학대예방 및 피해지원, 가정폭력예방 및 피해지원, 성교육 및 성폭력 예방/피해지원, 성매매피해지원, 쉼터지원, 이동편의(차량 등) 지원, 기타 편의증진 및 안전관련 지원 등
소통과 참여 확대	• 민간전달체계 강화를 통한 양질의 복지서비스 제공 및 주민참여를 통한 민간 복지자원 확대	• 서비스제공 기관과 종사자 지원 예) 사회복지사 및 시설종사자 등 교육지원, 종사자 쉼과 회복 지원, 복지시설 기타 사업비 및 운영비 지원
		• 주민조직화 및 지역사회 통합 활동 예) 주민리더 양성사업, 주민(시민)교육사업, 재능기부 및 지원 활동, 지역간담회, 포럼 및 세미나, 전문인력 양성, 취약계층 보호 또는 지역사회통합을 위한 인식개선 교육 및 캠페인 등 활동, 마을 만들기 및 지역사회 공동체지원 관련사업, 김장나눔행사, 결혼 및 칠순잔치 행사, 지역 및 주민대상 행사 · 축제 등
		• 자원봉사 및 네트워크 구축 등 민간복지 자원 확대 예) 지역사회 자원연계 활동, 재능기부 및 지원 활동, (전문)자원봉사단 조직 및 운영, 영구임대아파트 공동체 형성지원 등
문화 격차 해소	• 여가 · 문화 · 예술의 다양한 경험 및 활동에 대한 기회 확대로 삶의 질 개선과 역량 강화	• 여가/문화/예술 경험 및 활동 관련 지원 예) 여가를 목적으로 한 나들이 및 외부 문화/예술/체육 행사 참여, 방과후/주말/방학 등 문화예술 및 체육 활동 지원사업, 동아리 및 공연 활동 지원사업, 특별체험 활동, 역사/전통문화체험 및 예절교육, 여행 및 캠프, 독서교실, 악기/체육장비/도서 등 구입지원

출처: 사회복지공동모금회(2019). 2019 배분사업안내.

수업 활동 ❷

사회복지 프로그램의 유형을 대상에 따라 나누지 않고, 문제나 욕구에 따라 나눌 때 장점과 단점을 생각해 보기

2-2. 기능별 유형

이는 사회복지기관에서 가장 보편적으로 사용되는 기준으로 사회복지관의 3대 기능을 중심으로 프로그램을 분류한다. 「사회복지사업법 시행규칙」 (별표 3)에 의하면 사회복지관의 사업은 사례관리기능, 서비스 제공 기능, 지역조직화 기능으로 분류된다. 사회복지관의 사업은 **표 2-7**과 같다.

표 2-7 사회복지관의 사업

기능	사업분야	사업 및 내용
사례 관리 기능	사례발굴	지역 내 보호가 필요한 대상자 및 위기 개입대상자를 발굴하여 개입계획 수립
	사례개입	지역 내 보호가 필요한 대상자 및 위기 개입대상자의 문제와 욕구에 대한 맞춤형 서비스가 제공될 수 있도록 사례개입
	서비스 연계	사례개입에 필요한 지역 내 민간 및 공공의 가용자원과 서비스에 대한 정보 제공 및 연계, 의뢰
서비스 제공 기능	가족기능 강화	1. 가족관계증진사업: 가족원 간의 의사소통을 원활히 하고 각자의 역할을 수행함으로써 이상적인 가족관계를 유지함과 동시에 가족의 능력을 개발 · 강화하는 사업 2. 가족기능보완사업: 사회구조 변화로 부족한 가족기능, 특히 부모의 역할을 보완하기 위하여 주로 아동 · 청소년을 대상으로 실시되는 사업 3. 가정문제해결 · 치료사업: 문제가 발생한 가족에 대한 진단 · 치료 · 사회복귀 지원사업 4. 부양가족지원사업: 보호대상 가족을 돌보는 가족원의 부양부담을 줄여주고 관련 정보를 공유하는 등 부양가족 대상 지원사업 5. 다문화가정, 북한이탈주민 등 지역 내 이용자 특성을 반영한 사업
	지역사회 보호	1. 급식서비스: 지역사회에 거주하는 요보호 노인이나 결식아동 등을 위한 식사제공 서비스 2. 보건의료서비스: 노인, 장애인, 저소득층 등 재가복지사업대상자들을 위한 보건 · 의료관련 서비스 3. 경제적지원: 경제적으로 어려운 지역사회 주민들을 대상으로 생활에 필요한 현금 및 물품 등을 지원하는 사업 4. 일상생활 지원: 독립적인 생활능력이 떨어지는 요보호 대상자들이 시설이 아닌 지역사회에 거주하기 위해서 필요한 기초적인 일상생활 지원 서비스 5. 정서서비스: 지역사회에 거주하는 독거노인이나 소년소녀가장 등 부양가족이 없는 요보호 대상자들을 위한 비물질적인 지원 서비스 6. 일시보호서비스: 독립적인 생활이 불가능한 노인이나 장애인 또는 일시적인 보호가 필요한 실직자 · 노숙자 등을 위한 보호서비스

(계속)

기능	사업분야	사업 및 내용
		7. 재가복지봉사서비스: 가정에서 보호를 요하는 장애인, 노인, 소년 · 소녀가정, 한부모가족 등 가족기능이 취약한 저소득 소외계층과 국가유공자, 지역사회 내에서 재가복지봉사서비스를 원하는 사람에게 다양한 서비스 제공
	교육문화	1. 아동 · 청소년 사회교육: 주거환경이 열악하여 가정에서 학습하기 곤란하거나 경제적 이유 등으로 학원 등 다른 기관의 활용이 어려운 아동 · 청소년에게 필요한 경우 학습 내용 등에 대하여 지도하거나 각종 기능교육 2. 성인기능교실: 기능습득을 목적으로 하는 성인사회교육사업 3. 노인 여가 · 문화: 노인은 대상으로 제공되는 각종 사회교육 및 취미교실운영사업 4. 문화복지사업: 일반주민을 위한 여가 · 오락 프로그램, 문화 소외집단을 위한 문화 프로그램, 그 밖에 각종 지역문화행사사업
	자활지원 등 기타	1. 직업기능훈련: 저소득층의 자립능력배양과 가계소득에 기여할 수 있는 기능훈련을 실시하여 창업 또는 취업을 지원하는 사업 2. 취업알선: 직업훈련 이수자 기타 취업희망자들을 대상으로 취업에 관한 정보제공 및 알선사업 3. 직업능력 개발: 근로의욕 및 동기가 낮은 주민의 취업욕구 증대와 재취업을 위한 심리 · 사회적인 지원 프로그램 실시사업 4. 그 밖의 특화사업
지역 조직화 기능	복지 네트워크 구축	지역 내 복지기관 · 시설들과 네트워크를 구축함으로써 복지서비스 공급의 효율성을 제고하고, 사회복지관이 지역복지의 중심으로서의 역할을 강화하는 사업 – 지역사회연계사업, 지역욕구조사, 실습지도
	주민 조직화	주민이 지역사회 문제에 스스로 참여하고 공동체 의식을 갖도록 주민 조직의 육성을 지원하고, 이러한 주민협력강화에 필요한 주민의식을 높이기 위한 교육을 실시하는 사업 – 주민복지증진사업, 주민조직화사업, 주민교육
	자원 개발 및 관리	지역주민의 다양한 욕구 충족 및 문제해결을 위해 필요한 인력, 재원 등을 발굴하여 연계 및 지원하는 사업 – 자원봉사자 개발 · 관리, 후원자 개발 · 관리

출처: 보건복지부(2018). 2018 사회복지관 운영관련 업무처리 안내.

2-3. 구성 체계별 유형

사회복지 프로그램을 체계론적 관점에서 분석한 유형으로 프로그램을 위계적 구조로 유형화 한 것이다. 즉, 상위 프로그램은 몇 개의 하위 프로그램으로 구성되고, 하위 프로그램은 다시 몇 개의 서비스나 활동들로 구성된다. 이는 앞서 프로그램의 유사개념과 관련하여 살펴볼 수 있다.

프로그램의 유사개념	구성 체계별 프로그램 유형	
정책	–	
사업		
프로그램	상위 프로그램	종합 프로그램
	하위 프로그램	단순 프로그램
서비스	서비스 및 활동	

몇 개의 단위 프로그램은 연속적으로 일어나고 어느 한 개의 단위 프로그램이 종료된 다음 다른 단위 프로그램이 시작되는 형태로 구성된 프로그램을 '연속 프로그램(continuous program)'이라 한다. 연속 프로그램은 교육이나 훈련 프로그램에서 사용되는 경우가 많은데 초기의 단위 프로그램은 단순한 활동의 형태로 진행되다가 점차 심층적 과제가 주어지는 방향으로 연속적·단계적으로 이루어지는 프로그램을 의미한다. 예를 들어, 노인을 위한 스마트폰 교육 프로그램의 경우 연속 프로그램으로 구성하지 않는다면 그 본래의 목적을 달성하기 어려울 것이다. 반면 '단순 프로그램(simple program)'은 하나의 단순한 목적을 달성하기 위해 비교적 짧은 시간에 다른 프로그램과는 유기적 관련성이 적은 프로그램으로 주로 1회성으로 끝나는 프로그램을 말한다. 노인학대예방 캠페인, 자원봉사 활동 프로그램, 빈곤가정 위기아동 여름캠프, 독거노인을 대상으로 한 주거환경 개선서비스 등이 이에 속한다. 단순 프로그램은 그 자체로서도 하나의 프로그램으로 성립될 수는 있지만 보통 여러 개의 단순 프로그램들이 융합된 형태의 종합 프로그램에 속하는 경우가 대부분이다. 일반적으로 프로그램이라 하면 종합 프로그램으로 인식하는 경우가 많은데 종합 프로그램은 상위 프로그램으로서 그 하위의 몇 개 단위 프로그램들, 즉 상담, 치료, 교육, 재활, 보호, 정보제공, 의뢰, 지원 등 각종 사회복지서비스들이 유기적으로 혼합되는 형태를 유지한다(황성철, 2017).

다음 사례는 상위 프로그램과 하위 프로그램, 서비스 및 활동의 관계를 나타낸다.

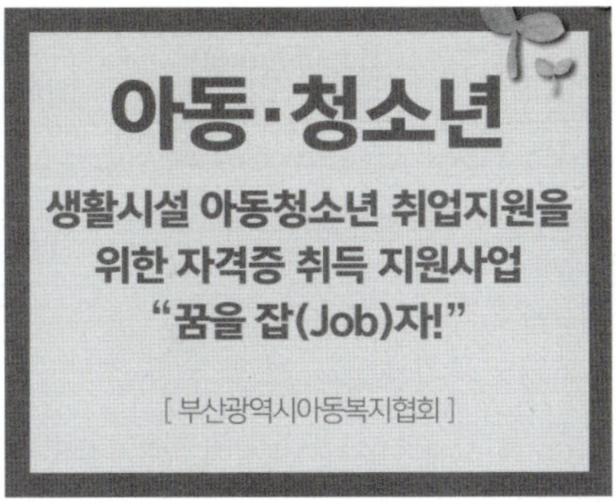

표 2-8 프로그램 수행내용

성과목표	프로그램명	활동(수행방법)	사업실적 (인원/횟수)	시행시기	투입 인력
자신의 가치·적성을 이해, 관심분야 파악을 통해 가치관 확 립을 하며, 뚜렷한 진로목표 수립 능력을 향상한다.	want-have	• 프로그램에 대한 O.T (실시 프로그램 전반 설명) • 직업선호도 및 적성검사 실시 검사 결과, 직업군 설명-I&J 커리어컨설팅 센터 • 사전 검사지 측정	36명/ 1회	2015.9.22	3명
가치관에 맞는 뚜렷한 목표를 세우고 합리적인 진로에 맞는 자격증을 취득하기 위해 노력한다.	잡(Job) 고(Go)	• 요리, 제과제빵, 미용, 건축, 디자인, 운전, 용접, 의복 등 다양한 학원 연계 자격증 취득(취업과 직접 연관된 자격증) • 과정기록지, 출석부	62명/ 2,604회	2015.9 ~2016.8	외부자원 연계
		• IT, 운전, 어학 등 학원 연계 및 자격증 취득(취업에 도움을 주는 자격증) • 과정기록지, 출석부			
지속적인 사례관리를 통해 진로 성숙도, 자기효능감, 정서적 안정감, 대인관계능력을 향상시킨다.	진로교육· 간담회, 평가회	• 진로교육 – I&J 커리어 컨설팅 센터 • 사후 검사지 측정 • 사업 만족도 조사	71명/ 2회	2015.2.17 ~2016.8.11	6명

(계속)

성과목표	프로그램명	활동(수행방법)	사업실적 (인원/횟수)	시행시기	투입 인력
자립지원업무 종사자의 전문성과 실행력을 향상시켜 아동의 자기결정 능력과 자립생활 능력 향상을 도모한다.	직원사례 관리교육 · 워크숍	• 사례관리교육 • 워크숍 진행 • 만족도 조사	66명/ 2회	2016.2.2 ~2016.2.3	6명

출처: 사회복지공동모금회(2016). 2015 사회복지공동모금회 배분사례집.

이 프로그램에서 상위 프로그램은 "생활시설 아동청소년 취업지원을 위한 자격증 취득 지원사업 '꿈을 잡(Job)자!'"이다. 그리고 프로그램 수행내용에 있는 프로그램명들 'want-have', '잡(Job)고(Go)', '진로교육 · 간담회, 평가회', '직원사례관리 교육 · 워크숍'은 하위 프로그램에 해당된다. 마지막으로 활동(수행방법)에 나와 있는 '프로그램에 대한 O.T', '직업서호도 및 적성검사 실시 검사 결과, 직업군 설명', '사전 검사지 측정', '만족도 조사' 등이 개별 서비스 및 활동에 속한다.

2-4. 공급주체와 재원에 따른 유형

사회복지조직은 예산확보의 방법으로서 공모가 증대될 수밖에 없기 때문에 일선의 사회복지사들은 프로그램의 뛰어난 기획력을 더 요구받게 될 것이고 공모에 선정되기 위한 전략들이 더 중요해질 수밖에 없다. 이러한 전략은 공모주체와 재원에 따라 전략적으로 달리 접근해 나가야 하므로 공급주체와 재원에 따른 유형화는 사회복지 환경의 변화로 인해 새롭게 등장한 프로그램 유형이라고 할 수 있다(박경일 외, 2016).

공급주체에 따른 유형은 공공 재원과 민간 재원의 형태로 나뉠 수 있다. 공공 재원은 행정형과 인 · 허가형으로 민간 재원은 시장형과 참가형으로 구분된다. 행정형은 보건복지부, 여성가족부와 같은 국가나 서울시, 경기도 등과 같은 지방자치단체가 공모하는 프로그램이다. 인 · 허가형은 사회복지법인이나 재단법인과 같은 비영리단체가 국가나 지방자치단체로부터 인 · 허가 형태로 위임을 받아 프로그램을 공모하는 것이다. 사회복지공동모금회, 서울복지재단, 부산복지개발원 등이 이 형태에 해당한다.

한편 민간 재원 중 시장형은 사회적 기업을 강조하는 민간 기업들이 사회복지 재원을 마련하여 공모하는 것으로 삼성복지재단, 아산복지재단, 태평양복지재단 등이 있다. 참가형은 사회복지기관 내부에서 자체적으로 내부 구성원들을 대상으로 공모를 시행하는 형태를 의미한다.

표 2-9 공급주체와 재원에 따른 유형

구분	공공 재원	민간 재원
공급주체	행정형	시장형
	인 · 허가형	참가형

읽기 자료

사회복지 프로그램 개발 시 고려 요소 ①
『참여자의 능력 수준과 흥미에의 적합성』

프로그램 내용 선정에 있어서 가장 중요한 것이 대상자에 대한 고려이다. 프로그램의 내용은 대상자의 필요와 흥미 또는 능력수준을 고려하여 주제의 내용과 방법이 적합하고 친밀감이 있는 것으로 선정한다. 뿐만 아니라 프로그램의 대상자에는 참여자 및 그 가족들을 포괄할 수 있는 것이 보다 바람직하다. 다음 사례는 대상자의 능력 수준과 흥미를 고려하였으며 가족 및 지역사회를 대상자로 한 우수한 사례이다(박경일 외, 2016).

사 례

I 프로그램 개요

1. 요약

장애인들로 구성된 그룹사운드를 결성하여 지역 주민 및 장애인들에게 장애에 대한 인식을 제고시키고 음악이라는 공통된 요소로 하나 될 수 있는 소통의 장을 마련하기 위해 장애인그룹사운드 "inclusion" 프로그램을 진행하게 되었다.

2. 필요성

2011년 장애인 실태 조사에서 전체 응답자의 96%가 TV 시청이라고 응답하였듯이, 장애인의 문화 및 여가 활동은 유선방송이나 비디오를 포함한 TV 시청이 가장 많은 것으로 나타났다. 심리적으로 위축되고, 소외감을 느끼기 쉬운 장애인들에게 음악이라는 매개체를 통해 신체, 정서, 정신적 제약과 부담에서 오는 심리적 어려움을 해소하고, 새로운 문화 활동을 접함으로써 자신감과 성취감을 가질 수 있도록 하는 것이 필요하다.

3. 목적 및 목표

목적	산출목표	성과목표
연주 활동을 통한 신체기능을 향상시켜 자신감 고취	• 1회 오디션 실시 • 주 1회 전문강사를 활용한 악기연주에 대한 이론 교육 진행 • 주 3회 전문강사를 활용한 개인별 레슨 및 합동연주 활동 실시	• 오디션 참가자 중 등록장애인 10명을 선발 • 악기연주에 대한 기본적인 이해력 증진 • 개인의 신체기능 및 연주기량 향상
여가 활동을 통한 사회적 참여 활동 촉진	• 연 2회 음악관련 축제 및 문화공연 관람	• 장애인의 문화적 욕구 충족
지역사회공연 활동을 통한 장애인식 개선 도모 및 사회통합 이념 실현	• 연 5회 봉사 활동의 일환으로 지역사회 사회복지시설 방문공연 실시 • 연 5회 지역사회의 다양한 행사공연 참가	• 지역사회에서의 공연 활동을 통한 자존감 향상 • 지역사회의 장애인식개선

4. 대상

대상구분	서비스대상자 산출근거	단위수(명)
① 일반대상	상주시 등록 / 미등록 장애인 수(인구대비 약 10%)	11,000
② 위기대상	상주시 등록 장애인 수(2009년 12월 31일 기준)	8,303
③ 표적대상	상주시 18세 이상 청·장년 장애인	1,756
④ 클라이언트 수	18세 이상의 청·장년 장애인 중 오디션 통과자	10

Ⅱ 프로그램 수행현황

1. 프로그램 수행기간

2011년 1월 ~ 2011년 12월(12개월)

2. 프로그램 수행내용

성과목표	프로그램	활동(수행방법)	사업실적 (인원/횟수)	시행 시기	투입 인력
10명의 등록장애인으로 구성된 그룹사운드 결성	참가자 모집	자체(자부담) 제작한 그룹사운드 홍보물 포스터 지역사회 배부 및 부착, 현수막 게시, 홈페이지 게시, 지역신문 게시	• 홍보물 포스터 부착/36개소 • 현수막 게시/4부 • 지역신문/2개소	1월	• 사회복지사 1명
	오디션	드럼, 베이스기타, 일렉기타, 어쿠어스틱기타, 신디 사이저, 싱어 등 6개 부분 10명 선발	• 드럼: 3명 • 베이스기타: 3명 • 일렉기타: 1명 • 통기타: 2명 • 전자건반: 2명 • 싱어: 2명 선발	2월	• 사회복지사 1명 • 강사 2명 • 자원봉사자 2명
	발대식	복지관과 프로그램 세부사항, 담당자 및 강사 소개. 프로그램의 동기부여와 프로그램에 대한 이해 도 모, 포지션별 오리엔테이션.	12명/1회	2월	
악기연주에 대한 기본적인 이해 증진 및 연주능력 향상	이론교육 및 실시·합주연습	주 2회 이론 및 실기교육 실시	이론교육 363명, 실기교육 893/186회	연중	• 전문강사 1명 • 자원봉사자 2명 • 사회복지사 1명
	현장견학	직접 방문 통한 악기연습방법 및 교육방법 숙지 장애인그룹사운드 팀 2회/ 비장애인그룹사운드팀 1회 방문	31명/3회	6월 11월 12월	• 자원봉사자 2명 • 사회복지사 1명
문화적 혜택 제공 및 스트레스 감소, 자기 표현의 기회 제공	공연관람	음악관련 축제관람, 콘서트 등의 공연관람 1차 공연관람: 부활콘서트_대전우성아트센터 2차 공연관람: YB 밴드 콘서트_대구EXCO	24명/2회	6월 11월	• 사회복지사 1명, • 운전원 1명 • 자원봉사자 1명

성과목표	프로그램	활동(수행방법)	사업실적 (인원/횟수)	시행 시기	투입 인력
지역사회 공연 활동을 통한 성취감 향상	그룹 사운드 공연_ 봉사 활동	지역사회 사회복지기관을 방문하여 공연 활동을 실시	54명/5회	4월 5월 10월 12월	• 사회복지사 1명 • 자원봉사자 2명 • 전문강사 1명
지역사회의 공연 활동을 통한 장애(인)에 대한 인식 변화	그룹 사운드 공연_ 장애인식 개선	복지관 및 외부행사에 방문하여 공연 활동을 실시함	75명/5회	7월 10월 11월	• 사회복지사 1명 • 자원봉사자 2명 • 전문강사 1명
정기공연 및 평가회 통한 연주기량 발휘, 실력 점검	정기공연	복지관 내 행사 통한 정기공연 실시	14명/1회	12월	

출처: 사회복지공동모금회(2012). 2011 사회복지공동모금회 배분사례집.

정리 및 요약_확인학습

1. 책무성에 대한 설명으로 틀린 것은?
   ① 사회복지기관이 객관적인 증거를 통해 성과를 입증해서 프로그램의 정당성을 승인받고자 노력하는 태도이다.
   ② 책무성이 강조되면서 단순히 프로그램이 클라이언트나 지역사회에 미치는 영향을 분석하는 것에서 서비스를 제공하고 완수하는 것으로 프로그램 운영의 초점이 이동되었다.
   ③ 사회복지시설의 비리와 인권 문제 등이 이슈화되면서 사회복지기관의 투명성 확보의 요구가 높아졌다.
   ④ 1998년 사회복지사업법 개정으로 사회복지시설 평가제 도입으로 책무성에 대한 요구가 더 증대되었다.

2. 윤리강령 준수와 관련된 책무성은?
   ① 전문가 책무성　② 법적 책무성
   ③ 문화적 책무성　④ 서비스 전달 책무성

3. 사회복지시설 평가에 대한 설명으로 옳지 않은 것은?
   ① 1998년 「사회복지사업법」이 개정되었고, 이를 근거로 사회복지시설 평가제가 도입되었다.
   ② 국가로부터 보조금을 받는 모든 사회복지기관은 3년에 1회 이상 기관 운영 및 프로그램 성과에 대해 평가를 받아야 한다.
   ③ 사회복지기관의 평가 영역 중 시설 및 환경, 인적자원관리가 가장 큰 비중을 차지하고 있다.
   ④ 프로그램 기획의 전문성, 프로그램 수행과정, 프로그램 평가 등이 설정되어 있어서 사회복지 프로그램의 기획, 실행 평가과정을 점검하고 있다.

4. 사회복지 프로그램 유형 중 사회복지기관의 사업에 의한 유형은?

① 대상별 유형　② 기능별 유형
③ 구성체계별 유형　④ 공급주체에 따른 유형

5. 사회복지관 프로그램 중 다음 사업에 해당하는 기능은?

가족기능 강화, 지역사회보호, 교육문화, 자활지원

① 사례관리 기능　② 서비스제공 기능
③ 지역조직화 기능　④ 자원 개발 및 관리 기능

6. 사회복지 프로그램을 공급주체와 재원에 따라 나누었을 때 '사회복지공동모금회'는 어느 유형에 속하는가?

① 행정형　② 참가형
③ 인 · 허가형　④ 시장형

강의 집중 노트

1. 사회복지기관이 객관적인 증거를 통해 성과를 입증해서 프로그램의 정당성을 승인받고자 노력하는 태도를 (   )이라 한다.

2. 클라이언트의 다양성을 이해하고, 인권을 존중하는 것은 (   )책무성이다.

3. 1998년 「사회복지사업법」 개정으로(   )를 도입으로 3년에 1회 이상 기관 운영 및 프로그램 성과에 대한 평가를 시행한다.

4. 사회복지관 평가지표 중 가장 배점이 높은 평가영역은 (   )이다.

5. 사회복지공동모금회는 2016년부터 사회복지 프로그램의 유형을 기존의 대상별 분류에서 빈곤, 질병, (   )와 같이 문제와 욕구를 기준으로 프로그램의 유형을 변경하였다.

6. 프로그램의 기능별 유형에서 사회복지관의 사업 중 사례관리기능은 사례발굴, 사례개입, (   )이다.

7. 대상별 유형은 (   )유형으로도 불린다.

8. 사회복지 프로그램의 구성체계별 유형은 상위(종합) 프로그램, 하위(단위) 프로그램, (   )으로 구성된다.

9. 공급주체에 따른 유형은 공공 재원과 민간 재원의 형태로 나뉠 수 있다. 공공 재원은 (   )형과 (   )형으로 민간 재원은 (   )형과 (   )형으로 구분된다.

10. (   )은 하나의 단순한 목적을 달성하기 위해 비교적 짧은 시간에 다른 프로그램과는 유기적 관련성이 적은 프로그램으로 주로 1회성으로 끝나는 프로그램을 말한다.

03 Chapter

논리모델

Key Word 중심 수업 목표

1. 논리모델, 일반체계이론
2. 논리모델의 구성요소: 투입, 활동, 산출, 성과
3. 논리모델의 적용과 한계

1 논리모델의 이해

1-1. 등장배경과 개념

논리모델(logic model)이란 특정한 상황에서 나타난 문제를 해결하기 위해 프로그램이 어떻게 가동하는지를 설득력 있게 그리고 쉽게 보여주는 모델을 의미한다. 논리모델은 '프로그램 이론(program theory)'이라 불리기도 하는데, 프로그램이 어디서 시작해서 어디로 가는지를 보여주는 안내지도(road map)의 역할을 한다. 그것은 당신이 어디로 가고 있으며, 거기에 어떻게 도착할 수 있으며, 도달했다고 말할 수 있는 것은 무엇인지를 보여주는 것이다. 원하는 성과를 달성하기 위해서는 안내지도가 있어야 하며 그대로 따라가야 한다. 즉, 프로그램 이론은 프로그램 활동이 결과를 도출하게 되는 과정에 대해 논리적 연결과정을 제시하는 시도라 할 수 있다(김상곤 외, 2015).

논리모델은 1993년 미국의 '정부수행과 결과법(GPRA)'의 제정으로 활성화되었다. 이 법은 공공사업에 대한 미국 국민의 불신을 해소하기 위한 목적에서 제정된 것으로 국가의 지원을 받는 공공기관들은 이에 의거해 매년 성과주의 예산을 수립 및 집행하고, 그 결과를 보고하도록 의무화하였다. 이후 성과 중심의 사업 관리는 공고부문에서뿐만 아니라 민간부문까지 확산되었으며, 논리모델은 프로그램 기획과 관리, 평가에서 성과관리를 위한 주요 모델로 인정받고 있다(김영종 외, 2008). 우리나라의 경우도 2003년부터 정부에서 성과관리제를 도입하면서 정부분으로부터의 보조사업을 수행하는 민간 사회복지기관들에서도 성과관리와 논리모델에 대한 관심이 증대되었다. 아울러 2007년에 이루어진 저출산 · 고령화사업 정책 평가의 일부가 논리모델에 입각하여 이루어졌으며, 공공보건 의료계획 수립 시 논리모델이 활용되고 있다. 또한 성과 중심의 사업계획과 예산기획의 필요성이 대두되어 프로그램 구성과 성과에 대한 연결과정에서 논리모델에 기반을 두고 프로그램 개발 및 평가 등에 응용한 국내 연구들이 있다. 대표적으로 사회복지공동모금회의 사업제안서도 기본적으로 논리모델을 기반으로 하고 있다. 논리모델은 모든 프로그램의 개발 및 평가의 근간이 되는 개념이라고 볼 수 있다. 이 밖에도 민관협력과 주민 · 시민 참여를 가능케 하는 의사결정 도구로서 사회보장협의체의 지역복지계획도 논리모델에 근거한 형태라고 할 수 있다(김상곤 외, 2015).

1-2. 논리모델의 이론적 근거

논리모델은 일반체계이론(general system theory)에서 파생한 모델이다. 일반체계이론은 발생되는 모든 일들이 투입, 과정, 산출이라는 세 가지 체계로 구성된다고 보는 관점이다. 예를 들어, 음식물의 소과 작용을 일반체계이론을 통해 설명하면 음식물이 투입(input)되면 소화기관인 위는 위액을 분비하여 소화시키는 전환(throughput)을 통해 몸의 생명에 필요한 에너지와 노폐물이 산출(output)된다. 또 다른 예로, 자동차가 연료를 투입 받아 여러 가지 물리 · 화학적 전환 과정을 거처 에너지를 산출하게 되고 자동차가 움직이게 된다. 대학을 예로 들면, 대학의 평가지표에서 신입생 경쟁률(투입), 재학생 충원률(전환), 졸업생 취업률(산출)도 체계이론에 따른 것이다. 이렇듯 우리 일상에서 체계론적 과정(투입 → 전환 → 산출)을 적용시킬 수 있는 예가 많다.

그림 3-1 일반체계이론의 구조

> **수업 활동 ①**
> 우리 일상생활에서 체계론적 과정(투입 → 전환 → 산출)의 예를 생각해 보기
> 예) 광합성 작용 등

논리모델은 사회복지 프로그램을 설명할 때 일반체계이론을 차용한 접근으로서 각 요소의 인과관계를 강조한다. 즉, 원인(독립변수) → 결과(종속변수)의 관계가 논리적 근거를 가지고 연결된 구조이다. 인과관계를 밝히는 것은 과학적 탐구의 목표가 될 수 있으며, 타당한 논리적 과정을 제시하므로 지식이나 이론을 확립하는 데 중요한 기반이 된다. 인과관계는 원인과 결과의 관계로 다양한 사회문제나 현상에 대하여 왜 그렇게 나타났는지에 대하여 원인이나 설명요인을 찾고자 한다(우수명, 2008). 다음의 예를 통해 살펴보자.

<인과관계 예시 ①>

예시 ①은 원인 → 결과의 관계가 논리적 구조로 연결되어 인과관계가 명확하다.

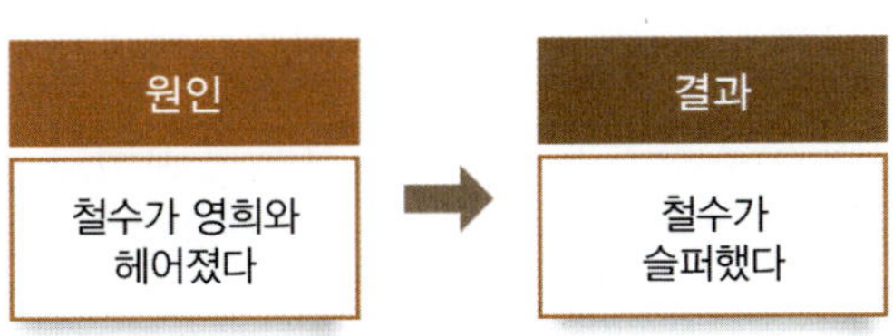

<인과관계 예시 ②>

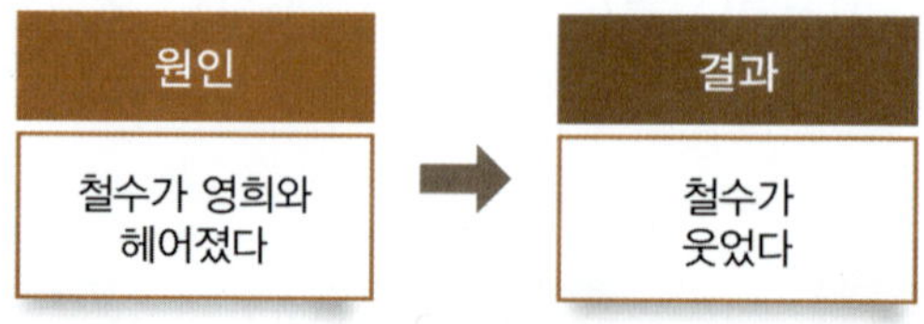

예시 ②는 원인 → 결과의 관계가 논리적이지 않다. 철수가 왜 웃는지 근거가 없기 때문이다.

<인과관계 예시 ③>

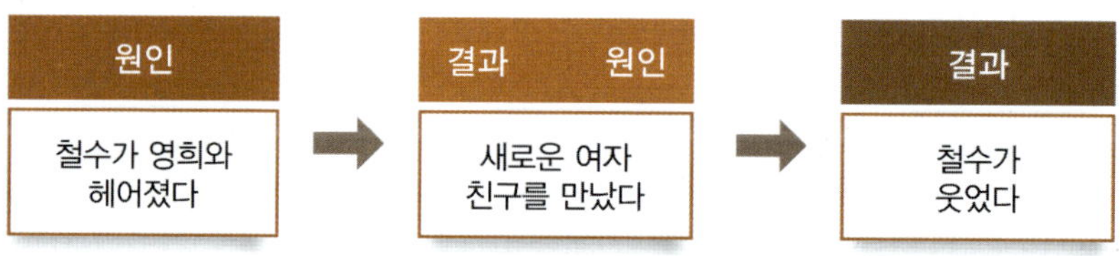

예시 ③은 인과관계가 논리적이다. 철수가 새로운 여자친구를 만나게 된 원인이 제시되어 있고, 철수가 왜 웃었는지에 대한 원인도 제시되었기 때문이다.

논리모델에서는 각 체계의 관계를 원인과 결과의 관계로 설명한다. 즉, 투입은 전환의 원인이 되고, 전환은 산출의 원인이 된다. 또는 전환은 투입의 결과가 되고, 산출은 전환의 결과가 된다(조성우 외, 2018).

1-3. 논리모델의 구성요소

논리모델은 비교적 최근에 휴먼서비스 영역에서 많이 소개되고 있는 이론이다. 특히 성과 평가를 중시하는 사회복지 프로그램에서 중요한 이론으로 프로그램 개발, 평가는 물론 프로포절 작성법에도 도입되어 있다. 사회복지공동모금회의 프로포절도 논리모델을 기반으로 작성하도록 되어 있으며, 한국사회복지행정학회에서도 몇 차례에 걸쳐 이 주제를 다루었으며, 논리모델의 구성요소를 문제상황(situation), 투입(input), 활동(activity), 산출(output), 성과(outcome)의 5가지로 정의하였다. 구체적인 요소는 다음과 같이 설명할 수 있다(박경일 외, 2016).

1) 문제상황(situation)

주로 클라이언트의 충족되지 않은 욕구나 사회적으로 해결되지 않고 있는 상황이나 변화가 필요한 상태를 말하는 것으로 사회복지적 개입이나 실천의 동기나 이유를 설명해 주는 영역이다. 그리고 프로그램 개발자에게는 프로그램을 개발해야 하는 이유를 명확하게 해 주는 것으로 프로그램 개발의 출발점이라고 할 수 있다(이민홍 · 정명오, 2012).

2) 투입(input)

프로그램을 지원하기 위해 제공되고 소비되는 인적 · 물적 자원을 포함한 투입된 모든 자원을 의미한다. 예를 들면, 사회복지사, 자원봉사자, 전문 강사 등과 같은 인적 자원과 예산, 시설, 장비, 도구 등과 같은 물적 자원이 투입에 포함된다. 투입된 자원은 지역사회의 협력이 필요하기 때문에 지역사회 내에서 네트워크를 형성하여 자원을 공유하는 상황으로 발전시켜야 한다.

3) 활동(activity)

프로그램의 목적을 달성하기 위해 프로그램이 행하는 것으로 투입된 자원들을 활용하여 실제적으로 개입 및 실천하는 것을 의미한다. 즉, 활동은 프로그램 결과를 만들어내기 위해 필요한 모든 활동 및 서비스들을 의미한다. 활동의 구체적인 예를 들면 노숙자에게 식사 및 쉼터 제공, 직업훈련, 상담, 치료, 교육, 멘토링, 캠프 등과 같은 다양한 내용이 있다. 여기서 사회복지사는 가장 효율적이고 효과적인 실천방법을 선택해야 한다.

4) 산출(output)

활동으로부터 얻어진 프로그램의 직접적인 수혜자나 참여자들에게 제공되는 생산물, 상품, 서비스의 수량적 정도를 의미한다. 산출은 사후적으로는 활동의 총량을 나타내는 결과 측면도 있지만, 사전적으로는 개발자가 실천이나 개입의 강도를 어느 정도로 할지 결정하는 것이다. 예를 들면, 상담 건수, 참여자 수, 서비스 시간 등이다.

5) 성과(outcome)

프로그램이나 서비스에 참여 후에 얻게 되는 변화나 혜택을 의미한다. 이는 프로그램 참여자들이 성취하려는, 바꾸려는 행동, 지식, 기술, 태도, 상태 등과 연관되어 있다. 즉, 프로그램을 통하여 달라진 점이 무엇인지를 파악하는 것이다.

표 3-1 논리모델의 구성요소 및 과정

문제상황(situation)	투입(input)	활동(activity)	산출(output)	성과(outcome)
프로그램을 기획해야 할 이유로 지역사회의 문제나 클라이언트의 욕구	프로그램에 사용된 자원	프로그램의 목적 달성을 위해 제공된 서비스	프로그램 활동의 객관적 실적	프로그램을 통해 나타난 변화/이익
이슈화된 지역사회문제, 충족되지 않은 클라이언트의 욕구	사회복지사, 자원봉사자 시설, 장비, 도구	상담, 직업훈련, 치료 및 교육, 보호, 사회적응훈련, 캠프	상담 수, 서비스 참여자 수, 서비스 시간, 배분된 교육 자료의 수	행동, 조건, 기술, 태도, 상태의 변화

출처: 박경일 외(2016).

2 논리모델의 적용

논리모델을 프로그램 개발과 평가에 적용할 수 있으며, 다음과 같이 설명할 수 있다(조성우 외, 2018).

2-1. 사회복지 프로그램의 개발

프로그램을 개발할 때 논리모델을 사용할 경우에는 우선 어떤 자원을 투입하고 어떤 과정으로 운영할 것인지를 계획해야 한다. 그 다음으로는 산출과 성과에 대해 각각의 목표를 정하고, 구체적인 평가계획을 마련한다. 예를 들어, 치매노인의 사회적응훈련 프로그램을 개발할 경우 정신보건사회복지사와 자원봉사자를 인적 자원으로 투입하고, 상담실과 장비를 물적 자원으로 투입하며, 총 100만원을 예산으로 투입하기로 결정할 수 있다. 그리고 구체적인 활동시간, 실시 횟수, 진행 순서 등의 운영과정을 계획한다. 그리고 참가자 수, 실시 횟수 등 산출의 목표값을 정하고, 참가자의 사회성 향상을 평가하기 위한 각종 측정도구 활용을 계획한다. 이러한 과정이 바로 논리모델을 활용해서 프로그램을 개발하는 방식이다.

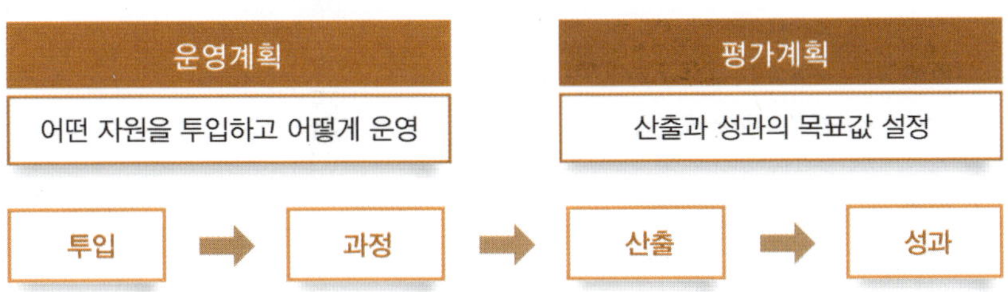

그림 3-2 논리모델을 활용한 프로그램 개발

2-2. 사회복지 프로그램의 평가

프로그램을 평가할 때 논리모델은 매우 유용한 관점을 제공해 준다. 사회복지 프로그램에서 중요한 성과는 바로 클라이언트의 변화와 이러한 변화를 만들어 내는 서비스의 품질성이다. 평가이론에서 클라이언트의 변화를 평가하는 역할은 성과 평가(outcome evaluation)가 맡고, 서비스 품질을 평가하는 역할은 과정 평가(process evaluation)가 담당한다. 성과 평가의 대상은 산출과 성과이며, 과정 평가의 대상은 투입과 과정이다. 예를 들어, 치매노인의 사회적응훈련 프로그램에서 성과 평가를 할 경우에는 목표 대비 실적(인원수, 실시 횟수)을 계산하고, 참가자들의 사회성에 어떤 변화가 나타났는지 분석한다. 그리고 과정 평가에서는 좋은 인적 자원과 물적 자원이 투입되었는지, 운영과정에 어떤 어려움이 없었는지 등에 대해 사회복지사를 포함한 내부 구성원들이 평가회의를 실시한다.

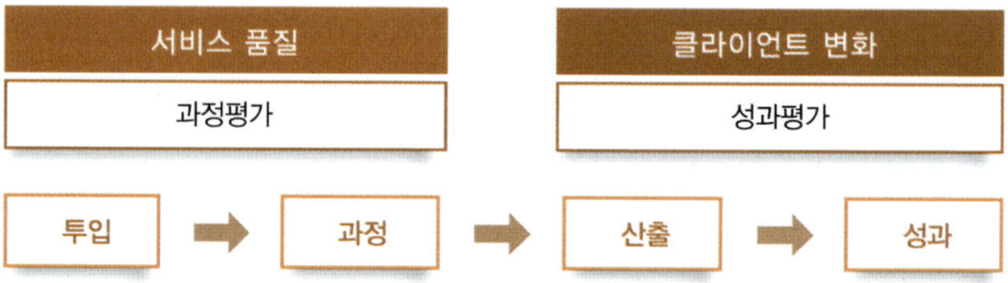

그림 3-3 논리모델을 활용한 프로그램 평가

2-3. 논리모델 사례의 적용

사례 ①

문제상황 (situation)	투입 (input)	활동 (activity)	산출 (output)	성과 (outcome)
지적 · 자폐성 장애인의 높은 비만발생, 낮은 신체활동, 낮은 사회성	농구강사 1명 사회복지사 1명 자원봉사자 3명 운동처방사 1명 체육시설 농구 장비 경기관람료	농구교실 체력관리 체육시설 체험 농구대회 관람 친선경기 농구멘토링	1,046명/84회 160명/14회 54명/5회 17명/2회 80명/2회 300명/10회	신체활동능력 향상 사회성 향상

출처: 사회복지공동모금회(2012). 2011 배분사업안내.

위 사례는 지역 내 지적 · 자폐성 장애인의 농구교실을 통해 신체 활동능력 및 사회성 향상 프로그램을 논리모델로 나타낸 것이다. 우선 이 프로그램을 개발하는 이유가 되는 문제상황을 분석해 보면, 평소 신체 활동의 기회가 적은 지적 · 자폐성 장애인은 비장애인들보다 비만인 경우가 많고 비만발생률도 높게 나타나는데, 이는 상대적으로 많은 여가시간을 갖고 있음에도 불구하고 신체 활동 시간을 활용할 수 있는 기술이 부족하거나 의미 없는 시간을 보내는 경우가 많기 때문이다. 또한 지적 · 자폐성 장애인들은 식습관에 있어서도 고

칼로리류의 섭취, 편식과 과식하는 경향이 높으며 운동과 자기조절능력이 부족하다.

이렇게 문제상황에 대한 분석이 이루어지면 이 문제상황을 뒤집어서 해결되는 상황으로 기술하면 성과가 도출된다. 즉, 적절한 여가시간을 활용하고, 체력관리를 통해 신체능력을 향상시키고, 사회성을 향상시키는 것을 성과로 도출할 수 있다.

성과가 도출되면 성과를 달성하기 위한 활동을 결정하게 되는데, 성과를 도출하는 데 가장 효과적인 방법이 무엇인지 고민하여 결정하는 것이 필요하다. 이 사례의 경우 농구교실과 체력관리, 체육시설 체험 활동, 농구대회 관람, 친선경기, 농구 멘토링 등의 방법을 선택하였다.

활동이 결정되면 이 활동에 필요한 자원의 투입을 결정하고, 마지막으로 활동의 총량을 어느 정도로 할 것인지 결정하면 된다. 예를 들어, 지적 · 자폐성 장애인을 대상으로 신체 활동능력 향상을 위해 농구교실을 실시할 경우 주 2회, 총 84회, 총 참여인원 1,046명의 실적을 나타내게 된다.

결과적으로 논리모델의 의해 프로그램을 개발할 경우 문제상황으로부터 시작해서 성과와 활동, 투입, 산출이 유기적으로 연결되어 있음을 알 수 있다. 특히 문제상황과 성과는 동전의 양면과 같이 표리 관계에 있고, 활동과 산출은 짝을 이루기 때문에 실무에서는 이들을 서로 관련시키는 것이 효과적일 수 있다.

사례 ②

학대 피해 노인의 회복을 위한 치유프로그램 사업

광주광역시노인보호전문기관

○ 프로그램 개요

학대피해노인을 대상으로 하며, 인지행동이론을 근거로 한 인지재구조화, 분노처리법, 자기표현훈련, 우울 및 스트레스 대처방법 등의 세부 내용으로 구성된 학대피해노인 치유 프로그램을 시차를 두고 2개의 소집단(1개 집단 5명)으로 진행하여 피해노인의 우울 성향, 자아존중감, 의사소통기술 등의 향상을 목적으로 하는 사업이다.

○ 대상자 욕구 및 문제점

노인학대를 경험한 노인은 심리적 손상을 받아 가족생활에서 억압된 감정, 열등감, 학대의 원인을 본인에게 탓하는 자괴감, 낮은 자존감과 함께 우울성향이 나타나고 자신의 의사를 잘 표현하지 못하는 등 역기능적 의사소통의 특성을 나타내고 있다.

학대피해노인의 증상적 행동과 심리 · 정서적인 상태에 관한 깊은 이해를 기초로 그들의 욕구를 이해하고, 문제 중심적 사고에서 벗어나 새로운 삶의 의욕을 가지고 회복할 수 있도록 돕는 치유 프로그램이 필요하다.

○ 목적 및 목표

목적	산출목표	성과목표
학대피해노인 치유 프로그램 통한 회복 및 역량강화	주1회 심리적 치료 프로그램을 통한 피해노인 10명의 우울 감소	피해노인의 우울지수 감소
	주1회 자기반영 프로그램을 통한 피해노인 10명의 자아존중감 향상	피해노인의 자아존중감 척도 증가
	자기표현 프로그램을 통한 피해노인의 의사소통기술 향상	자기표현 평정척도 증가

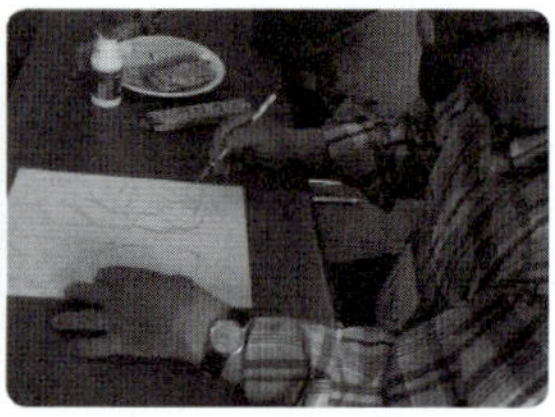

○ 프로그램 수행내용

성과목표	프로그램	활동(수행방법)	사업실적 (인원/횟수)	시행 시기	투입 인력
학대피해노인의 우울지수 감소	자기소개 및 '택호'(별칭) 갖기	• 총 2회 각 2시간 진행 • 자기소개 및 '택호'갖기	10/2	3월 9월	2
	웃음치료	• 총 2회 각 2시간, 장소 및 웃음치료사를 섭외하여 진행 • 웃음스트레칭과 춤과 노래를 이용한 치료기술을 통한 스트레스해소 및 자아발견과 표현력 강화시키기	10/2	5월 9월	2
	분노조절	• 총 2회 각 2시간 진행 • '감정 알아차리기', '분노상황 이해하며 극복하기', '분노온도계' 등의 프로그램을 통한 우울성향 버리기	10/2	3월 10월	2
학대피해노인의 자아존중감 향상	회상요법	• 총 2회 각 2시간 장소 및 도자기 강사를 섭외하여 진행 • 찰흙 공예를 통한 긍정적 인생 경험 나누기	10/2	4월 10월	2
	강점	• 총 2회 각 2시간 진행	10/2	4월	2

성과목표	프로그램	활동(수행방법)	사업실적 (인원/횟수)	시행 시기	투입 인력
	표현하기	• '내손이 한일', '인생나누기', I-Message를 통한 내 안의 강점 드러내기		9월	
	신념변화 시키기	• 총 2회 각 2시간 진행 • 가족 내에서 내 위치에 대한 비합리적 신념 변화시키기	10/2	5월 10월	2
	음악치료	• 음악을 통해 내면의 상처를 치유	13/2	6월 11월	2
의사소통 기술 개선	영상물 감상 후 자기공감 표현하기	• 총 2회 각 2시간 진행 • 영상물을 통한 '나' 아닌 '타인'을 통해 '나' 감정 표현하기	10/2	4월 11월	2
	가족가계도	• 총 2회 각 2시간 진행 • 학대상황에 얽힌 가계도 그리며, 말하기(speak-out)	10/2	4월 10월	4
	가족동반 캠프	• 총 2회 각 2시간 진행 • 가족 나들이를 통한 소통의 접촉점 마련 및 참여자 변화 및 지지	11/2	6월 11월	8

출처: 사회복지공동모금회(2012). 2011 배분사업안내.

수업 활동 ❷

위 프로그램을 토대로 다음의 논리모델을 작성하기

문제상황 (situation)	투입 (input)	활동 (activity)	산출 (output)	성과 (outcome)

3 논리모델의 필요성과 한계

3-1. 논리모델의 필요성

논리모델은 투입, 활동, 산출, 성과의 과정을 통하여 프로그램을 평가할 수 있을 뿐만 아니라 프로그램의 기획, 실행을 모니터링하기에도 적합한 도구이기 때문에 프로그램의 개발과 평가를 하나로 연결해 줄 수 있는 도구이다. 이러한 논리모델이 필요한 이유 및 장점은 다음과 같다.

첫째, 논리모델은 조감도를 그려내듯이 프로그램 전체 구성을 하나의 그림으로 보여줄 수 있다. 지역사회 상황, 자원이나 역량, 실천이나 개입방법, 지역사회 변화 등의 내용을 하나의 그림으로 그리도록 하는 과정을 갖게 함으로써 보다 구체적인 프로그램 개발이 가능하다.

둘째, 논리모델은 프로그램에 대한 거의 모든 정보가 요약되어 제시되어 있어 클라이언트를 포함한 프로그램과 관련된 다양한 이해관계자(가족, 후원자, 자원봉사자, 지역주민 등)에게 쉽게 프로그램에 대해 인식시킬 수 있다.

셋째, 논리모델은 성과를 강조하기 때문에 프로그램의 마지막 지향점을 클라이언트나 지역사회의 변화로 초점화하여 공급자 중심이 아닌 수요자 중심의 프로그램이 될 수 있도록 도와준다. 논리모델이 전통적인 모델과 구별되는 가장 큰 장점은 성과에 초점을 두고 프로그램의 체계론적 요소들을 논리적으로 연계하고 있다는 점이다.

3-2. 논리모델의 한계

논리모델은 위와 같은 장점이 있음에도 불구하고, 이러한 장점은 역으로 다음과 같은 한계점을 내포하게 된다.

첫째, 성과의 측정을 위해 수량화된 결과측정을 요구하나 성과를 수량화하기 어려운 프로그램이 있다. 특히, 휴먼서비스의 경우 클라이언트나 지역사회의 변화를 객관적인 정량지표로 성과를 판단하기가 어려운 측면이 있다.

둘째, 직접적 변화 이외에 간접적 변화 측정의 어려움이 있을 수 있다. 예를 들어, 다문화가족 이주여성들의 적응력 향상을 위한 한국문화체험 프로그램의 직접적 변화는 이주여성의 가족 의사소통 개선, 한국문화 이해 증진 등이다. 또한 다문화 가족 기능이 간접적으로 강화될 수도 있으나 이를 측정하는 데 어려움이 있을 수 있다.

셋째, 논리모델은 최종적으로 목적의 달성도, 즉 성과를 중시하기 때문에 성과에 초점이 맞추어져 과정이 등한시될 수도 있다.

넷째, 조직의 장기적 성과보다 프로그램의 단기적 성과를 강조한다. 논리모델에 의한 프로그램의 특성상 단기적 성과를 강조하다보면 조직적 차원에서는 장기적 목표 달성이 어려울 수도 있다.

참고자료

사회복지공동모금회의 배분사업 유형에 의하면 2년 이상의 다년도 사업(성과확산형)과 성과목표 달성보다는 사업수행 과정에 중점을 두는 사업(산출중심형)도 있다.

사업유형	내용
성과중심형	• 성과목표 달성을 통해 사업 참여자의 의미 있는 변화를 꾀하고, 나아가 지역사회 변화의 기초를 다지는 사업 • 주로 단년도 형태를 띠며, 사업 참여자의 역량강화 또는 소규모의 지역사회 네트워크 구축 등의 사업을 포함
성과확산형	• 2년 이상 계획하는 다년도 사업으로 사업 참여자의 의미 있는 변화뿐만 아니라 지역사회, 나아가 우리 사회에 파급력(Impact)을 미치는 것을 지향하는 사업
산출중심형	• 현재 당면한 지역사회 이슈 및 개인(또는 가족)의 문제해결을 위한 지원사업으로 성과목표 달성 보다는 사업수행 과정에 중점을 두는 사업

출처: 사회복지공동모금회(2019). 2019 배분사업안내.

정리 및 요약_확인학습

1. 논리모델에 대한 설명으로 옳지 않은 것은?
   ① 투입 → 전환 → 산출 → 성과의 단순구조를 활용해서 이해하기 쉽도록 도식화한 것이다.
   ② 프로그램이 어디서 시작해서 어디로 가는지를 보여주는 안내지도이다.
   ③ 클라이언트와 지역사회의 변화에 초점을 맞춰 공급자에 중심을 둔다.
   ④ 각 체계의 관계(화살표)를 원인과 결과의 관계로 설명한다.

2. 논리모델의 구성요소에 대한 바르게 연결하시오.

문제상황	•	•	서비스로 구성
투입	•	•	프로그램을 통해 나타난 클라이언트/지역사회의 변화
활동	•	•	프로그램 종료 후 직접적/객관적 산물/실적
산출	•	•	인적 · 물적 자원
성과	•	•	프로그램 기획 이유, 실천의 동기 설명

3. 프로그램의 논리모델(Logic Model)에 관한 설명으로 옳지 않은 것은?
   ① 체계이론을 기반으로 한다.
   ② 모든 프로그램은 목적과 목표를 갖는다.
   ③ 프로그램 요소들은 '투입 - 활동 - 산출 - 성과'로 구조화한다.
   ④ 프로그램 요소들 간의 인과관계를 가정한다.
   ⑤ 성과는 활동을 통한 직접산출물을 의미한다.

강의 집중 노트

〈논리모델의 정의〉

1. 논리모델은 투입 → 전환 → 산출 → (　　　)의 단순구조를 활용해서 이해하기 쉽도록 도식화한 것이다.

2. 논리모델은 (　　　　　)이론에서 파생되었다.

3. 논리모델은 성과목표를 강조하여 클라이언트와 지역사회의 변화에 초점을 맞춰 (　　　　) 중심이다.

〈논리모델의 구성요소〉

4. 프로그램을 운영하는 데 활용되는 인적 · 물적 자원은 (　　　　)에 해당한다.

5. 프로그램을 통해 나타난 클라이언트/지역사회의 변화를 (　　　　)라고 한다.

6. 논리모델의 구성요소는 문제상황, 투입, 전환, (　　　　　), 성과이다.

7. 프로그램의 기획 이유, 실천의 동기를 설명하는 요소는 (　　　　　)이다.

〈논리모델의 한계〉

8. 성과에 초점이 맞추어져 (　　　　)이 등한시 될 수도 있다.

〈논리모델의 적용 사례〉

9. 문제상황을 뒤집어서 해결되는 상황을 기술하는 것은 (   )과 관련된다.

10. 활동의 총량을 결정하는 것은 (   )이다.

읽기 자료

사회복지 프로그램 개발 시 고려 요소 ②
『사회복지 프로그램의 통합성』

사회복지 프로그램의 '통합성'이란 프로그램에 참여하는 클라이언트의 문제해결이나 목표달성을 위하여 단편적인 프로그램을 제공하는 것이 아니라, 인간의 사회적 · 심리적 · 문화적 · 경제적 제반 문제들을 통합적으로 고려하는 프로그램을 제공하는 것이다. 예를 들어, 비행청소년이나 범죄자를 대상으로 할 경우 단순히 비행을 감소시키거나 재범방지 및 사회복귀에만 개입하는 것이 아니라, 이와 함께 클라이언트 및 그 가족의 사회적 관계망을 개발하거나 회복시켜 주고, 정서적인 안정과 자립, 갱생을 도모할 수 있는 대인적 서비스를 통합적으로 제공하여야 한다(박경일 외, 2016).

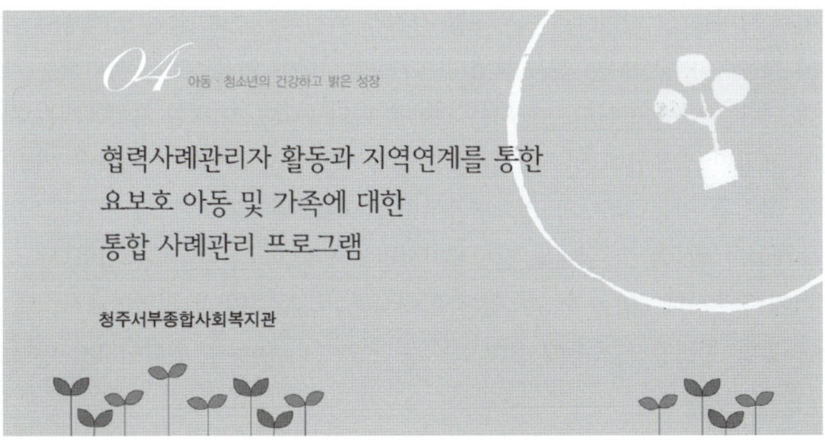

1. 요약

본 사업은 2008년부터 충북공동모금회 지원으로 이루어진 사업으로 협력사례관리자 활동과 지역연계를 통해 요보호 아동 및 가족에게 통합적으로 개입하는 사례관리 시스템을 구축함으로써 요보호 아동과 가족의 기능을 강화하고자 하는 사업이다.

2. 필요성

서부종합사회복지관이 위치한 청주시 서부지역은 지역주민의 상당수가 이동성이 강하고, 공단주변이라는 특성상 젊은 세대의 맞벌이 부부와 저소득 가정들이 많이 모여 있으며, 청소년유해업소가 주택가 및 교육시설과 혼재해 있어 청소년 비행이나 탈선의 위험에 상대적으로 많이 노출되어 있는 상황이다.

이러한 상황에서 본 복지관에서는 2003년부터 가정폭력피해가정, 알코올가정, 빈곤가정 등 위기에 처해 있는 가족의 기능을 강화하는 '위기가족지원 희망샘'사업을 진행하고 있는데, 이들 가정의 아동들은 위축, 우울, 공격성 등의 문제행동을 보이며 또래들과 잘 어울리지 못하고, 학교에 잘 적응하지 못하는 경향을 보였다. 또한 이들 가정의 부모들은 건강한 부모역할에 대해 잘 모르거나, 다른 사람들과 어울리기를 꺼려하거나 알코올중독, 우울증, 신경증 등의 문제를 보이고 있었다. 상담 및 치료, 부모교육, 가족캠프 등 사업에 지속적으로 참여하는 부모들은 건강한 양육방식을 습득하여 무엇보다도 아동들에 대한 폭력이 중단되고 자녀를 잘 키워보려는 의지를 가지게 되었으며, 아이들은 공격성이 감소되고 적응력이 향상되는 것을 보였다. 하지만 집단에 어울리기를 꺼려하는 가족들의 변화는 아주 천천히 진행되는 경향을 나타냈으며, 이러한 가족에게는 지속적인 개입이 필요한데 인력의 한계로 인해 적극적인 개입에 어려움을 가졌다. 또한 복지관 아동공부방과 청소년공부방을 이용하는 80여 명의 아동청소년들 집중개입이 필요한 경우에도 담당복지사만의 인력으로는 한계가 있었다.

이에 집중사례개입을 할 수 있는 협력사례관리자 지원과 지역연계시스템 구축을 통한 협력증진을 통해 요보호 아동과 가족의 기능을 강화하고자 한다.

3. 목적 및 목표

목적	산출목표	성과목표
요보호 아동 · 가족의 문제행동 감소 및 가족기능 강화	1-1. 요보호 아동 · 가족 30case 사례관리 -협력사례관리자 5명 배치 -사례관리 교육 년 6회 실시 -주 1회 스텝사례회의 실시 -년 5회 전문가슈퍼비전 실시	아동 · 가족 통합사례의 집중개입 강화
	1-2. 지역연계망 구축 및 활성화 년 4회 지역 연계 간담회 실시	지역연계증진
	1-3. 월평균 2case에게 주 1회 가족상담치료 년 16회 집단 상담 프로그램 실시	아동의 문제행동 감소
	1-4. 연 8회 family wellness 가족교육 실시	아동의 가족기능강화

4. 대상

대상구분	서비스대상자 산출근거	단위수(명)
① 일반대상	청주에 거주하는 총인구	638,663명(237,443세대)
② 위기대상	청주에 거주하는 총인구 중 저소득 인구	17,213명(9,082가구)
③ 표적대상	희망샘 아동가족, 아동방과후 교실아동, 청소년 공부방 대상자, 학교사회사업대상자	100사례
④ 클라이언트수	표적대상 중 요보호 아동과 가족	30사례

5. 프로그램 수행내용

성과목표	프로그램명	활동(수행방법)	사업실적 (인원/횟수)	시행 시기	투입 인력
1. 아동 · 가족 통합사례의 집중개입 강화	요보호 아동 · 가족 사례관리	• 대상가정에 협력사례관리자 배치를 통한 집중사례관리 실시 • 저소득 위기가정 중 아동이 있는 가정으로 집중 사례관리가 필요한 가족 • 강점관점 해결중심 사례관리	120/ 1,074	12개월	담당복지사 사례관리자 5명

성과목표	프로그램명	활동(수행방법)	사업실적 (인원/횟수)	시행 시기	투입 인력
	협력 사례관리자 활동	사회복지사 또는 사회복지대학원생 중 지속적으로 1년 이상 일할 수 있는 자 • 1인 최대 6사례 정도 사례관리 진행 • 평균 주 2회 하루 4시간 정도 활동 • 사례관리교육 참여, 주1회 스텝사례회의 실시, 주간 활동일지 및 상담일지 작성보고	25/5	12개월	담당복지사 사례관리자 5명
	사례관리 교육	• 사례관리 스텝, 관련사업 실무자 대상 • 사례관리 및 상담교육, family wellness교육	31/71	연 7회 실시	전문강사
	스텝 사례회의	스텝사례회의 : 주 1회 실시 • 스텝(사례관리담당자, 협력사례관리자 5명, 대상자 관련사업 담당 사회복지사) • 확대사례회의 : 년 2회 실시 내부 슈퍼바이저, 대상자 관련사업 실무자(아동저학년공부방교사, 아동고학년공부방교사, 청소년공부방 교사3명, 상담사) • 사례간담회 실시 : 프로그램 초, 상반기, 하반기 각 1회 총 3회 실시	15/228	12개월	사례관리 스텝
	사례 슈퍼비전	• 사례관리자가 진행하고 있는 사례에 대해 전문가의 슈퍼비전을 받음	10/35	연 4회 실시	전문교수
2. 지역연계 증진	지역 연계망 구축 및 간담회 실시	• 지역기관연계망 시청, 지역주민센터, 학교, 아동보호전문기관, 1388, 건강가정 지원센터, 알코올상담센터, 여성종합상담소, 성폭력상담실, 가정 폭력상담실, 사회복지기관, 사회복지시설, 병원, 기타유관기관 등 • 연계기관 간담회 실시	74/95	26개소, 연 2회 간담회 실시	담당복지사

성과목표	프로그램명	활동(수행방법)	사업실적 (인원/횟수)	시행 시기	투입 인력
		년 4회 간담회 실시, 사례관리 및 네트웍에 대한 강의 실시 후 연계기관회의 실시			
3. 아동의 문제 행동 감소	개별상담 치료	• 심리치료아동선정 → 아동별 주 1회 심리치료 및 상담 실시	20/236	개별 12개월 집단 방학중	전문 치료사
	집단상담 치료	• 사례관리대상 아동 및 청소년 중 또래관계 및 사회성 문제로 인해 상담치료를 필요로 하는 경우 실시 2집단 10회기진행			
4. 아동의 가족 기능 강화	family wellness 가족교육	• 강점중심사고를 바탕으로 2명의 강사가 역할극, 교육, 활동 등의 다양한 방법을 사용하여 참여자들이 직접 참여하도록 하며 건강한 가족을 만들기 위한 실재적인 기술을 배워 갈 수 있도록 하는데 중점을 두는 프로그램 • 사례관리대상 아동, 청소년 및 가족 • 건강가족의 부모/건강가족의 성인관계 건강가족의 변화/건강가족의 가치전수 가정폭력가정과 건강한 가정 • 년 4회 부모모임을 통한 부모들 간의 협력 및 지지체계 마련	39/84	연 8회 실시	담당자 전문가

출처: 사회복지공동모금회(2011). 2010 배분사업안내.

제 2 부

사회복지 프로그램 개발의 과정

사회복지 프로그램 개발의 과정은 논리모델을 활용한다. (문제상황)에 대해서는 문제 분석 및 욕구사정을 하고, (성과)를 도출하기 위해 목적 및 목표를 설정한다. 그리고 목적 및 목표 달성에 필요한 (활동)을 구상하기 위해 자료 수집과 대안을 선택하게 된다. 활동이 결정되면 필요한 자원의 (투입)을 탐색한다. 마지막으로 활동의 총량을 (산출)을 통해 결정하며, 세부계획설계에서 나타낸다.

04 Chapter

문제 분석 및 욕구사정

문제상황	투입	활동(전환)	산출	성과
Logic model				

Key Word 중심 수업 목표

1. 사회문제와 욕구의 개념
2. 욕구의 유형과 욕구사정의 방법: 규범적 욕구, 인지적 욕구, 표현적 욕구, 비교적 욕구
3. 욕구사정의 영역

1 사회문제

1-1. 사회문제의 정의

사회복지 프로그램을 개발함에 있어 가장 우선적으로 해야 할 일은 지역사회의 문제 분석과 클라이언트의 욕구사정을 통해 어떤 프로그램을 제공할지를 결정하는 것이다. 사회문제는 많은 사람이 바람직하지 못한 사회적 조건이나 상황이 개선될 필요가 있다고 생각하는 상태를 의미한다. 사회문제로 규정되기 위해서는 다음과 같은 요건이 충족되어야 한다(최일섭 · 최성재, 1994).

1) 사회적 원인을 가진 문제

문제의 원인과 특성이 사회적이어야 한다. 태풍, 홍수, 지진과 같은 자연재

해는 사회문제라 할 수 없고, 실업난, 청소년 범죄와 같이 개인이 아닌 사회에 문제의 근원이 있어야 한다.

2) 사회적 가치 및 규범에서 벗어남

사회의 지배적 가치나 규범에서 어긋나는 행동이어야 한다. 바람직함의 기준이라고 할 수 있는 가치와 옳고 그름의 구체적 지침이라고 할 수 있는 윤리에서 벗어났을 때 사회문제라고 할 수 있다. 대표적인 예로 아동학대 및 노인학대, 성폭력 범죄 등이다.

3) 다수 또는 영향력 있는 사람이 문제로 보는 현상

사회 구성원이나 정치가, 학자 등 일부 사회적으로 영향력 있는 사람들이 사회문제로 판단하는 경우이다. 대표적 예로서 저출산과 사회적 양극화 문제이다.

4) 개선을 위해 사회적 개입이 필요한 것

사회문제는 다수의 사람들에게 부정적 영향을 미치고, 그 원인이 사회적이기 때문에 개인적 차원에서나 가족적 차원에서는 해결될 수 없다. 고령화, 환경문제 등이 해당한다.

1-2. 사회문제의 분석

1) 차원별 분석

사회문제의 원인을 분석하기 위해서는 다음의 단계를 따른다(조성우 외, 2018).

첫째, 사회문제 분석 질문에 대한 답을 찾는다. 누가 사회문제로 규정하며, 사회적 가치가 위협받고 있는지, 문제상황의 크기와 분포, 경험하는 사람들의 특성들을 대략적으로 확인한다.

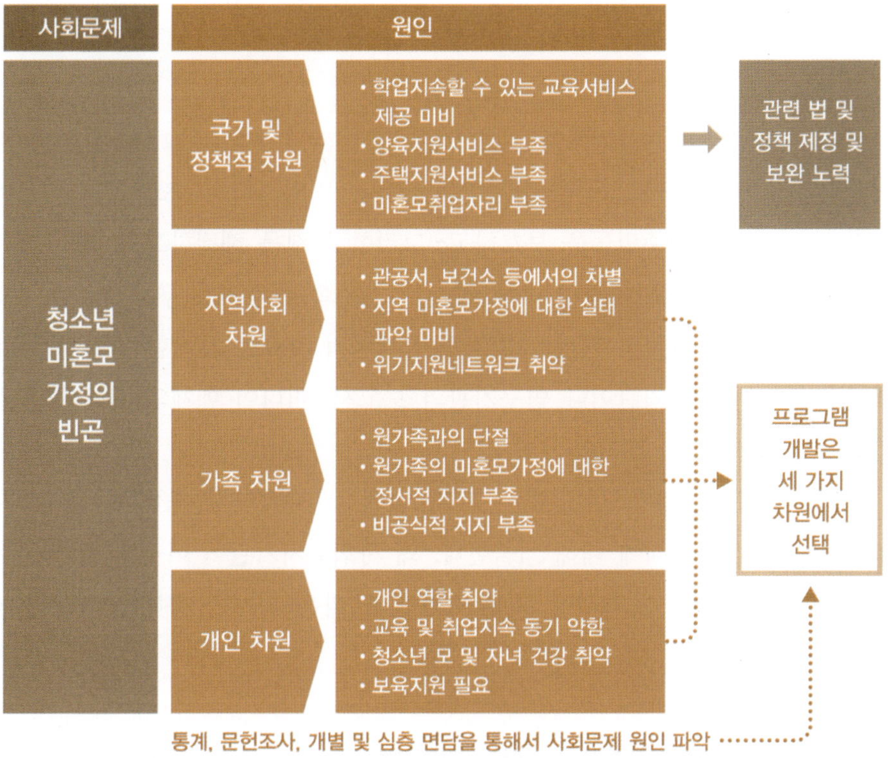

그림 4-1 개인 · 가족 · 지역사회 차원의 사회문제 분석

출처: 조성우 외(2018) 재구성.

둘째, 관련 통계, 연구보고서, 저널, 신문기사, 인터뷰 등의 자료들을 세밀히 분석한다.

셋째, 문제의 원인을 네 가지 차원으로 분류한다. i) 국가 및 정책적 차원, ii) 지역사회 차원, iii) 가족 차원, iv) 개인 차원이다. 사회복지 프로그램의 개발이 개입하는 사회문제의 범위는 그 특성상 지역사회, 가족, 개인 차원의 문제를 다룬다. 국가적 차원은 사회복지 프로그램의 상위 단위인 정책이나 사업의 단위로 개입하게 된다.

넷째, 지역사회, 가족, 개인의 차원 중에서 프로그램 개발의 주제로 선택하는데, 세 가지 차원을 모두 다룰 수도 있고, 하나의 차원을 선택해서 집중하여 다룰 수도 있다.

다섯째, 사회복지 프로그램 개발의 주제로 선택한 사회문제 분석의 내용을 욕구로 전환한다.

2) 지역사회 환경적 특성 분석

사회복지기관이 프로그램을 실시하는 이유는 지역사회의 주요 문제 때문에 어려움을 겪는 지역주민들을 보호하고, 그러한 문제를 해결하고자 하기 때문이다. 따라서 사회복지기관이 속해 있는 지역사회의 문제가 구체적으로 무엇인지 지역사회의 환경적 특성을 파악하여 객관적 자료를 제시할 필요가 있다. 객관적 자료는 공공기관이나 연구기관의 보고서, 미디어 매체의 자료 등 2차 자료이다(박경일 외, 2016).

사회복지 프로그램을 나타내는 프로포절에서 '사업의 필요성'에서 지역사회의 실정은 어떠한지에 대해 기술한다. 왜 사회복지기관이 이 문제를 다루어야 하는지를 지역사회 특성을 통해 나타낸다. 다음 사례를 통해 살펴보자(삼성복지재단, 2015).

❖ 지역사회에서의 필요성을 제시하는 방법 예시

> 사업이 필요하다는 것을 서술함에 있어 자신의 주관적인 판단에 기초하고 있지 않았음을 객관적으로 보여줄 필요가 있다. 이를 위해서는 기관이 소재한 지역사회 내에서 이 프로그램이 필요하다는 것을 입증해야 한다.
> 이를 위해서는 ① 지역 복지 계획의 통계치를 빌려 올 수도 있고, ② 기관이 프로그램 시행에 필요한 직접적인 자료를 얻기 위해 주요 정보 제공자(key informants) 또는 서비스 이용자(service users)를 대상으로 하는 자체 설문 조사를 실시할 수도 있고, ③ 접근하고자 하는 지역 문제와 관련된 전문가들을 함께 모아 전문적인 의견을 수렴하는 포커스 그룹(Focused Group Interview)을 진행할 수도 있다(욕구사정 방법 참조).

(1) 세대 격차에 따른 사회적 문제

노인과 젊은이, 공간적으로 보면 이들은 다른 세계를 살아온 사람들이다. 우리 사회는 반세기 동안 농경 사회에서 산업화 사회로, 다시 정보화 사회로 빠르게 변화하였다. 이러한 변화 속에서, 지금의 노년층은 유년, 청소년기를 농경 시대에서 보냈고, 중년기를 산업화 시대에서 지낸 뒤, 노년기를 정보화 시대에서 맞이한 반면, 그 자녀 세대는 정보화 시대에 자라고 있다. 이는 현재 한 시대에 비동시적인 세대들의 공존을 경험하고 있으며, 이러한 세대 간의 격차가 다른 어느 사회보다 강한 갈등 양상으로 드러날 가능성을 내포하고 있다(이가옥 외, 2008).

세대 간 격차로 인한 갈등의 단적인 예를 들어보면, 2011년 뉴스에서는 지하철 안(노인과 젊은 층이 불가피하게 접촉하는 공간)에서 젊은 층과 노인들이 충돌하는 영상을 자주 접할 수 있었다. "평상복 차림인 할머니는 오른손에 봇짐 하나를 들고 지하철을 탔지만 20~30대 승객들은 미동조차 하지 않았다. 휴대 전화로 문자를 보내거나, 태블릿 PC를 통해 TV 프로그램을 시청하느라 바빴다. 평소 이런 광경을 자주 목격한다는 승객들도 많았다"라는 내용이 뉴스에 방송(야후 뉴스, 2011.6.27)되었으며, 또 다른 사건으로는 '패륜녀', '페트병녀', '막말남', '욕쟁이 할머니'라는 기사들이 계속해서 방송되는 모습을 볼 수 있었다. 서울메트로에서는 '지하철 세대 충돌'에 대한 생각을 물어본 결과 노인들 사이에서는 '공공 패륜(공공 규범과 전통 예절의 붕괴 현상)'이 만연하다는 지적으로 나타나며, 젊은 대학생들은 "노인들도 막말이나 양보 강요를 자제해야 한다"고 주장하였다(중앙일보, 2011.7).

서울도시철도(5~8호선) 노약자석 자리 다툼 민원 건수(단위: 건)

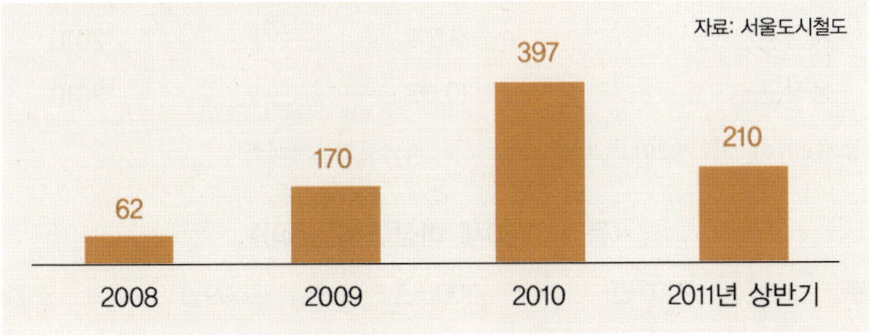

그림 4-2 노약자석 자리다툼 민원

서울도시철도에서 발표한 자료에 의하면 **그림 4-2**에서 나타난 것과 같이 지하철 내 노약자석 자리다툼으로 인한 세대 간의 충돌은 2008년에는 62건,

2009년에는 170건, 2010년에는 397건으로 지속적인 증가를 나타내고 있으며, 2011년 상반기에만 벌써 210건이 발생하였다. 이나미 박사(심리학)는 이러한 현실이 "일반 생활 속에서 노인과 젊은 층이 같은 공간에 오래 머물며 접촉하는 경우가 별로 없으며, 노인들은 너무 권위적으로 소통하려는 반면, 젊은 세대는 탈권위와 디지털 소통에 익숙해 면대면 접촉에서 다른 세대와 소통하는 데 서투르다"고 지적했다(중앙SUNDAY, 2011.7.3).

(2) 지역사회 내 노인

서울의 남부에 위치한 동작구는 동쪽은 서초구, 서쪽은 영등포구, 남쪽은 관악구, 북쪽은 한강을 경계로 용산구와 접하고 있다. 서울시 통계 자료(2010)에 따르면 첫 번째 표에서와 같이 동작구의 고령화율(65세 이상)은 10.6%로 서울시 평균 9.5%보다 높게 나타났으며, 60세 이상 인구 추이(동작구통계연보, 2010)의 경우 두 번째 표에서와 같이 2007년에는 13.27%, 2008년에는 13.92%, 2009년에는 14.99%, 2010년에는 15.18%로 매년 지속적인 증가 추세를 보이고 있다. 이는 동작구의 노인 비율 및 고령화 추이가 비교적 높음을 알 수 있다.

〈동작구의 고령화 비율〉

구분	고령화율	기준년도
서울시	9.5%	2010
동작구	10.6%	2010

자료: 서울통계(2010). 제2기(2011~2014년) 동작구 지역사회복지계획.

〈동작구 60세 이상 인구 추이〉

구분	2007년	2008년	2009년	2010년
인구 추이	13.27%	13.92%	14.99%	15.18%
증가율	–	+0.65%	+1.07%	+0.19%

자료: 동작구통계연보(2010). 제2기(2011~2014년) 동작구 지역사회복지계획.

(3) 지역사회 내 대학생

동작노인복지관이 속한 인접 지역에는 서울대, 중앙대, 숭실대, 총신대 등 타 지역에 비해 많은 대학이 소재하고 있다. 이로써 동작구라는 한정된 공간에 비해 많은 노인과 대학생이 공존하고 있음을 알 수 있으며, 그에 따라 이들 세대 간의 충돌 및 격차가 높게 나타날 수 있음을 시사하고 있다.

수업 활동 ❶

현재 본인이 생각하는 (지역) 사회문제 중 한 가지를 선택하여 원인과 해결 · 개선방법 생각하기 (조별 활동 가능)

사회문제	원인	해결 · 개선 방법

2 클라이언트의 욕구사정

2-1. 문제와 욕구의 비교

'클라이언트의 문제와 욕구는 어떤 차이가 있는가?' 클라이언트의 문제와 욕구는 별개로 존재하는 것이 아니며, 동전의 양면과 같은 관계이다. 그렇다면 사회복지 프로그램 개발의 과정에서는 왜 클라이언트의 문제보다 욕구라는 표현을 쓰는 것이 더 적절할까? '클라이언트의 문제'라고 해도 틀린 것은 아니다. 다만 '문제'라는 표현 자체가 부정적 측면이 더 부각되는 것처럼 느껴질 수 있고, 문제가 있는 클라이언트는 다소 수동적이고, 무력하게 보일 수 있다. 반면에 '욕구'라고 표현할 때는 사회적으로 적극 해결해야 하는 당위적인 것으로 여겨지고, 인간으로서 누려야 하는 기본적인 클라이언트의 권리가 더 강조된다(김상곤 외, 2015). '사회문제'라고 표현했을 때는 문제의 원인이 사회에 있는 것처럼 '클라이언트의 문제'라고 했을 때 문제의 원인이 개인에게 있는 것처럼 보일 수 있기 때문이다. 또한 클라이언트에게 어떠한 문제가 있다고 했을 때는 단지 객관적으로 클라이언트가 문제적 존재로 보일 수 있지만, 클라이언트에게 어떠한 욕구가 있다고 했을 때는 문제해결의 의지가 내포되어 있다. 다음의 사례를 통해 살펴보자.

〈사례 ①〉
문제: 장애노인은 신체적 장애로 여가생활의 문제가 있다.
욕구: 장애노인은 신체적 장애가 있지만 여가생활에 대한 욕구가 있다.

〈사례 ②〉
문제: 왕따 피해 청소년은 학교 부적응의 문제가 있다.
욕구: 왕따 피해 청소년은 학교 적응의 욕구가 있다.

〈사례 ③〉
문제: 독거노인은 고독감을 경험하는 문제가 있다.
욕구: 독거노인은 사회적 관계망을 형성하고자 하는 욕구가 있다.

2-2. 욕구의 개념

욕구사정을 하려면, 우선 욕구의 개념을 명확히 이해해야 한다. 사회복지 프로그램에서 욕구는 '어떤 구체적인 서비스에 대해 사람들이 갖는 잠재적이면서 내재적인 필요성'을 의미하는 것이다. 이러한 욕구는 개인적 차원이 아닌 사회적 차원에서 규정하는 사회적 욕구를 의미한다. 욕구(needs)와 원함(wants)은 구분되어야 한다. 아이는 탄산음료수를 마시기 원하지만, 엄마는 생수를 마실 필요가 있다고 판단한다. 아이의 '원함'은 엄마가 생각하는 '욕구'가 다르다. 원함과 욕구가 일치할 수도 있다. 아이가 갈증을 느껴 물을 마시기 원한다면 엄마가 생각하는 아이의 욕구와 일치한다. 욕구의 개념은 다차원적이다. 일반적으로 인간의 욕구를 설명하는 데는 심리학적 차원에서 욕구의 보편성을 다루고, 사회학적 차원에서 욕구의 다양성을 다룬다(김영종, 2013).

1) 심리학적 욕구

1954년 매슬로우(Maslow)는 '사람들이 세상에서 가장 원하는 것이 무엇인가?'에 관심을 갖고 욕구위계이론(need-hierarchy theory)을 제안하였다. 이것은 사람들이 위계를 이루고 있는 욕구를 충족하기 위하여 동기화된다는 것이다. 이 이론은 위계원리를 전제로 이루어져 있다. 비록 사람에 따라서 차이가 있지만 대부분의 사람이 추구하는 욕구는 몇 개의 공통된 범주로 나눌 수 있다. 이 보편적인 공통된 욕구는 충족되어야 할 심리적 발달 수준에 따라서 순서대로 피라미드 형태의 위계로 계층화되어 있다. 인간이 충족하고자 하는 욕구는 최하위 욕구인 생리적 욕구에서부터 안전 욕구, 사회적 욕구(애정 및 소속감 욕구), 존경의 욕구, 최상위 욕구인 자기실현의 욕구로 위계를 갖추고 있다.

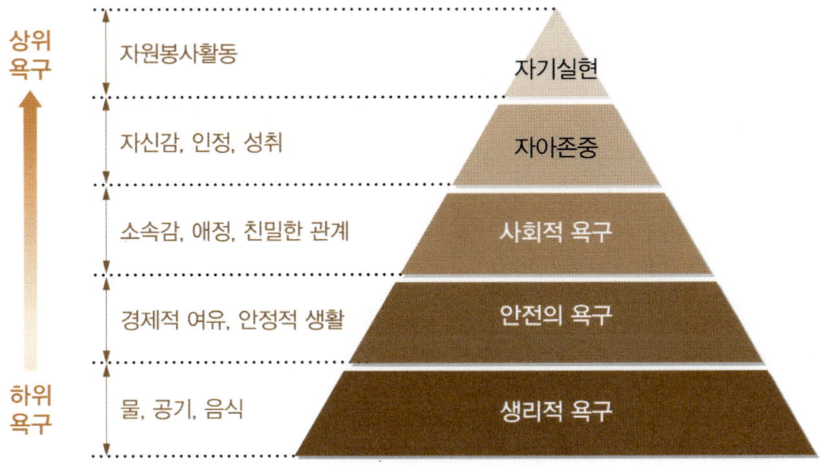

그림 4-3 매슬로의 욕구단계

위계의 맨 바닥에는 생존에 필수적인 물, 공기, 음식, 수면, 성을 위한 생리적 욕구가 존재한다. 일단 이런 욕구가 충족되면 위험으로부터의 안전, 경제적 여유, 안정적 가정생활과 직장생활을 추구한다. 다음은 사회적 욕구로 소속감, 애정, 친밀한 관계 등을 갈망한다. 이러한 욕구가 충족되지 않으면 고독감을 느낄 수 있다. 그 다음은 존경의 욕구로 사회적 지위, 인정, 성취 같은 욕망을 포함한다. 이러한 욕구가 충족되지 않으면 열등감과 무가치함을 경험할 수 있다. 마지막 욕구는 자기실현의 욕구이다. 자신의 잠재력을 실현하려는 욕구로 자원봉사와 같은 활동을 통해 성취할 수 있다. 그러나 이 이론 역시 다음과 같은 단점이 있다. 첫째, 전반적으로 피라미드상의 하위 욕구부터 우선적으로 충족되어야 하지만 때때로 예외를 발견할 수 있다. 생리적 욕구와는 초연하게 자신의 고유한 삶을 사는 사람도 볼 수 있다. 둘째, 매슬로가 제안한 것처럼 모든 사람이 동일한 순서를 따르는 것은 아니다. 어떤 이는 자존 욕구를 충족하기 전에 애정 및 소속감을 추구하지만, 성취 지향적인 사람은 가족보다는 자기실현을 확립하는 데 더 많은 노력을 기울인다. 셋째, 문화권에 따라 우선순위가 다를 수 있다. 개인주의를 지향하는 서양 문화권은 집단주의를 지향하는 동양 문화권보다 존경 욕구를 더 추구하는 경향이 강하다(김원형 외, 2010).

표 4-1 매슬로의 욕구단계에 따른 프로그램과 서비스 종류

욕구단계	복지기관의 프로그램/서비스
생리적 욕구	식사배달서비스, 가사간병서비스, 이동목욕서비스, 주거환경개선서비스, 병원의뢰서비스
안전의 욕구	노인학대예방서비스, 재가노인안부전화서비스, 노인의 집 프로그램, 노인그룹홈
사회적 욕구	노인노래교실, 노인건강교실, 가정봉사원정서지원서비스
자아존중	심리사회상담서비스, 정신건강 프로그램, 취업알선서비스
자기실현	자원봉사 활동, 교육 프로그램, 취미교실

출처: 황성철(2017) 재구성.

수업 활동 ①

1. 본인이 생각하는 욕구단계를 설명하고, 매슬로의 욕구단계와 다르다면 그 이유 설명하기
2. 주변이나 방송 등을 통해 생리적 욕구와는 초연하게 자신의 고유한 삶을 사는 사람의 예를 설명하기

2) 사회학적 욕구

심리학적 욕구는 인간 욕구의 공통성을 찾으려 한다면, 사회학적 욕구는 인간 욕구의 차별성과 사회문화적 결정 요인들을 확인한다. 인간 욕구는 생물학적으로 결정되는 부분도 있지만, 사회학적 접근처럼 후천적으로 습득되는 부분도 있다. 사회학적 욕구 규정은 주로 개인이 소속된 사회의 문화에 의해 욕구가 조건지어지는 것에 주목한다. 어떤 개인에게 주어진 동일한 조건도 그 자신이나 주변 환경 등의 규정에 따라 각기 다른 성격의 욕구들로 규정될 수 있다. 욕구에 대한 규정은 지역적으로나 시대적으로도 달라진다는 것이다. 예를 들어, 서구권 국가에서는 성적 욕구에 대해 개방적이어서 허용하는 폭이 크지만, 금욕을 중시하는 이슬람권 국가에서는 이를 엄격히 규제한다. 또한 우리나라에서 과거 1950~60년대에는 절대적 빈곤에 처해 있을 때의 욕구와 2000년대에 들어서의 욕구에 대한 규정은 다르다고 할 수 있다. 이처럼 인간 욕구의 많은 부분들이 장소와 시대에 의해서 영향을 받는다는 것을 인식한다면 인간 욕구의 원천을 이해하기 위해 사회문화적 환경에 대한 분석이 왜 필요한지도 이해할 수 있다(김영종, 2013).

2-3. 욕구의 유형

브래드쇼(Bradshow, 1977)는 욕구를 정의하는 데 있어서 가장 중요한 것은 '누가 욕구의 기준을 정하는가?'에 있다고 보고 욕구의 유형을 다음과 같이 네 가지로 나누었다(황성철, 2015).

1) 규범적 욕구(normative need)

전문가의 표준을 판단의 기준으로 정해지는 사회적 조건과 상황을 의미한다. 전문가의 지식과 판단에 따라 어떤 기준이 정해지고 이에 미치지 못하는 조건과 상황을 욕구로 규정하는 것이다. 예를 들어, 영양학자들이 연구와 조사를 통해 밝혀진 건강한 어린이의 영양기준에 미달하는 아동에게는 건강욕구가 있는 것으로 판단한다. 또한 정부가 정한 빈곤선(poverty line)과 최저임금도 일종의 규범·기준으로 그 이하의 조건에서 생활하는 사람은 소득욕구가 있다고 간주한다. 「노인장기요양법」에 의한 노인장기요양을 위한 등급판정이나 아동보육시설에서 영아와 보육교사의 비율을 정한 아동보육사업지침의 기준도 정부가 효과적 서비스 전달을 위해 설정된 규범으로서 기능한다. 규범적 욕구는 욕구의 수준이 파악되면 프로그램으로서의 목표설정과 계량화에 용이하고, 목표달성의 정도를 측정하는 데도 장점이 있다. 그러나 욕구의 정도가 전문가에 따라 달리 규정될 수 있으며, 지식, 기술, 가치관, 시간의 변화에 따라 변할 수 있는 탄력성을 지니지 못하는 단점도 있다.

2) 인지적 욕구(felt need)

욕구를 갖는 당사자가 스스로 인지하여(felt) 정하는 욕구이다. 인지적 욕구는 주로 설문, 전화, 면접, 우편조사 등 사회조사를 통해 욕구를 갖는 잠재적 클라이언트를 대상으로 필요한 것이 무엇인지 질문방식으로 욕구를 조사한다. 잠재적 클라이언트에 대해 직접 얻는 정보이기 때문에 가장 정확하고, 클라이언트의 욕구를 가장 잘 대표하는 욕구라고 할 수 있다. 그러나 인지적 욕구는 욕구를 인지할 수 있는 대상에만 조사가 가능하고, 제대로 답하지 않을 가능성이 있다. 또한 모든 잠재적 클라이언트를 대상으로 조사할 수 없으므로 표집(sampling)의 대표성 문제와 낮은 응답률 등이 문제가 될 수 있다. 인지된 욕구의 수준은 다양하고, 상황에 따라 변할 수 있기 때문에 예상보다 크게 인지적 욕구가 나타나는 경우가 많아 실제로 프로그램이 개설되면 프로그램에 참여하는 사람은 매우 적을 수도 있다.

3) 표현적 욕구(expressed need)

욕구를 갖는 잠재적 클라이언트가 실제로 욕구충족의 행위를 하여 나타난 욕구이다. 표현적 욕구는 서비스의 수요(demand)로 나타나기 때문에 서비스에 대한 수요에 기초한 욕구라고 할 수 있다. 이는 전문가의 판단보다 실제로 서비스를 받기 위해 노력했는지의 여부에 초점을 둔다. 예를 들어, 서비스를 받기 위해 서비스를 신청한 사람의 수나 대기자 명단(waiting list)을 통해 측정할 수 있다. 표현된 욕구는 비교적 정확하게 측정되기 때문에 수요에 따른 서비스 공급규모를 적절히 조절할 수 있다는 장점이 있지만, 서비스 이용에 장애가 있거나 서비스 정보를 얻지 못하는 클라이언트 집단은 배제될 수 있다는 단점도 있다.

4) 비교적 욕구(comparative need)

욕구를 지닌 클라이언트와 유사한 집단이나 지역을 비교하는 것이다. 즉, 클라이언트와 유사한 집단이나 지역에서 제공되는 서비스와의 차이를 측정한다. 어떤 클라이언트 집단에 제공되는 서비스가 다른 비교 집단에 제공되는 서비스 수준보다 못할 경우 그만큼 서비스의 욕구가 있다고 할 수 있다. 비교적 욕구의 파악은 집단 간 비교 또는 지역 간 비교를 통해서 용이하게 욕구의 수준을 정할 수 있다. 그러나 비교집단의 선정 문제와 함께 비교집단이 실제로 동일한 수준의 욕구가 있는 집단인지 정확하지 않을 수 있다는 단점이 있다.

5) 욕구유형의 적용

브래드쇼(1977)의 욕구유형을 비교하면 **표 4-2**와 같다. 이를 사례를 통해 적용해 보자(황성철, 2017).

표 4-2 욕구의 유형별 장 · 단점

구분	측정 주체 · 방법	장점	단점
규범적 욕구	전문가의 판단	계량화와 측정 용이	전문가의 견해차, 지식, 가치관 변화에 비탄력적
인지적 욕구	클라이언트의 인지(느낌)	당사자의 정확한 욕구 측정	개인차 조정의 문제, 대상자의 대표성 문제, 과대추정 가능성
표현적 욕구	클라이언트의 행동(표현)	수요에 따른 공급규모 결정	상황과 여건상 표현하지 못한 클라이언트의 욕구 무시
비교적 욕구	전문가, 사회의 지표 비교	각종 지표로 측정 용이	진정한 비교집단의 선정 문제

○○노인복지관에서는 노인학대피해자를 대상으로 하는 새로운 프로그램 개발팀이 구성되어 욕구조사를 안건으로 하는 회의가 진행되었다. 팀원 중 김 과장은 지역사회 내 노인학대피해자의 전체규모를 파악하기 위해서는 관련 연구보고서와 사회지표를 활용하여 실제적 욕구의 규모를 조사해야 한다는 의견을 표시하였다. 노인학대에 관한 각종 연구문헌과 자료를 조사한 결과, 노인을 구성원으로 두고 있는 전체 가구 중에서 약 5%가 신체적 또는 정서적 학대에 노출되어 있는 것으로 파악되었다. ○○노인복지관이 위치한 지역의 세대 수를 감안하여 위험집단의 규모를 추산해 보면 약 500명의 노인이 학대로 고통을 받고 있는 것으로 나타나 이를 근거로 프로그램을 개발할 것을 제안했다.

한편 최 과장은 이러한 욕구의 규모는 어느 정도 근거가 있기는 하지만, 이를 기초로 프로그램을 개발하는 것은 매우 위험하다는 의견을 내놓았다. 즉, 약 500명의 노인이 통계적으로 또는 전문가의 판단(규범적 욕구)으로 추산되지만, 실제로 서비스를 필요로 하는 클라이언트는 그보다 훨씬 적을 것이라고 보았다. 왜냐하면 학대받는 노인 가운데 어떤 사람은 수치심과 두려움으로 서비스를 요청하지 않을 수도 있으며, 실제로 학대를 받고 있더라도 자녀를 위해 참고 살 가능성도 높기 때문이다. 그래서 최 과장은 그 대안으로 학대받는 노인과의 면담을 통해 어느 정도 서비스를 받길 원하는지(인지적 욕구) 정확히 파악해야 한다고 주장하였다.

또 다른 팀원인 송 주임은 이러한 제안에 이의를 제기했다. 첫째, 이같이 욕구를 갖는 모든 대상자들을 조사하는 면담이나 설문조사는 현실적으로 불가능하다는 것이다. 둘째, 이러한 인지적 욕구도 실제로 과대 추산될 가능성이 있기 때문에 이를 근거로 프로그램의 규모를 결정하는 것은 더 큰 위험을 초래할 수 있다는 것이다. 따라서 송 주임은 제 3의 대안으로 실제적 서비스의 추정치를 가장 정확히 산출하는 방법으로 ○○노인복지관이 속한 지역사회 내에서 노인학대와 관련된 서비스를 받은 이용자와 대기자 명단(표현적 욕구)을 조사해서 파악해야 한다고 제안했다.

팀장은 이러한 다양한 의견에 동의하면서 지금까지 욕구조사의 방법에 관한 의견들은 나름대로의 타당한 이유와 근거가 있는 것이라고 판단하여 종합적으로 욕구조사를 할 것을 제안했다. 즉, 잠재적 클라이언트의 일부에 대해 설문조사(인지적 욕구)를 하고, 노인학대와 관련된 서비스 이용자 및 대기자의 수(표현적 욕구), 인근 지역의 노인학대발생률(비교적 욕구)을 종합적으로 분석하여 전문적 표준(규범적 욕구)과 비교하는 것이다.

2-4. 욕구사정의 방법

욕구사정은 대상자의 욕구를 조사하고 우선순위화하며, 욕구를 충족시키고 문제를 해결하기 위한 의사결정을 하고, 자원을 배분하여 조직의 목표를 실현해 나가는 과정이다(Altschuld & Kumar, 2010). 욕구사정은 브래드쇼(1977)의 욕구유형을 기준을 정하면 매우 유용하다. 욕구를 누가 정의하는지에 따라 잠재적 클라이언트가 직접 욕구를 규정하는 인지적 욕구와 표현적 욕구는 직접적 욕구조사이고, 전문가나 일반사회가 규정하는 규범적 욕구와 비교적 욕구는 간접적 욕구조사에 해당된다. 직접적 욕구사정에는 표적집단 서베이, 표적집단 인터뷰, 지역사회 공청회 등이 있고, 간접적 욕구사정에는 2차 자료분석, 서비스 제공자 조사, 델파이기법 등이 속한다(황성철, 2017).

직접적 욕구사정	간접적 욕구사정
• 클라이언트를 대상으로 직접 실시 • 인지적 욕구와 표현된 욕구 중심	• 전문가, 일반사회로부터 간접적으로 조사 • 규범적 욕구와 비교적 욕구 중심

1) 직접적 욕구조사 방법

(1) 지역주민 및 표적집단 서베이

서베이 조사는 누구를 대상으로 조사하느냐에 따라 지역주민 서베이와 표적집단 서베이로 나뉜다. 지역주민 서베이는 광범위한 지역주민을 잠재적 클라이언트 집단으로 보고, 지역주민 가운데 추출된 표본으로부터 설문지나 면접을 통해 그들이 인지하는 욕구는 무엇인가를 조사하는 것이다. 표적집단 서베이는 노인, 장애인, 아동 등 문제나 욕구를 지닌 특정 클라이언트 집단을 대상으로 설문이나 면접을 통해 인지적 욕구를 조사하는 방법이다.

표 4-3 지역주민 복지욕구 설문조사의 조사항목과 문항

대분류	소분류	
	No.	내용
Ⅰ. 가구일반사항	1	가구원수
	2~13	각 가구원에 대한 사항
Ⅱ. 가구주거 상황	1~3	주거 상황
Ⅲ. 가구 소득	1	가구주의 소득에 관한 일반 상황
	2	근로자인 가구주와 가구원의 소득
	3	자영자인 가구주와 가구원의 소득
	4	가구주와 농림, 축산업 경영주인 경우의 소득
	5	가구주가 어업경영주의 소득
	6~11	가구의 재산소득, 이전소득 및 기타소득
Ⅳ. 자산	1~3	가구의 전체 자산
Ⅴ. 부채	1	가구의 부채
Ⅵ. 생활 여건	1~8	개인이 겪는 다양한 어려움 혹은 만족도
	9~49	(박탈지수)생활여건에 대한 추가적인 파악

(계속)

대분류	소분류	
	No.	내용
Ⅶ. 지역사회에 대한 만족도	1~10	지역사회에 대한 문제와 만족도
	11~17	지역에 따라 복지시설을 추가 기입하여 활용 가능
	18	지역의 사회복지시설 이용의 불편한 점
	19	지역사회에서 가장 필요한 서비스
Ⅷ. 여성	1ㅍ8	가구원 중 19~64세 여성 응답
Ⅸ. 미취학 아동	1~8	취학 전 자녀가 있는 경우 응답
Ⅹ. 초등학생	1~10	초등학생 자녀가 있는 경우 응답
Ⅺ. 중고등학생	1~8	중고등학생 자녀가 있는 경우 응답
Ⅻ. 노인	1~18	일상생활 수행정도(건강 상태)
	19~24	보유질병의 종류
	25	향후 필요한 수발 관련 서비스
	26~42	노인복지시설 및 서비스 인지도
	43~45	노인복지시설 이용의 어려운 점
XIII. 장애인	1~11	장애로 인하여 겪는 어려움
	12~19	장애인복지시설 인지도
	20~21	장애인복지시설 이용의 불편한 점

출처: 경기도 오산시(2014). 제3기 지역사회복지계획 2015~2018.

(2) 표적집단 인터뷰(FGI: Focused Group Interview)

문제나 욕구를 지닌 클라이언트 집단을 대상으로 서베이를 통해 얻지 못한 심층적 욕구를 파악하는 질적 조사의 방법이다. 표적집단이란 주제가 분명하고 좁게 초점(focus)이 맞춰 있다는 의미에서 사용된 용어로 비슷한 문제나 욕구를 가진 일련의 동질적 클라이언트를 8~10명 정도로 구성하여 일정한 시간과 장소에 모여 사회자의 진행에 의해 토론을 진행한다. 앞서 설명한 지역주민 서베이나 표적집단 서베이는 일정한 조사표를 개발하여 설문조사나 면접을 통해 집합적이고 대략적인 통계자료를 분석하여 인지적 욕구를 파악하는 방법이다. 그러나 이 방법을 통해 수집된 욕구조사는 피상적이거나 단편적 차원을 넘어서지 못하는 한계가 있다. 이에 비해 표적집단 인터뷰는 클라이언트 집단의 역동성을 최대한 활용하여 보다 깊이 있는 질적 자료를 수집하여 클라이언트의 욕구를 보다 정확히 조사할 수 있다.

표 4-4 FGI 운영 및 절차

구분	내용
질문지	FGI 질문지에는 FGI 구성 목적을 명확하게 밝히고 FGI를 통해 얻고자 하는 바를 분명하게 제시하여야 함. 아울러 질문은 통상 5~6개 정도로 하고 질문이 너무 많아 제한된 시간에 깊이 있는 내용이 논의되지 못하는 우를 범하지 않도록 함. 이러한 설문지는 사전에 구성원들에게 제시되어야 함
준비	실무자는 녹음기(배터리, 녹음 가능 메모리 등 사전 점검), 충분히 몰입할 수 있는 논의 공간, 명패 설치
시작	실무자는 모임의 배경을 간단하게 설명하고 도입부에 해당하는 질문으로 FGI를 시작. 초기 ice breaking이 매우 중요. 시간은 2~3시간 정도임 – 실무자는 질문 내용 5~6가지가 머릿속에 구조화되어 있어서 진행 중에 질문 내용을 살펴보지 않는 것이 바람직함[1)]
종료	종료 시점에는 질문 문항에 대해 충분히 의견이 제시되고 논의되었는지를 머릿속으로 살펴보고 충분하게 답이 얻어졌으면 내용을 정리하고 참여에 대한 감사의 말로 종료함

출처: 삼성복지재단(2015). 사회복지 프로그램 개발지원 기획 매뉴얼.

표 4-5 지역사회복지욕구 파악을 위한 표적집단 인터뷰(FGI) 질문 내용

구분	문항내용
시작	• 먼저 선생님들의 성함과 (영역별) 복지 분야에서의 경력을 간략하게 소개해 주세요.
도입	• 선생님이 일하고 계신 구리지역은 다른 지역사회와 비교했을 때 살기에 어떤 곳 이라고 생각하십니까? (대답에 대해) 그렇게 생각하시는 이유를 설명해 주세요.
주요 질문	• 현재 구리시의 (영역별) 인구와 특성 등을 고려할 때, (영역별) 복지서비스에 대한 욕구와 공급에 대해 어떻게 생각하십니까? • 선생님이 일하고 계신 기관의 서비스이용자들은 (영역별) 어떠한 욕구를 가지고 있습니까?

(계속)

1) 머리를 숙여 질문 내용을 살펴보는 동안 대화의 흐름과 연속성이 깨질 수도 있고 실무자의 의도(뭔가 이 대목에서 중요한 고려점이 있는지, 이제 실무자가 끝내려고 하는지 등의 참여자의 생각)가 무엇인지를 불필요하게 살펴보게 되므로 상대방이 이야기할 때에는 눈빛을 교환하면서 경청하는 것이 바람직하고, 대신 실무자는 이야기를 들으면서도 현재 이야기되고 있는 것이 질문 내용 몇 번에 해당하며 이 내용이 다른 질문 내용과 어떻게 연결될 것인지, 이에 대해 다른 참여자의 이야기를 더 들어야 하는 것인지 등에 대한 판단이 지속적으로 이루어지고 있어야 한다.

	– 이들의 욕구를 충족시키기 위한 사회자원은 어떻습니까? – 어떠한 방식으로 필요한 자원을 동원하고 개발할 수 있다고 생각하십니까? • 구리시의 (영역별) 복지서비스는 어떻다고 생각하십니까? – 구리시에서 펼치고 있는 (영역별) 정책과 관련하여 문제점이나 잘되고 있는 점이 있다면 어떤 것을 들 수 있을까요? – (영역별) 복지를 증진하기 위해 필요한 서비스와 사회자원은 무엇이라고 생각합니까? (어떤 점에서?) • 구리시에서 제공되고 있는 (영역별) 복지서비스의 문제점과 우선적으로 해결해야 할 과제는 무엇입니까? • 다른 지역(도시)와 비교했을 때 (영역별) 복지서비스와 관련하여 구리시에 잘하고 있는 것이 있다면 무엇을 들 수 있습니까? • (영역별) 복지 활성화를 위해 공공영역과 민간영역의 역할은 무엇이라고 생각하십니까?
마무리	• 제3기 구리시 지역사회복지계획(2014~2016년) 수립 시 저희 연구진들이 반드시 고려해야 할 혹은 포함시켜야 할 사항을 말씀해 주세요. • 추가적으로 이야기하고 싶은 것이 있다면 말씀 부탁드립니다.

출처: 경기도 구리시(2014). 제3기 지역사회복지계획.

(3) 지역사회 공청회

지역사회 포럼(forum)이라고도 하며, 일정한 지역사회 내에 거주하는 모든 계층과 집단의 주민들이 토론의 장에 참여하여 자유롭게 의견을 개진하는 방법이다. 지역사회의 각 집단별 문제나 욕구를 기초로 하기 때문에 표적집단 서베이나 표적집단 인터뷰의 전 단계 방법으로 활용할 수 있다.

참고자료

제4기 경기도 지역사회보장계획 공청회 개최(안)

■ 배경 및 목적

- 제4기 경기도 지역사회복장계획수립 연구를 지난 1월부터 수행하여 옴
  - 2018년 1월부터 경기복지재단은 경기도의 사회보장 격차 정도를 파악하고 도민이 필요로 하는 복지사업을 지역주민과 함께 수립하여 사회보장 균형발전을 도모하기 위해 경기도 제4기 지역사회보장계획 수립연구를 진행하여 왔음
  - 제3기 계획을 평가하고, 시군 계획수립 컨설팅 및 간담회 진행, 사회보장 영역별 토론회, 지역사회보장조사 31개 시군 일괄 조사 및 자료 제공 등을 수행
- 「사회보장급여의 이용 · 제공 및 수급권자 발굴에 관한 법률」 제35조에 의거 지역주민 등 이해관계자의 의견을 듣도록 하고 있으며 이에 공청회를 개최하고자 함
  - 지난 약 10개월간의 여정을 통해 완성한 제4기 경기도 지역사회보장계획에 대한 지역주민 등 이해관계자의 의견을 수렴하고자 공청회를 개최하고자 함

■ 개 요

- 행사명 : 제4기 경기도 지역사회보장계획 공청회
- 일 시 : 2018.11.14.(수), 15:00 ~ 17:00
- 장 소 : 다산홀(경기도인재개발원)
- 참석자 : 약 200명(지역주민, 관계자 등)
- 내 용
  - 제4기 경기도 지역사회보장계획 발표
  - 현장 및 학계 전문가 토론
  - 열린 주민의견 수렴 진행 등

출처: 경기복지재단 정책연구실 보도자료(2018.11.14.).

2) 간접적 욕구조사 방법

(1) 2차 자료의 분석

클라이언트 집단의 욕구를 파악하기 위해 직접적으로 자료를 수집하는 것이 아니라 기존의 사회지표(social indicators)와 기관의 서비스 통계자료 등을 2차적으로 이용하는 방법이다. 사회지표는 지역이나 인구집단을 특징적으로 나타내는 표준화된 수치를 의미하며, 매년 통계청과 보건복지부와 같은 정부 기관에서 인구, 소득, 범죄율 등을 발표하는 것이 그 예이다.

2차 자료는 보통 비교적 욕구 파악에 유용하다. 기존의 자료를 이차적 목적으로 사용함으로써 시간과 비용이 적게 들고 손쉽게 욕구조사를 할 수 있지만 그 자체가 욕구를 나타내지 않는 간접적 추정치이므로 정확한 욕구로 확인되지 않고, 그 자료의 속성을 벗어난 욕구파악은 어렵다는 한계가 있다.

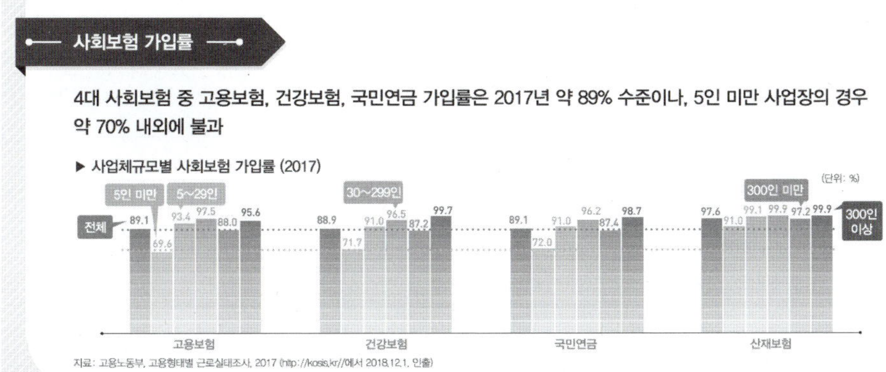

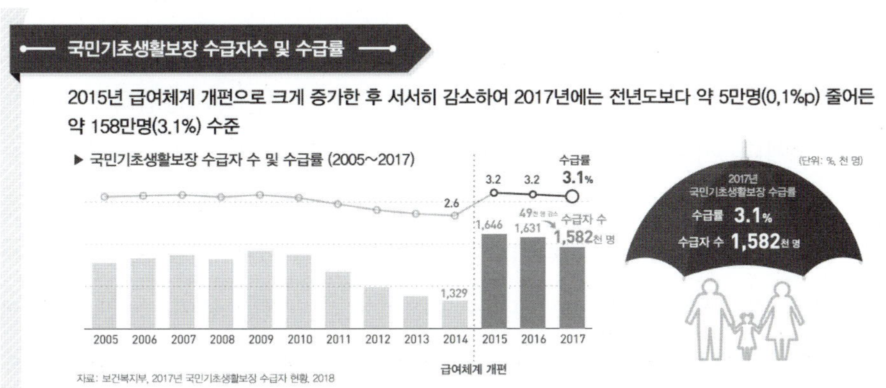

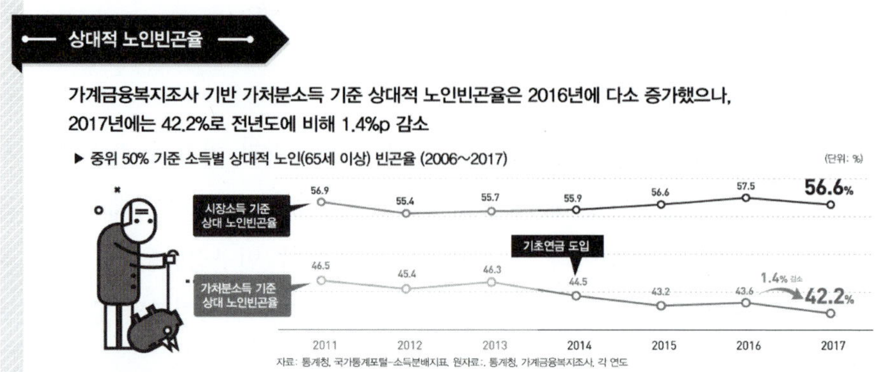

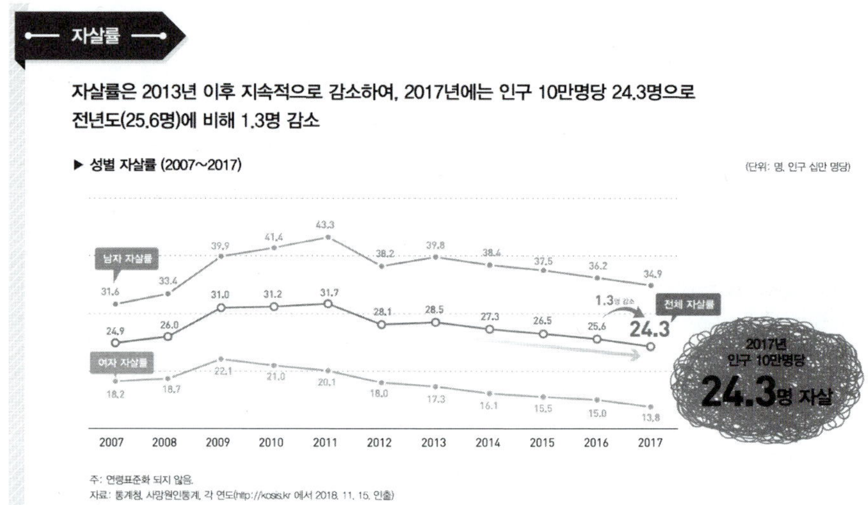

출처: 보건복지부(2018). 통계로 보는 사회보장 2018.

(2) 서비스 제공자 조사

특정 클라이언트 집단에 서비스를 제공하거나 프로그램을 직접 운영하는 사람을 대상으로 서베이나 면접의 방법으로 규범적 욕구를 간접적으로 파악하는 방법이다. 서비스 제공자를 대상으로 욕구조사를 하는 경우 해당 클라이언트 집단에 대해서 전문가적 관점에서 다양한 정보를 수집할 수 있다는 장점이 있으나 전문가의 가치판단과 편견이 강조될 수 있으며, 서비스 제공자에게 유리한 정보만 수집될 수 있다는 단점이 있다. 예를 들어, 노인요양원에 근무하는 요양보호사가 노인학대와 관련된 정보를 사실과 다르게 제공할 수도 있다.

다음 사례는 FGI와 서비스 제공자 조사가 연합된 형태이다.

표 4-6 장애인복지 분야 서비스 제공자 FGI 조사

참여자	변○○ 차장(○○의 집) 변○○ 대리(○○장애인주간보호센터) – 윤○○ 차장(○○의 집) – 오○○ 주임(○○의 집) – 이○○ 사무국장(○○의 집) – 배○○ 팀장(○○장애인종합복지관) – 강○○ 시설장(○○장애인주간보호시설) – 김○○ 센터장(국민연금공단 ○○지사 장애인지원센터) – 임○○ 생활교사(○○보호작업장) – 천○○ 팀장(○○병원) – 정○○ 원무이사(○○병원)
진행자	○○대학교 김○○ 교수
면담일	1차) 2014. 6. 17 2차) 2014. 7. 18

❖ FGI 의견

- 성인장애인 이용 주간보호센터(현, 2개소) 및 보호작업장(현, 3개소) 확충 필요
  - 일상생활이 가능한 성인장애인은 취업연계, 독립적인 생활이 불가능한 성인장애인은 주간보호센터 이용을 위한 시설 확충 필요
- 장애인 고용·건강·주거·일상생활·교육 등 복지종합 지도 작성을 통한 정보제공 기능을 강화할 필요가 있음
- 장애인 탈시설 지원을 위한 그룹홈 확충 필요
- 장애인 복지시설 등 종사자 처우개선을 위한 노력 필요
- 지역사회 장애인복지시설 설치 시 인근 주민에게 인센티브 제공 등 방안 검토
- 장애인 이동권 보장을 위한 장애인콜택시 확대 및 장애인전용주차구역의 효과적 운영을 위한 철저한 관리감독이 필요함

출처: 인천광역시 서구(2014). 제3기 지역사회복지계획 2015~2018.

(3) 델파이 조사방법

전문가를 대상으로 익명으로 반복적 설문을 통해 지역사회의 문제나 욕구를 조사하는 방법이다. 델파이(Delphi)라는 용어는 고대 그리스신화의 지명에

서 유래되었는데, 미래를 통찰하는 지혜로운 의사결정의 의미가 내포되어 있다. 이는 두 사람의 의견이 한 사람의 의견보다 정확하다는 객관성의 원리와 다수결정이라는 민주적 의사결정의 원리에 논리적 근거를 두고 있다.

❖ 연구 논문 사례

"노인 운전자의 삶의 질에 관한 평가항목 개발 : 델파이 방법 적용"

본 연구는 2014년 4월부터 10월까지 3차에 걸쳐 전자우편 또는 우편을 통해 자료를 수집하였다. 1차 델파이 조사 설문지의 폐쇄형 질문은 연구자들이 선행연구들의 근거에 따라 심리적 이득, 사회참여, 신체능력, 환경 및 경제적인 측면을 고려하여 삶의 질에 대한 의미에 맞게 40개 항목을 구성하였다. 그리고 개방형 질문을 통하여 전문가 패널의 다양한 의견을 수렴하고자 하였다. 이렇게 개방형 및 폐쇄형 질문을 혼합한 설문지를 사용하여 1차 델파이 조사를 실시하여 전문가 패널의 의견을 수렴하였으며, 이를 통해 설문 항목들을 재구성하였다. 2차 델파이 조사에서는 1차 조사를 통해 재구성된 64개 항목들에 대한 적합도를 5점 리커트 척도로 제시하고, 기타 의견을 기술할 수 있도록 설문지를 완성하였다. 그리고 1차 조사를 실시한 36명의 전문가 패널을 대상으로 2차 델파이 조사를 실시하였으며, 그 중 33명이 설문에 응답하였다. 3차 델파이 조사에서는 2차 조사를 통해 산출된 통계분석 결과에 대한 피드백을 포함하여 설문지를 작성하였다. 또한 2차 조사에서의 전체 통계치와 패널 본인의 2차 응답 내용도 함께 제시하여 본인의 응답을 다시 한 번 재고하여 수정할 수 있는 기회를 제공하였다. 2차 조사에서 응 답한 33명을 대상으로 실시하였으며, 모두 3차 델파이 조사에 응답하였다.

출처: 홍덕기 · 최성열 · 이재신(2015).

표 4-7 욕구조사의 특징과 장단점 비교

욕구조사		방법	장점	단점
직접적 욕구조사	지역주민 · 표적집단 서베이	• 설문이나 면접으로 인지적 욕구 직접 파악	• 욕구의 직접적 파악 • 일반화에 유리	• 시간과 비용의 문제 • 표집의 대표성 문제
	표적집단 인터뷰	• 동질적 집단 활동으로 질적방법으로 인지적 욕구 파악	• 집단역동성을 활용하여 정확한 욕구 사정	• 참여자 선정의 대표성 문제 • 일반화의 어려움
	지역사회 공청회	• 광범위한 지역주민의 의견과 욕구수렴	• 비용과 시간의 효율 • 광범위하고 자유로운 욕구 파악	• 참석자의 대표성 문제와 특정 욕구가 부각될 수 있음

(계속)

욕구조사		방법	장점	단점
간접적 욕구조사	2차 자료분석	• 간접적으로 기존자료를 분석하여 비교적 욕구 측정	• 비용과 시간의 효율 • 자료수집 · 분석 용이	• 자료의 특성에 국한된 욕구만 측정
	서비스 제공자 조사	• 설문이나 면접으로 규범적 욕구 파악	• 전문가의 시각과 견해 반영	• 전문가의 가치판단과 의견 반영 • 실제 욕구와 일치하지 않을 수도 있음
	델파이 기법	• 전문가의 의견을 반복적 설문으로 규범적 욕구 파악	• 전문가의 합의에 의한 욕구 파악 • 민주적 의사결정	• 반복되는 설문조사로 시간과 비용 소요 • 실제 욕구와 일치하지 않을 수도 있음

출처: 황성철(2017) 재구성.

2-5. 욕구사정의 영역

욕구사정의 영역은 **표 4-8**과 같이 안전, 건강, 일상생활유지, 가족관계, 사회적 관계, 경제, 교육, 고용, 생활환경, 법률 및 권익보장 등으로 구분할 수 있다.

표 4-8 욕구사정의 영역

욕구사정의 영역		주요현상	주요원인
안전	가족 내 안전	폭력, 성추행 · 성폭력, 유기, 방임, 학대, 실종	정신질환, 음주문제, 약물 오남용, 폭력적 성향, 왜곡된 성의식
	외부로부터 안전	폭력, 성폭력, 협박 · 위협, 학대, 착취	자기보호능력미약, 꾀임 · 악용, 불화, 원한관계, 금전거래
건강	신체적 건강	신체장애, 일시적 질병 및 상해, 만성질환, 비만	유전적 원인, 사고, 자해, 방임, 학대, 질병
	정신적 건강	환청 · 환각 · 망상, 자해, 약물중독, 식사거부	음주, 약물 오남용, 스트레스, 정신분열증, 우울증, 신경증, 치매
일상생활 유지	의식주 관련	식사 · 외출 · 약물복용 · 의복착용 곤란, 위생관리	신체질병, 정신질환, 지적장애, 무기력, 상해
	여가생활	여가 활동 부족, 부적절한 여가	시간 · 정보 부족, 빈곤, 가족의 통제, 교육미흡

(계속)

욕구사정의 영역		주요현상	주요원인
가족관계	관계형성	부부 · 고부 · 부모자녀 · 가족 간 갈등 및 관계소원	실업, 폭력, 가출, 외도, 종교갈등, 부양부담, 다문화가구, 빈곤, 질병
	가족돌봄	아동 · 노인 · 장애인 · 환자 돌봄 곤란	
사회적 관계	친인척 · 이웃 관계형성	친인척 · 이웃 간 갈등 및 관계 소원	부양부담, 대인기피, 금전거래, 정신질환
	소속집단 및 사회생활	직장 · 학교 · 종교생활 어려움	정신질환, 적응력부족, 폭력, 따돌림, 대인기피
경제	기초생활	식비 · 주거비 · 의복비 · 난방비 · 의료비 부족	실직, 파산, 신용불량, 저임금, 사고, 질병
	자산관리	부채, 과소비, 관리능력 부재, 과태료 · 벌금	지적장애, 음주문제, 도박, 보호자 부재
교육	기초지식 습득	읽기 · 쓰기 · 말하기 문제, 수리능력 부족	언어 · 학습능력 부족, 학습의지 부족, 장애
	교육환경 개선	수업료 부족, 무단결석, 학업성적 부진	빈곤, 가족부양, 보호자 의지 부족, 이성문제
고용	취업	실직, 비정규직, 저임금, 열악한 근로환경	건강문제, 부채, 간병부담, 따돌림
	고용유지	잦은 이직, 취업동기 부족, 반복적 재취업	건강문제, 부채, 간병부담, 양육부담
생활환경	주거 내부 환경	화장실 · 주방 · 위생환경 열악	시설부족, 시설 낙후, 시설 위험
	주거 외부 환경	학습환경 · 교통접근성 열악, 상습침수	도서산간, 우범지역, 위험물 방치, 유흥업소
법률 및 권익보장	법률적 지원	파산, 신용불량, 국적문제, 법률처리문제	법률지식부족, 이혼, 폭력, 주민등록말소
	권익보장	차별대우, 권리침해	고용기회 차별, 부당한 철거나 이주 요구

출처: 보건복지부(2017). 드림스타트 사업안내.

수업 활동 ❷

관련 영상을 보고 욕구사정하기

☞ 예시) EBS_다문화고부열전

욕구영역	주요 현상	주요 원인	원인 제공자

정리 및 요약_확인학습

1. 사회문제를 규정하는 방법 중 "아동 및 노인학대"와 가장 관련 있는 것은?
   ① 사회적 원인을 가진 문제
   ② 사회적 가치 및 규범에서 벗어남
   ③ 다수의 영향력 있는 사람이 문제로 보는 현상
   ④ 개선을 위해 사회적 개입이 필요한 것

2. 욕구 중 클라이언트의 욕구를 가장 정확하게 대표하는 것은?
   ① 규범적 욕구　② 상대적 욕구
   ③ 표출적 욕구　④ 인지적 욕구

3. 문제 확인 및 욕구사정의 방법 중 다음과 같은 특징이 있는 것은?

- 정부기관, 연구기관의 패널 자료 조사 - 체계적으로 수집된 신뢰성 자료 - 직접적 자료 파악에는 한계가 있음

   ① 표적집단 인터뷰　② 표적집단 서베이
   ③ 지역사회 공청회　④ 2차 자료 분석

4. 욕구조사의 우선순위를 바르게 나열하시오.

Ⓐ 건강　Ⓑ 가족관계　Ⓒ 경제　Ⓓ 안전　Ⓔ 고용

강의 집중 노트

〈사회문제〉

1. 사회문제는 사회적 원인을 가진 문제, 사회적 가치 및 규범에서 벗어남, 다수의 영향력 있는 사람이 문제로 보는 현상, (   )으로 규정된다.

2. 사회문제의 원인은 개인적 차원, (   ) 차원, 지역사회 차원, 국가 및 정책적 차원으로 나눌 수 있다.

〈욕구〉

3. 클라이언트의 (   )는 표현 자체가 부정적 측면이 더 부각되고, 클라이언트가 수동적이고 무력하게 보일 수 있으나 (   )는 클라이언트의 권리가 더 강조된다.

4. 전문가에 의해 규정되는 욕구는 (   )욕구이다.

5. 기관의 대기자 명단은 (   )욕구에 해당한다.

〈문제 확인 및 욕구사정〉

6. 집단의 역동성과 구성원 간의 상호작용 활용하는 욕구사정 방법은 (   )이다.

7. 표적집단 서베이(survey)는 특정 요건을 갖춘 집단을 선정하여 (   )를 통한 자료 수집이다.

〈욕구조사의 실제〉

8. 욕구의 영역 중 가장 우선순위에 있는 것은 (   )이다.

9. 의식주 및 여가생활 관련 욕구는 (   )이다.

05 Chapter

목적 및 목표 설정

문제상황	투입	활동(전환)	산출	성과
Logic model				

Key Word 중심 수업 목표

1. 목적 및 목표의 개념
2. 목표의 유형: 성과목표, 산출목표
3. 목표기술의 원칙과 요소

1 목적 및 목표의 개념과 관계

1-1. 목적 및 목표의 개념

대개 일상생활 속에서 목적과 목표는 '무엇인가를 추구한다'는 의미로 구분 없이 유사한 뜻으로 사용되고 있다. 그러나 사회복지 프로그램에서 목적과 목표는 개념 정의에 의해 구분해서 사용한다. 우선 목적은 바라는 결과에 대한 추상적이고 일반적인 진술로서 보다 포괄적인 개념이고, 목표는 바라는 것에 대한 관찰이 가능한 조작적 진술로서 구체적 개념이라고 할 수 있다 (Chambers & Wedel, 2000).

목적은 사회복지 프로그램이 추구하는 방향, 달성하고자 하는 가치 등을 표현하는 것이므로 다소 이념적이고 추상적인 진술이다. 따라서 목적은 측정 가능한 용어로 기술하거나 세부적인 활동을 구체적으로 언급할 필요는 없다. 목적의 구성 내용은 다음과 같다(김상곤 외, 2015).

- 기대되는 단기 및 중장기 성과
- 사회문제로 인해 손상된 사회적 가치의 중요성과 회복의 필요성
- 클라이언트에 대한 개입의 필요성과 핵심적인 개입방법의 제시

1-2. 목적 및 목표의 관계

목적과 목표에 대한 개념 정의를 바탕으로 목적과 목표의 관계를 살펴볼 필요가 있다. 사회복지기관이 조직으로서 존재하는 이유가 설립이념(mission)이며, 앞으로 나아갈 방향을 비전(vision)이라고 한다면 이러한 설립이념이나 비전의 틀 안에서 사회복지기관이 달성하고자 하는 목적이 기술되어야 한다. 그러고 나서 이러한 목적에 대한 세부 진술이라고 할 수 있는 목표가 뒤따라야 할 것이다. 결국 일반적 특성을 지닌 설립이념, 비전과 목적이 설정되고 나서 구체적인 목표가 제시될 수 있을 것이다. 덧붙이자면 목적을 달성하기 위한 방법은 전략(strategy)[1]이고, 하위 목표를 달성하기 위한 방법들은 전술(tactic)[2]과 연관된다고 할 수 있을 것이다.

그리고 목적과 목표는 논리적 연관성, 위계적 관련성을 갖고 있는데 목표는 위로는 기관의 설립이념(미션), 비전, 프로그램의 목적과 부합해야 하며, 아래로는 하위의 세부목표들과 연관성이 있어야 한다.

1) 전반적으로 이끌어 나가는 방법이나 책략. 전술의 상위 개념(출처: 네이버 사전)
2) 일정한 목표를 달성하기 위한 수단이나 방법(출처: 네이버 사전)

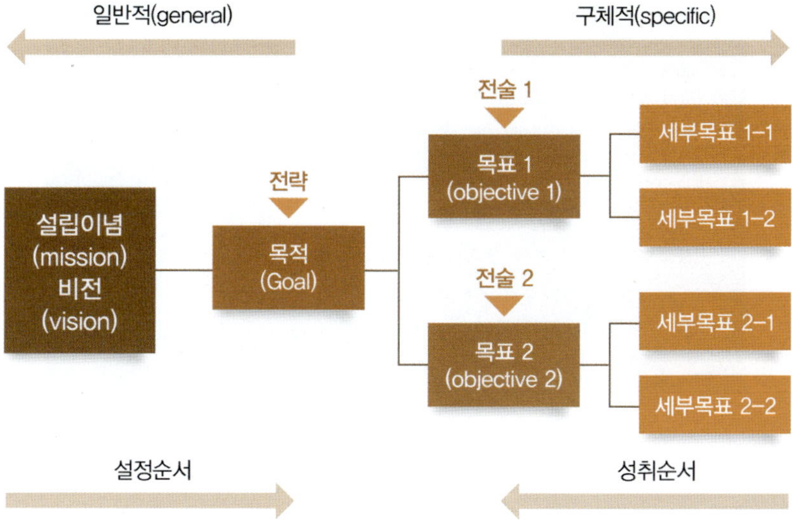

그림 5-1 목적과 목표의 관계

1-3. 문제 및 욕구 vs. 목적 및 목표

사회복지 프로그램 개발의 첫 단계는 문제 분석과 욕구사정이다. 이후 문제를 해결하고 욕구를 충족시키기 위한 작업으로 목적과 목표를 설정하게 되는데, 그 이유는 문제와 욕구에 대한 반대 기술, 즉 문제가 해결되고 욕구가 충족된 상황을 미리 설정하는 것이 바로 목적과 목표라고 할 수 있기 때문이다. 따라서 문제 분석 및 욕구사정과 목적 및 목표의 관계는 동전의 양면과 같다고 할 수 있다. 다시 말해 문제와 욕구의 반대되는 표현이 목적과 목표라고 할 수 있다. 다음의 사회복지 프로그램 예를 통해 살펴보자.

독거어르신의 경제적 부담 감소를 위한 생활용품 지원사업

행복상자

[대구광역시 노인종합복지관]

<프로그램 개요>

지역 내 홀로 생활하시는 독거어르신 중 복지사각지대에서 경제적 · 정서적 어려움을 겪고 있는 독거노인가구를 대상으로 물적 · 인적 자원 연결망을 구축하여 돌봄 공동체를 형성하고자 한다.

필요성(문제 및 원인 포함)

대구광역시는 전국 7대 특별 · 광역시 중 노인 인구 비율이 2번째로 높고, 고령화가 빠르게 진행되고 있는 도시다. 고령화가 심화되고 부모 부양을 의무로 여기던 전통적 가치관이 변화함에 따라, 1인 가구 중 노인가구의 비율도 높아지고 있다. 대구시에서 제공하고 있는 독거노인 보호 지원 사업 내용은 노인돌봄서비스, 재가노인 지원서비스, 장기요양사업 보건소 방문간호서비스 및 의료급여사례관리 서비스, 폭염 · 혹한기 극복용품 지원, 거동불편 노인 급식지원 등이 있다. 대부분의 서비스는 국민기초생활수급자, 차상위 계층에 집중되어 있어 사회서비스로부터 혜택을 받지 못하고 있는 사각지대의 독거노인에 대한 사회적 관심이 필요하다. 대구지역의 독거노인은 77,685명으로 이들 중 공식적인 복지서비스 지원을 받고 있는 독거노인 31,063명을 제외한

46,622명은 사회적 관심과 복지서비스 혜택을 거의 받지 못하는 복지사각지대에 놓여 있다. 복지사각지대 비수급 빈곤층 독거노인들 중에는 형편이 어려워도 사회의 보호를 받지 못하여 경제적 어려움을 겪고 있는 노인, 가족이 있어도 교류가 없는 노인, 혼자 살아가며 발생할 수 있는 긴급 상황의 대처가 어려운 노인이 대다수이다. 사회적 보호를 받지 못하는 독거노인의 사회적 단절, 자살, 빈곤, 고독사 등의 문제를 방지하기 위해 제도권 밖의 독거노인에 대한 보호와 지원이 절실히 필요하다.

출처: 사회복지공동모금회(2018). 2017 사회복지공동모금회 배분사례집.

위의 프로그램에서 문제와 욕구는 간단히 얘기해서 독거노인이 경제적으로 빈곤한 상태에 있고, 정서적으로도 교류가 없어 외로움을 경험하고 있다는 것이다. 이러한 문제를 해결하고 욕구를 충족하기 위한 개입방법으로 우선 목적과 목표를 수립해야 하는데 다음과 같이 설정할 수 있다.

목적	목표
독거노인을 대상으로 생활용품을 지원하여 경제적 · 사회적 지지체계를 형성하고자 함	복지사각지대 독거노인의 물품지원을 통한 경제적 부담감 감소 및 지역사회 돌봄 공동체 형성

목적과 목표가 포괄적이거나 구체적으로 접근하는 방식에 있어 차이가 있지만, 문제나 욕구의 반대되는 표현, 즉 문제를 해결하거나 욕구를 충족시키는 표현으로 진술된 것을 볼 수 있다.

2 목표의 유형

목표는 성과목표와 산출목표로 나눌 수 있는데, 논리모델의 구성 요소 중 산출(output)과 성과(outcome)를 떠올리면 이해하는 데 도움이 될 것이다. 산출은 참여자들에게 제공되는 활동이나 서비스의 총량을 의미하고, 성과는 프로그램의 활동이나 서비스로부터 얻게 되는 클라이언트나 지역사회의 변화이다.

2-1. 성과목표

프로그램의 결과에 대한 목표로서 결과목표라고 할 수 있다. 즉, 클라이언트의 가치, 행동, 사고, 태도 등이 변화하게 되는 정도를 기술하는 것이다. 성과목표는 인적·물적 자원을 투입하여 최종적으로 달성하고자 하는 목표를 의미한다. 예를 들어, 자살생각의 경험이 있는 클라이언트에게 상담 서비스를 제공하고 나서 우울감이 감소되는 성과가 나타날 수 있고, 지역아동센터의 아동에게 컴퓨터 교육을 시켜서 컴퓨터 실력의 향상이 성과가 될 수 있다.

❖ **성과목표의 예**

- 노인 일자리 프로그램 참여자의 취업률 50% 달성
- 학교생활 부적응 학생의 의사소통 및 대인관계 능력 향상
- 비행경험 청소년의 흡연율 10% 감소
- 발달장애인의 여가 생활 만족도 20% 향상

'어떤 성과목표를 설정할 것인가'는 전적으로 그 사업이 지향하는 가치와 대상, 사업내용과 밀접하게 관련되어 있다. 그러므로 '목표설정은 이래야 한다, 저래야 한다'고 말하는 것은 매우 위험합니다. 이를 감안하면서 여기에서 배분신청서 작성자가 목표를 설정하는 데 따른 막연함을 덜어줄 목적으로 몇 가지 기준을 이야기하면 다음과 같다(사회복지공동모금회, 2018).

표 5-1 성과목표의 차원과 초점

분류	초점	예시	비고
개인차원	내적기능 향상	• 자아존중감 향상 • 우울 감소 등	척도 사용
	인 식	• 차별에 대한 인식 • 요양보호사의 전문성 인식 • 제도적 환경변화에 대한 사회복지관의 인식[3] • 인식에 대한 다양한 질적 연구[4]	척도 사용 인터뷰 실시
	태 도	• 성역할 태도변화 • 어머니의 양육태도 등	척도 사용
	행 동	• 아동의 공격행동 변화 • 문제행동 변화 • 사회적 행동변화 • 건강행동 변화 • 노인의 운동행동 변화 등	척도 사용
사회차원	사회적 인식	• 지역사회 인식변화	
	지역사회	• 지역주민의 응집력 • 네트워크 강화 • 지역사회빈곤율 변화	과정 평가 척도사용 네트워크분석

※ 아래로 내려갈수록 개인 내부에서 개인 외부로, 집단 및 지역사회로 확장

표 5-2 성과목표의 좋은 예와 피해야 할 예

좋은 예	프로그램 내용에 따른 궁극적인 성과가 제시되는 경우
	• 장애 자녀에 대한 이해 증진 및 부모 관계개선 프로그램 – 장애 자녀에 대한 부모의 이해도 증진 – 장애자녀의 부,모 상호 간 관계 개선도 향상
피해야 할 예	산출목표를 성과목표로 기재하는 경우
	• 장애 자녀에 대한 이해 증진 및 부모 관계개선 프로그램 – 이해 증진 프로그램 탈락률 5% 미만 – 상호관계개선 프로그램 출석률 90% 이상

출처: 사회복지공동모금회(2018). 2018 배분사업안내.

3) 조미형. 2011. "제도적 환경변화에 대한 사회복지관의 인식과 대응에 관한 연구". 『한국사회복지행정학』. 13(1). 103-132. 동 논문에서 인식을 파악하기 위해 사회복지관의 관리자 100여 명에 대해 설문조사 실시

4) 김주현. 2015. "한국 고령자의 연령차별 경험과 노년기 인식 질적 연구". 『한국인구학』. 38(1). 69-104.

2-2. 산출목표

성과목표 달성에 필요한 수단적 성격의 목표를 의미한다. 무엇(what)으로 어떻게(how) 결과에 도달할 것인가에 대한 목표를 기술하는 것이다. 즉, IF~then의 가설 '무엇(what)을 하면 어떻게(how) 될 것이다'에서 '어떻게(how) 될 것이다'는 성과목표에 해당하며, '무엇을(what) 하면'이 산출목표라고 할 수 있다(양정하 외, 2011).

❖ 산출목표의 예

- 노인 일자리 프로그램 참여자에게 직무교육 주 3회 실시
- 학교생활 부적응 학생에게 대인관계 향상 프로그램 월 2회 실시
- 비행경험 청소년에게 금연교육 10회 실시
- 발달장애인에게 문화공연 관람 월 2회 실시

산출목표는 성과목표 달성에 기여하는 데 필요한 수단적 성격의 목표를 의미한다. 산출목표로 설정될 수 있는 것은 ① 활동(Activities)에서 기재한 사업내용을 실제로 수행한 것이거나, ② 활동 결과, 프로그램 공급자(기획자)가 마음대로 하기는 어렵지만 실제 성과목표를 달성하는 데 반드시 필요한 목표치인 경우를 말한다. 이 두 가지 중에 보다 집중해야 할 것은 실제 수행한 활동보다는 성과목표 달성에 반드시 필요한 목표치이다. 산출목표는 다음의 요소를 고려하여 작성한다(사회복지공동모금회, 2018).

- 과대 설정 금지: 선정되기 위해서 과도하게 산출목표를 잡기보다는 사업의 규모와 성격에 맞게 필요한 것을 적정 수준으로 기술
- 측정 가능성: 산출목표는 달성 여부를 알 수 있도록 측정 가능해야 함

<성과목표 및 산출목표의 사례>

<프로그램 개요>

문맹으로 인해 일상생활의 어려움이 있는 농촌지역 문맹어르신을 대상으로 한글학교인 '가는 날이 장날학교'를 진행하는 프로그램이다. 농촌지역 어르신들은 평소에는 농사로 바쁘지만 장날만큼은 물품 구입/매입을 하러 장터로 모이는 것을 활용하여 장날에만 열리는 한글학교를 계획하게 되었다. 3월 입학식(각 1회)을 시작으로 한글교육(각 42회), 은행이용실습(각 1회), 노인맞춤형 정보교실(지역복지서비스 안내, 보이스피싱교육, 노인학대상담/각 2회), 나들이(총 1회), 사업 평가회(각 2회), 졸업식(각 1회) 등으로 진행되었다.

<문제 분석 및 욕구사정>

• 노인 문맹으로 인한 사회문제 대두

2014년 한국보건사회연구원의 '노인실태조사보고서'에 의하면 우리나라 65세 이상 노인의 문맹률은 50%에 육박하며, 이 중 학교 교육을 받지 않았으면서 글을 읽고 쓰지 못하는 사람이 30.7%, 학교 교육을 받았으나 글은 읽을 수 있지만 쓸 수는 없는 사람이 14.8%로 나타나 아직도 우리사회의 노인 문맹률이 심각한 수준임을 알 수 있다.

최근 우리사회의 심각한 노인 관련 사회문제 중 하나가 노인을 상대로 한 사기 범죄로 나타나고 있다. 특히, 노인 문맹자를 상대로 한 계약 및 거래, 금융, 재산상속 등의 범죄는 남은 노후의 생존을 불가능하게 할 정도로 큰 피해를 주는 경우가 많다. 실례로 문맹자에게 허위광고를 하고 실제와 다른 계약서에 사인하게 하여 무릎수술을 위한 쌈짓돈 3,000만 원을 갈취하는 사례가 있어 문맹이 범죄에 얼마나 쉽게 악용될 수 있는지 알 수 있다(경찰청 범죄통계, 2015).

노인의 문맹과 빈약한 정보는 노인대상 사기범죄의 가장 큰 원인으로 볼 수 있다.

• 문맹 노인의 문해교육 참여 욕구 표출

'가는 날이 장날학교'의 참여 동기를 살펴보면 '버스를 타는 것도 어려워 젊은 사람에게 물어 타야 했다', '길 따라 늘어진 간판이 무엇인지 그림을 보고 구분했다', '가장 불편했던 것은 병원이나 은행에서 이름과 주소를 쓸 수 없다는 것이다', '매번 나이 어린 직원에게 대신 써달라고 하는 게 너무 부끄러워서 늘 한글을 배우고 싶었지만, 주변에 배울 수 있는 곳이 없어 지금껏 못 배웠다'로 나타났다. 이는 문맹자들의 한글교육에 대한 깊은 욕구가 있음을 대변하는 것이며, 농촌지역의 특성상 문맹자들을 대상으로 한 문해교육이 적절히 이루어지고 있지 않는 열악한 현실을 체감할 수 있었다.

이처럼 65세 이상 문맹자들은 문맹으로 인해 교통이용, 관공서 · 은행 · 병원 이용, 간판 판별 등 기본적인 일상생활을 유지하는 것조차 힘들어 하였고,

한글을 배우고 싶은 욕구가 컸음에도 지역에 마땅한 기회가 없어 문맹을 탈출할 수 없기 때문에 본 장날학교를 기획하였다.

표 5-3 목적, 산출목표, 성과목표

목적	산출목표	성과목표
농촌 노인의 문해능력 증진을 통한 도농통합 도시에서의 사회적응력 향상	• 장날학교 총 84회 진행 • 사전/사후 한글테스트 진행 • 연 1회 편지쓰기 대회 개최	• 농촌 노인의 한글 인식 및 문해능력 향상 • (성과지표)[5] 사전-사후 문해율 60% 이상 향상
문화 · 체험 활동으로 지혜로운 노년상 정립	• 연 4회 맞춤형 정보제공교실 운영 • 연 1회 체험학습 진행	• 원활한 일상생활 활동 증가로 노년기 자아존중감 향상 • (성과지표)사전-사후 자아존중감 70% 이상 향상
농촌사회의 문맹률 탈출의식 강화 및 지속적인 학습의 계발	• 연 2회 사업 평가회 진행 • 연 2회 입학식/졸업식 개최 • 자조모임 형성	• 자발적인 자기 문해능력 향상 지원 • (성과지표) 프로그램 만족도 80% 이상

출처: 사회복지공동모금회(2017). 2016 사회복지공동모금회 배분사례집 재구성.

수업 활동 ❶

다음의 목적과 성과목표를 통해 산출목표 작성하기

목적	산출목표	성과목표
방임위험 아동에 대한 야간보호 및 건강한 성장지원	• 저녁식사 제공: 주 5회 총 244회 • 집단미술치료: 주 1회 총 52회 • 보건예방교육: 월 1회 총 12회	정신적 · 신체적 건강 증진 및 올바른 생활습관 형성
놀이를 통한 아동의 또래관계 능력 증진		놀이를 통한 아동의 또래관계 및 친사회적 행동 증진

출처: 사회복지공동모금회(2018). 2017 사회복지공동모금회 배분사례집.

5) 성과목표는 측정 가능하도록 구체적으로 제시하는 것이 바람직하다. 그러나 때로는 이러한 성과목표의 측정 가능성을 성과지표에 별도로 맡기는 경우가 있다. 성과지표는 성과를 구체적으로 측정 가능한 형태의 척도라고 할 수 있다.

3 성과목표 기술의 원칙과 요소

성과목표를 기술하기 위해서는 SMART 원칙[6]에 의해 바람직한 목표를 설정할 수 있다.

3-1. 성과목표 기술의 원칙: SMART

성과목표	3개월 동안 주 2회 기술습득 프로그램을 통해 정신장애인의 취업률을 10% 향상시킨다.

1) S: Specific(구체적인)

'3개월 동안', '주 2회', '10%'와 같이 명확하고 구체적으로 기술한다.

2) M: Measurable(측정 가능한)[7]

'취업률 10%'와 같이 측정이 가능하도록 기술한다. 모든 목표는 직접적으로 측정할 수 있거나 관찰할 수 있어야 한다. 목표는 평가 지표 및 측정도구와 연결되어 있으므로 측정 가능한 목표는 성과의 평가 시 반드시 필요하다.

6) SMART란 목표는 구체적으로(Specific), 측정 가능하고(Measurable), 성취 가능한 것으로(Achievable) 설정되어야 하며, Result-Oreineted(결과 지향적이고), Time-Bounded(시간제약적)인 속성을 띤다고 한다. 하지만 이 모든 것의 최정점에는 '최종적인 결과로서 측정 가능해야 한다(Measurable)'는 것이 위치한다. 구체적이지 않으면 달성 여부를 측정하기 어렵고, 성취 가능한 목표가 아니면 달성할 수가 없으며, 최종적인 결과가 아니면 중간 단계에서의 달성치를 측정하게 되고, 시간제한은 어떤 프로그램이든지 간에 사업기간이 설정되어 있고 아울러 사업기간 외의 의미 있는 성과는 평가결과보고서에 담을 수 없기 때문이다(2018, 사회복지공동모금회).

7) 성과목표가 반드시 측정 가능해야 하는 것은 아니다. 양적으로 측정하기 어려운 질적인 변화도 성과가 될 수 있기 때문이다. 너무 가시적인 성과에 편중되어 있으면, 감추어진 성과를 드러내는 데 관심을 덜 두게 되거나 의미 있는 변화를 드러내지 못하는 잘못을 범하게 된다(2018, 사회복지공동모금회).

3) A: Achievable(성취할 수 있는)

목표는 너무 쉽거나 어려워도 안 된다. '취업률 10%'와 같이 클라이언트의 적성과 능력을 고려하여 달성할 수 있는 정도로 기술하는 것이 현실적으로 바람직하다.

4) R: Result-oriented(결과 지향적인)

'취업률 10%를 향상시킨다'와 같이 결과를 산출할 수 있어야 한다. 목표는 달성되었을 때 성과로 나타날 수 있어야 하기 때문이다.

5) T: Time-related(시간 제한적인)

사회복지 프로그램은 제한된 자원으로 제한된 시간 안에 시행된다. 목적과 목표달성 여부, 즉 성과를 측정하기 위해서는 목표설정 단계에서 '3개월 동안'과 같이 기한을 정하여 기술하도록 한다.

표 5-4 잘못된 샘플

내용	검토의견
장애 자녀를 둔 가정의 아빠 변신을 추구하는 프로그램의 예는 아래와 같다. 목표 2. 부-모 간 협력적 관계를 구축한다. (하위 목표 1) 자녀 양육에 대한 아내의 스트레스를 이해한다. (하위 목표 2) 부부 관계를 증진시킨다.	이 서술은 무엇을 어떻게 하겠다는 구체성에서부터 결여되어 있다. 첫째, 부모 간 협력적 관계가 구축되었는지를 어떻게 측정할 것인지, 둘째, 하위 목표 1과 2가 달성되면 협력적 관계가 개선될 것이라는 논리적 연관성을 어떻게 찾을 수 있는지, 하위 목표들은 개별적으로 어떻게 측정할 것인지 모두 궁금해진다. (여기에서는 안 나타나겠지만) 단지 평가에서는 과정 평가를 통해 프로그램을 몇 회기하고 어느 정도의 시간을 소요했다는 내용밖에 없다고 한다면 충분한 정보를 전달해 주고 있다고 보기 어렵다. 즉, 목표를 기술할 때는 측정 방법과 도구를 염두에 두지 않으면 의미 없는 기술이 되고 만다는 것을 반드시 명심해야 한다.
개별 맞춤형 진로 방향을 수립하여 이에 맞는 구직기술 및 능력을 향상	진로 방향을 수립하면 구직 기술 및 능력이 향상될 수 있는지에 대한 논리적 연계 흐름이 단절되어 있다.

출처: 삼성복지재단(2015). 사회복지 프로그램 개발지원 기획 매뉴얼.

3-2 성과목표 기술의 요소: WHWD

성과목표를 기술하기 위해서는 다음과 같은 요소를 갖추어야 한다.

성과목표	정신장애인이(Who) 3개월 동안 주 2회 기술습득 프로그램을 통해(How) 취업률을(What) 10% 향상시킨다.(Do)

1) 변화의 주체(Who)

참여자이자 변화의 주체인 클라이언트를 중심에 두고 설정되어야 한다. 이를 위해 클라이언트가 주어가 되고, 클라이언트의 변화 양상이 동사가 되도록 한다.

2) 도구(How)

문제를 해결하고, 욕구를 충족시키기 위한 방법, 전술로서 서비스나 활동을 기술한다. 도구는 클라이언트의 행동변화를 촉구할 수 있도록 구체적이고 현실적인 방법을 택한다.

3) 목표대상(What)

문제의 해결과 욕구의 충족을 위한 변화의 목표물로서 목표대상을 기술한다. 이는 성과측정과도 직결되므로 측정 가능한 개념을 활용하도록 한다.

4) 방향(Do)

문제의 해결과 욕구 충족의 결과나 방향을 기술한다. 또한 결과는 미래의 바람직한 방향으로 표현한다. 예를 들어, '실업률을 10% 수준으로 감소시킨다'는 '취업률을 90% 수준으로 증가시킨다'로 기술하는 것이 더 좋다. 그러나 '비행 재범률 10% 감소, 아동학대 발생률 20% 감소, 우울지수 5% 감소'와 같이 부정적 문제를 제거하는 방향으로 설정도 가능하다.

4 목적 및 목표의 분화

4-1. 목적을 목표로 분화(목적 → 목표)

목적에서 기술한 문제나 욕구를 구성하는 하위차원을 활용한다.

> 목적 : 장애노인의 노후준비도를 향상시킨다.
> (성과)목표 : ① 장애노인의 신체적 노후준비도를 향상시킨다.
> ② 장애노인의 정서적 노후준비도를 향상시킨다.
> ③ 장애노인의 경제적 노후준비도를 향상시킨다.

4-2. 산출목표로 분화(성과목표 → 산출목표)

성과목표를 달성할 수 있는 활동들을 각각의 산출목표로 제시한다.

> 성과목표 : 장애노인의 신체적 노후준비도를 향상시킨다.
> 산출목표 : ① 주 3회 30분 이상 규칙적인 운동을 실시한다.
> ② 3개월에 1회 정기적인 건강진단을 실시한다.

〈목적, 성과목표, 산출목표의 관계〉

사회복지 프로그램에서는 하나의 목적과 이를 달성하기 위한 2~3개의 성과목표를 기술하게 된다. 다시 각 성과목표는 2~5개의 산출목표를 갖게 된다. 각 산출목표별로 프로그램의 서비스나 활동이 결정된다. 다음 그림을 통해 살펴보자.

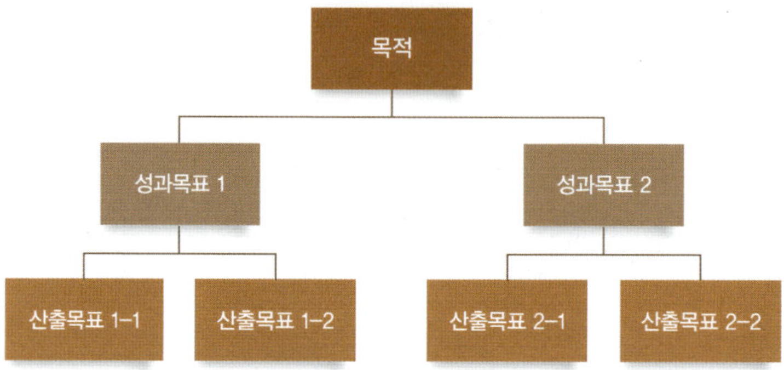

그림 5-2 목적, 성과목표, 산출목표의 관계

참고 자료

〈목적이 명확한 사업명 작성하기〉

사업명을 통해 그 사업이 누구에 대한 어떠한 목적으로 무엇을 하려는 사업인지 명확하게 알 수 있도록 한다. 사업명을 인상 깊게 슬로건으로 표현하고자 하는 경우에라도 사업명을 먼저 적고 그 아래에 슬로건은 부제(副題)로 병기하는 것이 좋다.

구분	내용
좋은 예	대상, 목적, 방법을 파악할 수 있는 사업명
	• 성인 발달장애인의 자립생활을 지원하기 위한 식생활 개선 프로그램 – Rainbow 영양지원, 다양한 자립의 길! • 장애 · 비장애 청소년의 지역네트워크 형성을 통한 또래통합 프로그램
피해야 할 예	제목만으로는 누구에게 어떤 프로그램을 진행하는지 알 수 없는 경우
	• 내 일을 잡(Job)아라! – 너의 손안에 펼쳐질 세계가 있다. • 색다른 문화공감, Rainbow • 빼앗긴 보금자리에서 새 희망을 안고 가는 “Happy Van”

출처: 사회복지공동모금회(2018).

심사자는 제목을 보고 이후 서술될 사업내용의 전개방향에 대해 감(感)을 갖게 된다. 제목에서 관련 정보를 얻을 수 없다면 사업 계획서를 보고서야 비로소 사업내용을 이해하게 된다. 여러 편의 배분신청서를 심사하는 심사자로서는 제목과 사업내용을 연결시키지 못하면 이후에 다시 제목을 보더라도 어떤 사업인지 기억하기 어렵다. 제목만으로도 심사자의 시선을 사로잡기 위해서는 '화려한 슬로건'보다 '정확한 제목'을 작성하는 것이 중요하다(사회복지공동모금회, 2018). 대상, 목적, 방법이 명확하게 제시된 사업명이 설득력을 얻게 된다. 다음의 예를 살펴보자.

장애노인의 사회적 지지를 위한 대인관계서비스 "활력충전 노노장장"
대상　　　목적　　　　　　　방법　　　　　부제

수업 활동 ❷

신학기를 맞이하여 학과 행사를 개최하고자 한다. 설득력 있는 제목 작성하기

(대상) : 재학생

(목적) : 화합과 교류

(방법) : 체육대회

수업 활동 ❸

자신의 욕구충족이나 문제해결을 위한 목적과 목표를 설정하기

(예시)

욕구/문제	목적	목표
건강에 대한 염려가 있다.	운동과 식습관 개선으로 건강한 생활을 유지한다.	• 하루에 줄넘기 300개 • 저녁 6시 이후에는 식사 금지
친구 사귀기가 어렵다.	상담실 프로그램에 참여하여 대인관계를 향상시킨다.	• 대인관계 기술 익히기 • 하루에 10명의 반 친구에게 인사하기
취업에 대한 걱정이 있다.	취업 캠프에 참여하여 취업능력을 향상시킨다.	• 컴퓨터 자격증 1개 취득하기 • 자기소개서 5번 수정 검토 받기

수업 활동 ❹

관련 방송 프로그램을 시청하고 문제 분석 · 욕구사정과 목적 · 목표 설정하기

문제 분석 · 욕구사정	목적	목표

정리 및 요약_확인학습

1. 사회복지 프로그램의 목적에 대한 설명으로 옳지 않은 것은?
   ① 바라는 결과에 대한 추상적이고 일반적인 진술이다.
   ② 거시적, 포괄적인 개념이다.
   ③ 기관의 설립이념(mission)과 비전(vision)을 바탕으로 한다.
   ④ 전술(목표를 달성하기 위한 수단이나 방법)에 대응된다.

2. 성과목표에 대한 설명으로 틀린 것은?
   ① 결과목표, 총괄목표
   ② 클라이언트가 변화하게 될 행동이나 태도
   ③ 무엇으로/어떻게 그 결과에 도달할 것인가
   ④ 측정 가능한 수치를 포함시킨 변화의 정도나 바람직한 행동의 증가를 의도하는 진술

3. 목표설정의 원칙인 SMART에 해당하는 것은?
   ① 적합성(adequate) ② 합리성(reasonable)
   ③ 조절 가능성(manageable) ④ 구체성(specific)

4. 목표설정의 요소인 WHWD에 해당하지 않는 것은?
   ① Who ② How
   ③ Where ④ Do

강의 집중 노트

1. 목적은 기관의 (　　　　　　)과 (　　　　)을 바탕으로 한다.

2. 목표는 위로는 기관의 설립이념(미션), 비전, 프로그램의 목적과 부합해야 하며, 아래로는 하위의 (　　　　　　)들과 연관성이 있어야 한다.

3. 문제와 욕구에 대한 반대 기술, 즉 문제가 해결되고 욕구가 충족된 상황을 미리 설정하는 것이 바로 (　　　　　)이다.

4. 목표의 유형에는 결과목표인 (　　　　　)와 과정목표인 (　　　　　)가 있다.

5. 목표설정은 "구체적인, (　　　　　), 성취할 수 있는, 결과지향적인, 기한이 정해진" 원칙에 의한다.

6. 목표설정의 원칙 중 평가와 관련 있는 것은 (　　　　　　)이다.

7. 목표설정의 요소는 변화의 주체(Who), 도구(How), 목표대상(What), (　　　　　)이다.

8. 목표설정의 요소 중 서비스나 활동과 관련 있는 것은 (　　　　　　)이다.

9. 목적을 목표로 분화하는 것은 목적에서 기술한 문제나 욕구를 구성하는 (　　　　　　)을 활용하는 것이다.

10. 실업률 대신 취업률을 목표로 삼는 것은 목표설정의 요소 중 (　　　　　　　)와 관련 있다.

06 Chapter 프로그램 활동 및 서비스의 구상

문제상황	투입	활동(전환)	산출	성과
Logic model				

Key Word 중심 수업 목표

1. 대상집단 선정: 일반집단, 위험집단, 표적집단, 클라이언트집단
2. 탐색을 위한 선행 경험 고찰
3. 창의적 활동 및 서비스 개발 전략

1 대상집단 선정

1-1. 대상집단 선정의 필요성

구체적인 사회복지 프로그램의 활동 및 서비스를 구상하는 데 있어서 중요한 과제 중 하나는 누구를 프로그램 및 서비스 대상자로 삼을 것인지에 대한 결정이다. 실제 프로그램 담당자들은 자신들의 판단에 따라 임의대로 대상자를 결정하거나 서비스 욕구가 강한 대상자를 제외하고 조건에 맞고 성과 산출에 유리한 대상자만을 선택하는 '크리밍(creaming) 현상'이 나타나는 문제가 발생하기도 한다. 또한 사회복지 예산 및 자원은 한정되어 있는 상황에서 사회복지 프로그램에 적합한 클라이언트를 선정하는 일은 프로그램의 효과성 제고에도 도움이 될 것이다.

1-2. 대상집단 선정방법

누가 서비스의 대상자가 되고 누가 제외될 것인지에 관한 결정은 합리적 근거를 바탕으로 체계적인 과정을 통해 이루어져야 한다. 이러한 관점에서 테이버와 피네건(Taber & Finnegan, 1980)은 사회복지 프로그램의 대상자를 선택하는 방법으로 네 가지 인구집단을 구분하여 점차로 그 범위를 좁혀가는 접근법을 제시하였다(황성철, 2017).

그림 6-1 프로그램 대상집단 추출방법

1) 일반집단(general population)

사회복지 프로그램의 대상자 집단 가운데 가장 포괄적 인구집단으로 문제나 욕구를 지닌 해당지역의 전체 대상 집단이다. 예를 들어, 노인복지 프로그램에서 일반집단은 '서울시 65세 이상 노인 인구 전체 40만 명'으로 정할 수 있다.

2) 위험집단(at-risk population)

일반집단의 하위집단으로 사회문제에 노출위험이 있거나 문제나 욕구차원에서 개입이 필요한 인구집단이다. 위험집단은 사회복지 프로그램으로 특정한 개입이 필요한 대상을 추정하여 산출한다. 예를 들어 '서울시 노인 인구 중 치매노인 2만 명'은 65세 이상 노인 인구 중 치매 유병률 5%를 적용하여 산출한다.

3) 표적집단(target population)

위험집단 중 프로그램의 대상자로 일차적 자격요건을 지닌 대상이다. 특정 지역의 모든 위험집단이 표적집단으로 프로그램의 대상자가 될 수는 없다. 클라이언트의 특성이나 요건에 따라 위험집단에서 표적집단으로 범위를 축소할 수 있다. 예를 들어, 위험집단 치매노인 중 '중증의 치매노인'이나 '저소득 치매노인'으로 클라이언트의 특성에 따라 위험집단에서 표적집단으로 한정한다. 또는 법률이나 규정, 후원기관의 요구 등에 따라 일정한 특성을 갖는 대상자로 범위를 좁힐 수 있다.

4) 클라이언트 집단(client population)

표적집단의 하위집단으로 프로그램의 직접적 대상자인 클라이언트가 되는 대상이다. 프로그램 대상자로 자격요건을 갖춘 모든 표적집단의 대상자가 클라이언트 집단이 될 수는 없다. 사회복지사는 누가 서비스를 받을지를 결정해야 한다. 이를 위해 다음의 세 가지 요인을 고려하여 클라이언트 집단을 확정한다.

(1) 실용적 수용성

클라이언트 집단을 선정하는 가장 보편적 방법은 사회복지기관에서 특정 프로그램의 인적 자원과 물적 자원을 고려하여 적정한 클라이언트 집단의 규모를 결정하는 것이다. 인력의 한계를 초과하는 사례의 수와 예산의 범위를 넘어서는 클라이언트 집단의 선정은 결과적으로 프로그램의 질적 수준을 저하시킬 수 있다. 따라서 사회복지기관의 입장에서는 적정한 클라이언트의 수를 실용적 수용성 차원에서 정할 필요가 있다. 특정 프로그램에 대한 수요가 큰 경우 대기자 명단에서 신청의 순서에 따라 우선순위를 정하기도 하고, 욕구나 문제의 상황을 고려하여 우선순위를 정하기도 한다.

(2) 윤리성

사회복지 프로그램의 대상으로 충분한 자격요건을 갖춘 클라이언트라도 자발적 동의에 의해 프로그램 참여 의사가 있는 대상만이 클라이언트 집단으로 선정될 수 있다. 이처럼 윤리성은 클라이언트 특정 프로그램의 참여에 자발적으로 동의하는 경우에 보장된다.

(3) 클라이언트의 능력

사회복지 프로그램에 참여하여 일정한 혜택과 서비스를 받기 위해서는 클라이언트에게 기본적으로 자신의 능력과 자원이 갖추어져야 한다. 예를 들면, 클라이언트의 자격요건은 갖추었지만 시 · 공간적 접근성에 어려움 있어 대상자로 선정될 수 없는 경우가 있다. 또한 특정 프로그램에 참여하기 위해서는 일정 수준 이상의 인지 · 정서 · 행동적 능력을 요구하는 경우가 있다. 예를 들어, 정신장애인 사회재활 프로그램에서는 기본적으로 약물복용으로 증상관리가 가능하고, 인지 · 정서 · 행동적 차원에서 문제행동을 보이지 않아야 집단활동 프로그램 참여가 가능하다.

❖ **대상집단 선정의 적용사례**

구분	대상 기준	대상자 수
일반집단	서울시 ㅇㅇ구 거주 65세 이상 노인	50,000명
위험집단	일반집단 중 치매노인	2,500명
표적집단	위험집단 중 국민기초생활수급권자 가정	200명
클라이언트 집단	표적집단 중 경증치매로 본인이나 가족이 희망하고 송영서비스 권역에 거주	30명

서울시 ○○구의 인구가 대략 40만 명이므로 65세 이상 노인인구는 통계청 자료에 따라 15%에 해당하므로 50,000명으로 집계되어 일반집단은 프로그램 시행 기관이 위치한 '서울시 ○○구의 65세 이상 노인 인구 50,000명'으로 설정되었다. 위험집단은 일반집단 중 치매유병률 5%를 적용하여 개입이 필요한 '치매노인 2,500명'으

로 한정한다. 표적집단은 위험집단 가운데 '국민기초생활수급권자 가정의 저소득 치매노인 200명'으로 축소되었다. 최종적으로는 표적집단 중 실용성 · 수용성 · 윤리성의 관점에서 '경증치매로 본인이나 가족이 희망하고 기관의 송영서비스 권역에 거주하는 치매노인 30명'으로 한정했다.

대상집단을 선정하는 과정에서 프로그램 설계자가 저지르는 오류는 일반집단, 위험집단, 표적집단을 지역적 범위로 좁혀가는 가는 데 있다. 예를 들면, 서울 ○○구 65세 이상 노인인구를 일반집단으로 선정하고, 이어서 위험집단과 표적집단도 2~3개의 동을 권역으로 묶어 위험집단과 표적집단을 선정하는 경우이다. 이렇게 지리적 범위를 기준으로 점차 축소시키는 것은 잘못된 방법이다.

수업 활동 ❶

프로그램에 참여하는 대상집단 선정하기

저소득 여성 한부모가정의 자립기반 마련을 위한 지역사회 상생(相生) 프로젝트 도담

요약

지역사회의 취약계층인 저소득 여성 한부모가정의 경제 · 사회 · 정서적 문제에 대해 전문적 교육과 지역 자원들을 활용한 창출 활동, 교육지원, 정서적 지지체계 형성을 통해 가족 기능을 강화하고, 가정의 자립과 안정을 도모하여 가정과 지역사회의 상생관계를 지속적으로 유지시키고자 한다.

필요성(문제 및 원인 포함)

현 사회는 산업화의 발달로 핵가족이 증가되면서, 가족의 구조와 해체가 가속화되고 있다. 특히, 저소득 한부모가정의 지속적인 증가와 함께 송파 세모녀 자살 사건, 자녀 빈곤 대물림 현상 등 다양한 사회적 문제가 대두되고 있는 실정이다. 그러나 현 사회에서는 한부모가정에 대한 민 · 관기관의 한계적 접근으로 경제 · 사회 · 정서적 문제에 대해 한계적이고 수혜적인 복지서비스만 이루어지고 있어 가정의 정상화 지원에 한계를 가져오고 있다. 이에 대해, 개인 · 가정 · 사회의 공동적인 노력이 필요시 됨으로써 본 기관에서는 한부모가정의 역량을 키울 수 있도록 프로그램 진행 및 자조모임을 실시하여, 가정의 자립과 안정을 도모하고자 한다.

목적 및 목표

목적	산출목표	성과목표
가정구성원들의 자립을 위한 역량강화	부모와 자녀에 대한 이해 향상을 위한 부모교육 진행 (6회기)	가족구성원들의 문제 해소 및 자기효능감 증진
	"자녀교육지원" 학습 및 정서적 욕구 해소: 대학생 멘토링을 통한 학습지원 및 지지적 관계형성	

대상집단

구분	서비스 대상자 산출 근거	단위수
일반집단	광주광역시 북구 거주 한부모가정	10,662명
위기집단	광주광역시 북구 거주 여성 한부모가정	8,597명
표적집단	광주광역시 북구 거주 저소득 여성 한부모가정	558명
클라이언트집단	표적집단 중 프로그램 참여 희망자	24명

출처: 사회복지공동모금회(2018). 2017 사회복지공동모금회 배분사례집.

참고 자료

<사회복지공동모금회의 참여자 선정 기준>

- 참여 대상 및 인원

핵심 참여자	
주변 참여자	

- 누가 이 사업에 참여합니까?
  - **(핵심 참여자)** 성과를 측정하게 되는 대상은 누구이며, 인원은 몇 명입니까? (이 사업에 참여하게 함으로써 누구의 변화를 이끌어내려고 하는 것입니까?)
  - **(주변 참여자)** 성과측정 대상은 아니지만 핵심 참여자의 변화를 이끌어내는 데 중요한 역할을 하는 사람은 누구이며, 인원은 몇 명입니까?

이전에는 사업참여자를 '사업대상자'라고 표기했다. 공급자가 일방적으로 서비스를 제공할 때는 사업대상자로 불리는 것이 맞지만 프로그램 사업에서의 참여자는 기관 직원의 권유에 의해 참여하기도 하지만 참여 여부를 결정하는 것은 당사자이다. 이제 그들을 피동적인 '대상'으로 간주하기보다는 '주체적인 참여자'로 바라보고자 한다.

사업참여자는 크게 두 종류로 구분된다. 첫째, '핵심참여자(Main Participants, 핵참)'이다. 핵심참여자는 성과목표 달성에의 주인공으로 성과목표 달성 여부와 직결되는 사람을 의미한다. 둘째, '주변참여자(Sub Participants, 변참)'이다. 성과목표를 달성하는 데 또는 핵심참여자가 변화하는 데 매우 밀접하게 관여되는 중요한 주변인이다.

예시	사업 참여자를 명확히 구분하여 제시
	• 핵심참여자: 손자녀를 양육하고 있는 조부모 10명 • 주변참여자: 손자녀의 어머니 10명(손자녀 1명당 어머니 1명)

'손자녀에 대한 조부모의 양육기술향상 프로그램'에서 참여자는 앞선 예와 같이 핵심참여자는 '조부모'이다. 그런데 이때 손자녀 부모의 매개적 역할이 필요하다면 사업내용 중에 손자녀 부모에 대한 세부 프로그램이 운영될 수 있고, 사업예산을 사용할 수 있다. 하지만 이 모든 것의 초점은 조부모에게 있다. 즉, 손자녀의 부모에 대한 프로그램 진행과 관련하여 산출목표가 설정될 수 있지만 성과목표는 최종적으로 「조부모의 양육기술이 향상되었는지」의 여부이다. 핵심참여자와 주변참여자를 구분함으로써 누가 주인공이며 성과목표 달성 여부를 점검하는 대상인지, 성과목표 달성 여부 측정대상이 아니라도 이 사업에 참여하여 최종적인 목표달성에 조력할 조연 역할은 누가하게 되는지를 알 수 있도록 하고자 한다.

• 참여자 선정 기준

- 어떤 기준을 세워서 참여자를 모집하게 됩니까?

흔히 참여자 선정방법에 대해 저소득층, 국민기초생활수급자 우선 등 소득 기준을 매우 중요하게 생각한다. 하지만 사회서비스는 공적 부조 및 사회보험과 달리 욕구에 대한 대응이 중요하다. 즉, 욕구에 대한 고려 없이 소득 기준을 획일적으로 적용하는 선정방법은 적절하다고 볼 수 없다. 그러므로 사업의 성격을 고려하여 누구를 우선으로 이 사업에 참여시킬 것인지 생각해 봐야 하며, 참여희망자 수가 모집 상한 규모를 넘어서는 경우 누구에게 기회를 줄 것인지 그 기준을 명확히 해야 한다. 모집 기준을 설정할 때 고려해야 할 요소들은 다음 예시와 같다. 어느 쪽에 방점을 두든 사업 내용이 분명하고 체계적으로 구성되어 있다면 의미 있는 사업으로 인정받게 된다.

- 욕구의 크기 우선인가, 저소득층 우선인가?
  - 저소득층의 욕구가 큰 경우가 많지만 반드시 일치하지 않는다는 점을 유의

  예) 도벽이 있는 아동에 대한 개입은 소득기준보다는 도벽 성향의 심각성에 초점

- 변화의 가능성이 어느 정도 엿보여야 하는가, 변화의 가능성을 발굴하는 쪽이어야 하는가?
  - 기관의 미션, 비전과 연계되는 요소로 남들이 돌아보지 않는 심각한 경우에 초점을 둘 것인지, 개입을 통한 성과물로 사회적 환기를 통해 사업 확장을 의도하는 것인지를 판단

- 제도권에 있는가, 아니면 경계선급인가?
  - 제도권이라 하더라도 정부지원의 사각지대는 있고 급여수준이 낮아서 이를 보충하는 개념인지, 아예 정부지원 대상은 아니지만 현실에서 어려움을 겪고 있는 자들에 대한 대응인지 판단

  예) 장애인 또는 장애인은 아니지만 경계선급인 아동 / 수용자 또는 수용자의 가족

출처: 사회복지공동모금회(2019), 2019 배분사업안내.

2 탐색을 위한 선행 경험의 고찰

시행착오를 겪지 않고 효과적인 사회복지 프로그램을 개발하기 위해서는 기관에서 이미 시행 경험이 있는 실적과 근거를 제시하거나 타 기관에서 이미 시행한 유사 프로그램을 수집할 필요가 있다. 선행 경험의 고찰은 다음과 같이 할 수 있다.

첫째, 선행 프로그램을 고찰하는 것이다. 사회복지공동모금회, 기업의 복지재단 등에서 이미 지원하여 사업 결과 보고서가 나온 프로그램 중에서 작성자가 제안하고자 하는 프로그램과 유사한 것이 없는지를 살피고, 만약 있다면 이 프로그램들이 어떻게 진행되었고 그에 따른 성과와 한계는 무엇이었는지를 탐색해야 한다. 아울러 작성자가 제안하고자 하는 프로그램은 그러한 선행 프로그램과 어떠한 차별성이 있는지를 명확하게 제시할 필요가 있다.

둘째, 작성자(소속 기관)의 유사 프로그램 실행 경험을 서술하는 것이다. 동

일한 내용이 아니라 하더라도 유사한 내용을 실행한 경험이 있으면 그 내용을 간단하게 기술한다. 이때 그러한 경험이 제안 프로그램을 구상하는 데 어떠한 영향을 미쳤으며 또 프로그램을 시행하는 데 어떠한 긍정적 영향을 미칠 것인지에 대한 내용을 포함하여야 한다.

셋째, 최초 시행 고찰에 관한 것이다. 선행 프로그램도, 유사 프로그램 경험도 없는 경우에는 제3자로 하여금 이 프로그램이 성공적으로 추진될 수 있을까에 대한 우려를 갖게 한다. 실험적 정신은 높이 살 만하지만 그 가치만큼 작성자는 성공적으로 추진할 수 있다는 근거를 보여주어야 한다. 이를 위해서는 학문적 근거를 인용해도 좋고, 외국의 사례를 이해하기 쉽게 소개하여도 무방하다(삼성복지재단, 2015).

사례

지역사회 노인과 대학생 간의 세대 통합을 위한 스마트폰 영화 제작 프로젝트 "아메리카老"

❖ 선행 프로그램의 고찰

1. 세대 통합 프로그램(세대 격차의 이해, 해소)

※ 노인과 관계 형성 과정을 통해 본 노인에 대한 대학생 인식 변화

"세대 통합 프로그램을 통한 대학생의 노인에 대한 인식 변화와 자기 성찰"
- 휴대전화 교육 프로그램 참여한 대학생을 중심으로
『노인복지 연구』 2008 봄호(통권 39호) 한국노인복지학회

▶ 프로그램 실시 전: 노인에 대한 부정적 선입견

① 평소 사람이 넘치는 대중 교통을 이용할 때 '나이 드신 분들을 보면 늙어서 어딜 저렇게 다닐까' 하는 생각에 인상을 찌푸리기도 했다. 〈정○경〉

② 어르신과의 첫 만남이라고 생각하니 어색하기도 할 것 같고, 사전 교육을 받았으면서도 어떻게 가르쳐 드려야 할지 막막한 생각에 걱정이 앞선다. 〈방○영〉

▶ 프로그램 실시 후

노인과 대학생의 관계 형성 과정에서 발견되는 대학생들의 노인에 대한 인식의 변화는, ① 노인에게서 느끼는 풋풋한 정(情), ② 노인들의 열정에 놀람, ③ 노년기의 어려움을 이해함, ④ 노인과 공동체 의식을 형성함, ⑤ 노인의 입장에서 세상을 바라봄으로 요약된다.

이러한 결과를 통해서 볼 때, 세대 통합 프로그램을 통해 대학생들은 노인에 대한 부정적 인식이 긍정적 인식으로 변화하였을 뿐만 아니라, 노인들의 장점을 발견하고, 노인들의 어려움까지 새롭게 인식하게 되었으며, 이러한 과정을 통해 대학생의 노인에 대한 이해의 수준이 높아졌음을 알 수 있다. 노인과의 만남이 대학생들에게는 어떠한 의미인지 살펴보면, 노인과의 만남은 자기 자신의 과거와 현재 그리고 미래를 통찰해 볼 수 있는 계기가 될 뿐만 아니라, 가족 관계, 타인과의 관계, 좀 더 확장하여 관계의 사회적 의미에 대해서도 생각하는 계기가 되고 있었다.

세대 통합은 어느 한 쪽에서의 시도나 노력으로는 어려우며, 각 세대, 각 개인 모두가 세대 간의 이해와 보완을 통해 자신의 발전을 도모함으로써 통합된 사회를 이루어가야 함을 의미한다.

2. 어르신 영화 제작 프로그램

1) 영주노인복지관 영화 제작반 : '브라보 마이 라이프'

영화 제작을 꿈꾸는 어르신들이 시나리오 제작부터 촬영, 편집까지 직접 참여하는 방식이다. 4개월에 걸쳐 만들어진 영화는 실버영화제에 출품은 물론 상영회도 개최한다. 영화 제작에 대한 경험이 없어도 해보겠다는 의지만 있으면 충분하다. 참여자 어르신들은 처음에는 반신반의했지만 영화가 완성되자 하나같이 자신감과 즐거움을 얻었다고 입을 모았다(국제신문, 2011.8.25).

2) 서울노인복지센터 : 서울노인영화제 진행(2008년부터 현재까지)

세월을 녹여낸 우리 어르신들의 깊은 감성과 젊은이가 담아낸 이 시대 어르신들의 따뜻한 이야기가 있는 영화제! 모든 세대가 함께 즐거운 축제의 자리에 여러분들을 초대합니다. 2008년 미디어향유교육은 '서울시 사회복지공동모금회 제안 기획 사업-인터뷰'의 기조하에 어르신들이 미디어를 익숙하게 느끼고, 정보화 사회에서 미디어 활용의 주체로서 미디어 문화에 참여하여 역동적으로 어르신들의 이야기를 도출할 수 있는 기반을 만들고자 한다(서울노인복지센터 홈페이지 발췌, 2011.9.14).

☞ 위의 첫 번째 선행 프로그램에서는 휴대전화 교육 프로그램을 통해 노인과의 관계 형성 속에서 노인에 대해 부정적 인식에서 긍정적인 인식의 변화가 나타난 것을 알 수 있었다. 또한, 두 번째 선행 프로그램은 어르신들 또한 충분히 영화를 제작할 수 있다는 내용을 담고 있다. 이를 토대로 본 기관에서 진행하고자 하는 프로그램은 충분히 실현 가능하며, 본 프로그램을 통해 지역사회 노인과 대학생이 함께 스마트폰 영화를 제작함으로써 세대 통합을 위한 양방향에 대한 접근이 가능할 것이라 사료된다.

❖ 유사 프로그램 시행 경험

1) 동작노인복지관에서는 2009년부터 이용 노인과 대학생 봉사자가 함께하는 휴대폰 활용 교육이 진행되고 있다. 이를 통해 이용 노인에게는 휴대폰 활용 능력을 익히고 가족 및 친구들과 폭넓은 소통을 할 수 있는 기회가 되었으며, 대학생 봉사자들에게는 노인의 특성을 이해할 수 있는 계기가 되었다.
2) 2009년부터 3년 연속 외부 지원을 통해 특화 사업으로 지역사회 재가 노인과 장애학생이 함께하는 1세대 통합 프로그램 '노손도손 사랑방'(2009), '노손도손 차차차 댄스 클럽'(2010), '노손도손 찰떡궁합'(2011)이 진행되고 있다. 이를 통해 재가 노인과 장애 학생 간의 쌍방향적 소통 및 관계 형성이 이루어졌으며, 자아 존중감과 대인 관계 능력 및 사회성이 향상됨을 알 수 있었다.
3) 본 복지관에서는 2011년 2월부터 KBS가 주최하고 삼성전자가 지원하는 실버

스마트콘텐츠사업에 앞장서고 있다. 1차 사업으로 5월부터 실버 스마트 TV를 적용하였으며, 하반기에는 태블릿 PC를 활용한 새로운 개념의 실버 스마트 콘텐츠사업을 실시할 예정이다. 이에 따른 이용 노인(영등포노인복지관 50명, 동작노인복지관 48명)의 욕구 조사(KBS, 2011. 7)에 따르면 '스마트폰 또는 스마트패드와 같은 스마트 모바일 기기에 대해서 어느 정도 알고 있는지?'라는 문항에 대해 동작노인종합복지관 응답자 총 48명 중 절반 이상인 33명(68.5%)이 '모르고 있다'라고 응답하였다. 또한 '본 서비스를 스마트 기기에 적용을 한다면 이용하실 의향이 있는지?'에 대한 문항에 대해서는 영등포노인복지관 응답자의 경우 총 50명 중 16명(32.0%)이 '이용하겠다'라고 응답한 반면, 동작노인복지관 응답자의 경우 총 27명(56.4%)이 '이용하겠다'라고 응답하였으며, '스마트 콘텐츠'에 대한 관심도 또한 높은 것을 알 수 있다.

이에, 본 프로그램에서는 노인 세대와 젊은 세대 간의 격차를 해소 및 서로를 이해할 수 있는 다양한 접근 방법 중 최근 상징적인 소통 방법으로 주목 받는 스마트폰을 매개체로 활용하여 두 세대가 함께 영화 촬영을 통해 세대 통합을 이루고, 이를 지역사회에 배포함으로써 나아가 사회 통합을 실현하는 데 기여하고자 한다.

출처: 삼성복지재단(2015). 사회복지 프로그램 개발지원 기획 매뉴얼.

3 창의적 대안(활동 및 서비스) 개발 전술

사회복지 프로그램 개발에서 가장 중요한 요소는 사회복지 프로그램의 목적을 달성하기 위한 창의적인 대안을 개발하는 것이다. 사회복지 프로그램에서 설정한 목적을 이루기 위한 대안은 프로그램의 세부적인 활동요소로서 목적을 성취하는 데 중요한 수단이 되기 때문에 프로그램 개발에서 중요한 요소가 된다. 창의적인 아이디어 개발 전술은 사회복지사들의 아이디어를 자극

하고 새롭고 창의적인 대안을 개발하는 데 도움이 된다. 여기에서는 브레인스토밍(Brain Storming)과 브레인라이팅(Brain Writing)을 소개한다(김상곤 외, 2015).

3-1. 브레인스토밍(Brain Storming)

1) 개념

조직이 경직되어 있고 권위적인 분위기라면 고정관념이나 선입견, 고압적 특성으로 인해 좋은 대안이 묵살되는 경우가 있다. 참신하고 새로운 아이디어를 개발하는 것은 사회복지 프로그램의 대안을 탐색하는 데 매우 중요하다. 브레인스토밍은 3인 이상의 구성원이 하나의 주제에 대해 자유롭게 논의하는 것으로 문제가 한정적일 때 매우 유용한 방법이다.

2) 원칙

① 비판 금지

타인의 의견에 '좋다, 나쁘다'의 판단을 하지 않고, 어떤 의견도 수용하는 분위기를 형성한다. 의견이 무시될 수 있다고 생각한다면 아이디어 내기를 주저하게 될 수 있기 때문이다.

② 자유로운 발표

기상천외하고 엉뚱한 의견도 명안이 될 가능성이 있다. 자유로운 사고는 새로운 비결이나 참신한 접근방법을 제시하는 지름길이다.

③ 다량의 아이디어 창출

아이디어의 양이 아이디어의 질을 낳는다. 양이 많으면 선택의 폭이 넓어지고, 질도 높아진다. 심지어는 동일한 아이디어가 반복되도록 한다.

④ 아이디어의 확장

선행 아이디어에서 힌트를 얻어 새로운 아이디어를 연결, 분해, 삭제, 첨가 등을 통해 아이디어를 발전시킨다.

3) 진행 방법

브레인스토밍을 진행하기 위해서는 사전 준비가 필요하다. 좋은 아이디어는 저절로 나오는 것이 아니라 수많은 정보와 자료, 경험을 통해 산출되기 때문이다. 따라서 사전에 참여자들을 결정하고, 아이디어를 개발하고자 하는 주제를 미리 공지해서 정보를 수집해 오게 한다. 참여자들은 개발하고자 하는 아이디어에 대해 문헌, 인터넷, 경험 등과 관련된 다양한 정보를 수집하고 브레인스토밍 회의에 참여한다. 진행방법은 **표 6-1**과 같다.

표 6-1 브레인스토밍의 방법

단계		방법
준비	원칙 부착	• 브레인스토밍의 네 가지 원칙 부착
	전지 부착	• 기록을 위한 전지(화이트 보드 등) 부착
	서기 선출	• 진행자 1 이외에 기록할 서기 선출
수집	원칙 설명	• 브레인스토밍 원칙을 설명하거나 읽도록 함
	진행 요령 설명	• 아이디어를 15분 정도 구상하다가 10분 휴식하고, 다시 15분 진행하다가 휴식하도록 함 • 전체 소요시간은 1시간을 넘지 않도록 함
	아이디어 수집	• 아이디어를 제시하도록 하고, 서기가 기록함
검토		• 아이디어 수정, 삭제, 결합 등을 통한 대안 탐색
평가		• 아이디어를 분류하고, 좋은 아이디어를 선택함 • 선택된 아이디어는 보완 작업을 통해 개선함

4) 브레인스토밍의 사례

브레인스토밍을 활용하여 아이디어를 개발하고 검토하여 실제로 실행한 알코올 인식주간 프로그램을 소개하면 **표 6-2**와 같다.

표 6-2 알코올 인식주간 프로그램

프로그램명	진행내용
강연	• 대학생활과 음주문화에 대한 강연
포스터, 사진 전시회	• 의학적 자료 전시
알코올 상식 자가 테스트	• 흔히 잘못 알고 있는 상식들을 모아 간단한 상식 문제지를 만들어 보급함 • 문제를 풀어 본 후 답안지와 맞추어 볼 수 있도록 함
알코올 OX 퀴즈대회	• 알코올에 관한 인식 제고 • 올바른 알코올 상식 제공
가상 음주체험	• 제기차기, 투호놀이, 활쏘기
비알코올 존	• 전통차 등을 통해 술 없이도 여가를 즐길 수 있는 분위기 조성

출처: 한국대학생알코올문제예방협회(2001).

3-2. 브레인라이팅(Brain Writing)

1) 개념

브레인스토밍이 지닌 단점을 보완하기 위해 독일에서 처음 도입되었으며, 참가자들이 아이디어를 자유롭게 기록하도록 하는 침묵의 발상 회의법이다. 브레인스토밍은 발표를 꺼리는 사람들이 참여하기 힘들고, 차분하게 아이디어를 정리할 시간이 적다는 단점이 있으며, 이를 극복하기 위한 대안으로서 등장하였다.

2) 진행방법

혼자서 온라인 이메일을 활용하거나 다수의 사람들이 오프라인 회의를 통해서 참여하는 등 진행방법은 다양하다. '6-3-5'규칙에 의하여 6명으로 참여자를 제한하고, 한 회기에 각자 3개의 아이디어를 제안하며, 회기당 시간은 5분으로 제한한다. 원칙적인 방법을 정리하면 **표 6-3**과 같다.

표 6-3 브레인라이팅의 방법

<table>
<tr><th colspan="2">단계</th><th>방법</th></tr>
<tr><td>준비</td><td>환경 조성</td><td>• 조용한 회의실을 준비하고 책상은 원형이 좋음</td></tr>
<tr><td rowspan="3">수집</td><td>주제 제시</td><td>• 주제와 진행요령 설명</td></tr>
<tr><td>시트 배분</td><td><table><tr><th>구분</th><th>아이디어1</th><th>아이디어2</th><th>아이디어3</th></tr><tr><td>1회기</td><td></td><td></td><td></td></tr><tr><td>2회기</td><td></td><td></td><td></td></tr><tr><td>3회기</td><td></td><td></td><td></td></tr><tr><td>4회기</td><td></td><td></td><td></td></tr><tr><td>5회기</td><td></td><td></td><td></td></tr></table></td></tr>
<tr><td>아이디어 수집</td><td>• 1회기당 5분씩 진행하고 3개의 아이디어를 기록
6명이 5회기를 진행하면 총 소요 시간은 25분이며 총 90개(6명×3개×5회)의 아이디어가 개발됨</td></tr>
<tr><td colspan="2">평가</td><td>• 1차적으로 각자의 내용을 다른 멤버가 3개 정도씩 선정한 후 최종적으로 전원이 평가함</td></tr>
</table>

3) 장단점

아이디어를 '말하며' 찾는 브레인스토밍과 비슷한 방법 같지만 브레인라이팅은 '쓴다'는 점에서 다른 특징을 갖는다. 각각의 장단점을 정리하면 다음과 같다.

구분	브레인스토밍	브레인라이팅
장점	• 비교적 짧은 시간에 많은 아이디어를 생산 • 공개적이고 자유로운 아이디어를 상호 공유할 수 있음 • 집단 활동을 통해 아이디어를 공유함으로써 새로운 아이디어를 생산	• 다른 사람의 방해받는 것을 막아줌 • 자기주장을 내세우기 꺼려하는 사람들의 아이디어를 취합할 수 있음 • 익명성이 보장되므로 드러내기 어려운 내용도 제안할 수 있음
단점	• 발표를 꺼리는 사람들은 적극 참여하기 어려움	• 브레인스토밍처럼 집단 전체가 아이디어를 공유함으로써 생기는 역동성을 발휘하기 어려움

출처: 박경일 외(2016).

<브레인라이팅의 사례>

아들과 딸을 가진 4인 가족의 경우를 생각해 보자. 아이들에게 부모가 우리에게 이렇게 해 주었으면 좋겠다는 것을 각자 5개씩 적어 보라고 하고, 부모는 아이들에게 이렇게 해 주었으면 좋겠다는 것을 각자 5개씩 적어 보라고 해서 가족이 함께 브레인라이팅을 할 수 있다. 부모와 자녀가 서로 원하는 것이 무엇인지, 의견을 나누고 이해하고 도와줄 수 있는 좋은 방법이다.

① 우선 자녀에게 1인당 5매 정도의 포스트잇을 나누어 준다.
② '부모에게 원하는 것' 5개를 적어보라고 한다.
③ 주제에 대한 자신의 의견을 포스트잇 한 장에 하나씩 모두 5개를 적는다.
④ 돌아가며 자신의 5개 아이디어를 설명한다. 이 과정이 필요한 것은 적은 내용이 무슨 뜻인지 정확하게 알기 위해서이다.
⑤ 설명이 끝나면 의견을 적은 포스트잇들을 넓은 평면에 아무렇게나 붙인 뒤 4~5개의 하위 주제로 분류하게 한다.
⑥ 분류된 포스트잇을 대표할 만한 상위 제목을 적어본다.

'자녀가 원하는 것'과 '자녀에게 원하는 것' 5개를 적어 보면서 똑같은 방법으로 브레인라이팅을 해 본다.

❖ 토론 예시

딸: 내가 원하는 것은
첫째, 내 방에 들어올 때는 노크를 반드시 할 것
둘째, 내가 좋아하는 드라마를 볼 수 있게 해 줄 것
셋째, 일주일에 한번은 외식을 할 것
넷째, 아빠 담배 끊을 것
다섯째, 엄마 잔소리를 줄일 것

아들: 내가 원하는 것은
첫째, 일주일에 한 번식은 아빠가 나와 놀아줄 것
둘째, 방학 때마다 가족 여행 갈 것

셋째, 내 친구에게 잘해 줄 것
넷째, 버럭하지 말 것
다섯째, 알아서 할테니 자꾸 공부하라고 짜증내지 말 것

아들: 자 이제 됐다. 한번 분류해 볼까?
딸: 그래.

두 아이가 분류한 결과를 보면 다음과 같이 존중해 주기, 취미생활, 간섭하기, 부모건강으로 네 가지이다.

존중해 주기	취미생활	간섭하기	부모건강
노크하기	드라마 보기	잔소리 안 하기	담배끊기
친구에게 잘해 주기	외식하기	버럭 안 하기	
	놀아주기	짜증내지 말기	
	가족여행		

엄마: 내가 원하는 것은
첫째, 학교 갈 때, 다녀왔을 때 반드시 인사할 것
둘째, 놀러갈 때는 반드시 허락받고 갈 것
셋째, 컴퓨터나 스마트폰으로 게임은 하루 시간 이상은 하지 말 것
넷째, 피아노 연습 미루지 말고 할 것
다섯째, 외출하고 오면 반드시 먼저 씻을 것

아빠: 내가 원하는 것은
첫째, 부모에게 거짓말 하지 말고 솔직하게 말할 것
둘째, 좋은 친구만 사귈 것
셋째, 공부나 숙제는 하고 놀 것
넷째, 욕은 절대로 하지 말 것
다섯째, 아침은 꼭 먹고 갈 것

엄마 아빠가 분류한 결과를 보면 다음과 같이 예절, 건강, 건전한 생활, 할 일 하기 네 가지로 분류했다.

예절	건강	건전한 생활	할 일 하기
인사 잘하기	잘 씻기	게임 제한하기	피아노 연습하기
허락받고 외출하기	아침 먹기	좋은 친구 사귀기	숙제하고 놀기
욕 안 하기			
솔직하기			
방문 잠그지 않기			

출처: Talk, Talk 일상에서 즐기는 토의 · 토론 10차시.

❖ 쓰기의 중요성

한 연구자가 세계적 위인들의 공통점을 찾아보았는데 그중 한 가지는 일기를 썼다는 점이다. 일기는 쓴다는 것은 아이디어를 적었다는 것이다. 적기 위해서는 능동적으로 생각을 해야 한다. 오늘 하루 내 생활을 떠 올려 보아 나의 언행을 반성한다. 내가 하지 말았어야 하는 것과 했으면 하는 것을 생각하고 적어봄으로써 더 나은 미래를 만들어 갈 수 있다. 적는 것은 그만큼 중요하다.

수업 활동 ❷

다음의 주제 중 하나를 선택하여 브레인라이팅을 활용하여 아이디어 생산하기

주제 1) 대학의 봄 · 가을 축제에서 할 수 있는 사회복지학과만의 활동

주제 2) 신입생 환영 오리엔테이션에서 할 수 있는 프로그램 활동

주제 1)

구분	아이디어 1	아이디어 2	아이디어 3
1회기	장애체험	노인체험	장애인식 개선 활동
2회기			
3회기			
4회기			
5회기			

정리 및 요약_확인학습

1. 사회복지 프로그램의 대상자 집단 가운데 가장 포괄적 인구집단으로 문제나 욕구를 지닌 해당 지역의 전체 대상 집단은?

① 일반집단 ② 위험집단
③ 표적집단 ④ 클라이언트집단

2. 클라이언트집단에 대한 설명으로 옳지 않은 것은?

① 표적집단의 하위집단으로 프로그램의 직접적 대상자인 클라이언트가 되는 대상이다.
② 프로그램 대상자로 자격요건을 갖춘 모든 표적집단의 대상자가 클라이언트집단이 될 수는 없다.
③ 사회복지사는 누가 서비스를 받을지를 결정해야 하는데 세 가지 요인을 고려하여 클라이언트 집단을 확정한다.
④ 위험집단 중 프로그램의 대상자로 일차적 자격요건을 지닌 대상이다.

3. 클라이언트집단을 확정하는 기준이 아닌 것은?

① 실용적 수용성 ② 법률이나 규정
③ 윤리성 ④ 클라이언트의 능력

4. 탐색을 위한 선행 경험의 고찰에 대한 설명으로 틀린 것은?

① 기업의 복지재단, 한국사회복지공동모금회 등에서 이미 지원하여 사업 결과 보고서가 나온 프로그램 중에서 작성자가 제안하고자 하는 프로그램과 유사한 것이 없는지를 살피고, 만약 있다면 이 프로그램들이 어떻게 진행되었고 그에 따른 성과와 한계는 무엇이었는지를 탐색해야 한다.
② 작성자가 제안하고자 하는 프로그램은 그러한 선행 프로그램과 어떠한 차별성이 있는지를 명확하게 제시할 필요가 있다.
③ 동일한 내용이 아니라 하더라도 유사한 내용을 실행한 경험이 있으면 그

내용을 간단하게 기술하며, 그러한 경험이 제안 프로그램에 어떠한 긍정적 영향을 미칠 것인지에 대한 내용을 포함하여야 한다.

④ 선행 프로그램도, 유사 프로그램 경험도 없는 경우에는 제3자로 하여금 이 프로그램이 성공적으로 추진될 수 있을까에 대한 우려를 갖게 하므로 새로운 프로그램을 기획한다.

5. 브레인스토밍에 대한 설명으로 옳은 것은?

① 조직이 경직되어 있고 권위적인 분위기에서 유용하다.

② 3인 이상의 구성원이 여러 주제에 대해 자유롭게 논의하는 것으로 문제가 광범위할 때 유용한 방법이다.

③ 타인의 의견에 '좋다, 나쁘다'의 판단을 하지 않고, 어떤 의견도 수용하는 분위기를 형성한다.

④ 참가자들이 아이디어를 자유롭게 기록하도록 하는 침묵의 발상 회의법이다.

6. 브레인라이팅의 장점이 아닌 것은?

① 다른 사람의 방해받는 것을 막아준다.

② 자기주장을 내세우기 꺼려하는 사람들의 아이디어를 취합할 수 있다.

③ 익명성이 보장되므로 드러내기 어려운 내용도 제안할 수 있다.

④ 집단 활동을 통해 아이디어를 공유함으로써 새로운 아이디어를 생산한다.

강의 집중 노트

1. 대상집단 선정 시 서비스 욕구가 강한 대상자를 제외하고 조건에 맞고 성과 산출에 유리한 대상자만을 선택하는 (   )현상'이 나타나는 문제가 발생할 수 있다.

2. 대상집단에는 일반집단, 위험집단, (   ), 클라이언트집단이 있다.

3. 일반집단의 하위집단으로 사회문제에 노출위험이 있거나 문제나 욕구차원에서 개입이 필요한 인구집단은 (   )이다.

4. 위험집단 치매노인 중 '중증의 치매노인'이나 '저소득 치매노인'으로 클라이언트의 특성에 따라 위험집단에서 (   )으로 한정한다.

5. 사회복지 프로그램의 대상으로 충분한 자격요건을 갖춘 클라이언트라도 (   )에 의해 프로그램 참여 의사가 있는 대상만이 클라이언트 집단으로 선정될 수 있다.

6. 사회복지 프로그램에 참여하여 일정한 혜택과 서비스를 받기 위해서는 클라이언트에게 기본적으로 자신의 (   )이 갖추어져야 한다.

7. 선행 프로그램도, 유사 프로그램 경험도 없는 경우에는 제3자로 하여금 이 프로그램이 성공적으로 추진될 수 있을까에 대한 우려를 갖게 하므로 (   )를 인용해도 좋다.

8. 브레인스토밍은 선행 아이디어에서 힌트를 얻어 새로운 아이디어를 연결, 분해, 삭제, 첨가 등을 통해 아이디어를 (   )시킨다.

9. 브레인스토밍은 발표를 꺼리는 사람들이 참여하기 힘들고, 차분하게 아이디어를 정리할 시간이 적다는 단점이 있으며, 이를 극복하기 위한 대안으로서 (   )이 등장하였다.

10. 브레인라이팅은 (   )명으로 참여자를 제한하고, 한 회기에 각자 (   )개의 아이디어를 제안하며, 회기당 시간은 (   )분으로 제한한다.

Chapter 07 자원 확인 및 예산 계획

문제상황	투입	활동(전환)	산출	성과
Logic model				

Key Word 중심 수업 목표

1. 자원의 종류 파악
2. 자원탐색의 방법: SWOT 분석, 자원 분석도
3. 예산계획: 품목별 예산, 성과주의 예산

1 자원의 확인

논리모델의 투입(input) 요소가 사회복지 프로그램의 자원이라고 할 수 있다. 사회복지 프로그램의 실행 중에 자원이 부족할 수 있기 때문에 목적달성을 위해 사전에 치밀한 자원 확보를 계획하는 것이 필요하다. 전투에서 전투병이 잘 싸우기 위해서는 충분한 보급(supply)이 이루어져야 한다. 훌륭한 군대일수록 보급체계가 잘 형성되어 있다. 사회복지 프로그램도 자원체계가 얼마나 잘 수립되어 있느냐에 성패가 달려 있다고 해도 과언이 아니다.

1-1. 자원의 종류

사회복지 프로그램의 주요 자원으로는 인적 자원, 물적 자원, 네트워크 자원, 연구조사기반 및 정보자원, 자연자원 등이 있다. 구체적인 자원의 종류를 정리하면 다음과 같다.

구분	자원의 종류
인적 자원	직원, 슈퍼바이저, 사회복지사 자문위원, 지역사회 활동가 자원봉사자, 실습생 / 프로그램 참여자
물적 자원	재원(예산액, 모금액) / 시설, 장비, 비품 / 서비스 이용료, 회비
네트워크 자원	공공기관 및 비공식 조직 / 연계 및 관련 기관
연구조사기반 정보자원	기존 연구조사 결과, 욕구조사 보고서 서비스 기술 / 프로그램 활용지침
자연자원	프로그램에 활용할 수 있는 공원, 놀이터 등

출처: 김상곤 외(2015) 재구성.

1-2. 자원 탐색을 위한 데이터베이스 구축

새로운 자원들을 발굴하고 활용하여 프로그램을 실행해 나가는 것은 사회복지사들에게 많은 부담이 될 수 있다. 이러한 부담을 줄이고 사회복지 프로그램에 적절한 자원을 연결하기 위해서 사회복지사는 우선 지역사회 및 조직 차원에서 활용할 수 있는 기존 자원들을 자원목록집을 만들어 데이터베이스화할 수 있어야 한다. 자원목록집은 기관 전체 차원에서 마련하여 주기적으로 내용을 업데이트할 필요가 있다. 사회복지사나 부서별로 다양한 자원들을 활용하고 있음에도 상호 정보가 공유되지 않는 사례가 많기 때문에 기관 차원에서 자원 활용 현황을 검토할 필요가 있다. 일반적인 자원목록집에는 자원명, 주소 및 연락처, 대상, 제공내용 등을 기록하게 된다(조성우 외, 2018).

표 7-1 욕구에 기반한 복지자원분류체계 표준(안)

대분류	설명	중분류
1. 고용 및 직업(9)	구직을 위한 각종 상담(직업 심리 · 적성검사), 취업능력 배양, 일자리 정보 제공, 취업지원, 대상 특성별 일자리사업 참여(자활사업, 공공일자리사업 등) 등 지원	직업 상담 · 직업능력 개발(적성검사)
		취업 알선
		창업 지원
		직업 훈련
		직업 교육
		자활 지원(자활사업)
		공공일자리
		단기일자리(아르바이트, 부업)
		고용 및 직업관련 비용 지원
2. 주거지원(6)	주거생활의 안정도모를 목적으로 주택 내외부 등 주거환경 개선을 위한 서비스 및 현물지원	주거 환경 개선(도배, 장판, 방역, 편의시설 등)
		장기 거처 마련(시설 입소)
		임시 거처 마련(쉼터 등 단기거주)
		임대주택(매입, 전세, 임대아파트 등)
		에너지 지원(냉 · 난방 등)
		주거관련 비용 지원
3. 보육 및 교육(9)	생애 전 과정에 걸쳐 인적 자본에 대한 투자와 평생교육의 활성화 차원에서 제공되는 교육서비스	보육 및 유아교육
		방과후 돌봄(방과후 교육, 학습지원 포함)
		특기적성 교육
		특수 교육(장애 아동 · 청소년)
		양육 및 진로 상담
		아동보호 지원(방임, 학대, 폭력, 비행, 입양 등)
		중퇴자 지원
		부모 교육
		보육 및 교육관련 비용 지원
4. 보건의료 및 건강증진(8)	신체적 질병, 장애로 인한 치료 및 건강관리	질병 치료
		건강관리 지원(만성질환관리, 비만 · 영양관리, 건강검진, 방문관리 등)
		간병(병원 및 재가)
		재활 치료
		보장구 지원(대여, 수리 포함)
		특수 치료(음악 · 놀이 · 미술치료 등)
		의약품 지원(보철, 건강보조제등 포함)
		보건의료 및 건강증진관련 비용 지원

(계속)

대분류	설명	중분류
5. 요양 및 돌봄(7)	신체적, 정신적 이유로 혼자서 일상생활을 유지하기 힘든 노인 및 장애인, 산모를 위한 각종 돌봄(보살핌, 보호) 서비스	장기 요양(시설 및 재가)
		단기 보호
		주간 보호
		출산 및 산후조리
		가족 돌봄제공자 지원
		기타 돌봄서비스
		요양 및 돌봄관련 비용 지원
6. 정신건강 및 심리정서적 지원(11)	정신질환의 예방과 조기 발견, 상담치료 및 재활과 사회복귀를 위한 정신건강 서비스, 사회생활과 인간관계에서 나타나는 제반의 갈등 및 스트레스 의 효과적 관리와 심리정서적 지원을 위한 서비스	정신질환 지원(상담, 치료, 재활, 사회복귀)
		위기 상담(자살, 우울, 폭력, 중독 등)
		정신보건 교육(성교육 포함)
		알코올 및 약물중독
		게임 · 인터넷 및 도박중독
		흡연
		PTSD(외상후스트레스) 관리
		ADHD, 과잉행동장애 관리
		일반상담(학교생활, 사회생활 부적응 등)
		폭력피해자 보호(성폭력, 학교폭력 등)
		정신건강 관련 비용 지원
7. 문화 및 여가(7)	다양한 문화 · 여가 생활의 활성화를 통해 생활의 여유와 재충전의 기회를 제공하는 서비스 및 현물 지원	문화예술 활동(공연, 전시, 영화 등)
		체육 활동
		독서 지원
		휴양 및 체험 · 여행
		나눔문화–자원봉사
		나눔문화–기부, 후원
		지역사회 참여
8. 권익보장 및 법률(4)	권익을 보호하고 권리를 구제하기 위한 서비스, 법절차에 따라 법의 보호를 제대로 받을 수 있도록 지원	권익보장(인권관련)
		법률구조 상담–민사, 가사사건, 형사사건 등
		생활법률(부동산, 신용불량, 개인파산 상담 등)
		법률 비용 지원
9. 일상생활 지원(8)	그 밖에 일상생활의 영위에 필요한 기본욕구의 충족을 통해 건강하고 쾌적한 일상생활을 누릴 수 있도록 하는 서비스 및 현물 지원	가사 지원(세탁, 청소)
		식사 지원(도시락, 밑반찬, 급식, 식당 등)
		위생 지원(목욕, 이미용 등)
		이동 지원

(계속)

대분류	설명	중분류
		생필품 지원(의류, 식품, 생활가전, 생활용품 등)
		생계비 지원
		공공요금 지원(정보통신비 등)
		후원금(특정용도 지정없는)

출처: 보건사회연구원(2012). 사례관리를 위한 지역사회 복지자원 관리방안.

<자원목록화 사례>

구분	제공주체	제공서비스	대상/사업내용	주소/소재지	연락처
2. 주거	대구 행복주거 복지센터	누수방수지원	• 대상: 중위소득 50% 미만의 주거취약계층 • 내용: 한국감정원지원노후주택 개보수사업	서구 달구벌대로 365길 3	053-563-0777
		도색도배장판 지원	• 대상: 중위소득 50% 미만의 주거취약계층 • 내용: 주거복지서비스지원사업		
		방충망 설치, 수리	• 대상: 중위소득 50% 미만의 주거취약계층 • 내용: 주거복지서비스지원사업		
		보일러 교체, 수리	• 대상: 중위소득 50% 미만의 주거취약계층 • 내용: 보냉가설전문시공봉사자 연결		
		불량주거환경 개선	• 대상: 중위소득 50% 미만의 주거취약계층 • 내용: 한국감정원지원노후주택 개보수사업		
		지붕개량지원	• 대상: 중위소득 50% 미만의 주거취약계층 • 내용: 한국감정원지원노후주택 개보수사업		
		화장실개보수 지원	• 대상: 중위소득 50% 미만의 주거취약계층 • 내용: 한국감정원지원노후주택 개보수사업		

출처: 대구서구청 홈페이지.

번호	지역(동)	단체명	단체 유형	서비스명	서비스 대상	대상자 선정기준
1	영천동	천연동 주민센터	기타	경로식당 봉사	노인	60세 이상 어르신
2	창천동	(주)현대쇼핑	기타	후원물품 지원	장애인	복지관 이용자
3	창천동	맑은내 소망학교	종교	노인복지 문화	노인	65세 이상 어르신누구나
4	창천동	세븐레마의원	의료/보건	후원물품 지원	장애인	복지관 이용자
5	창천동	창천교회 세브란스	종교	장애우 돌봄	장애인	저소득가정에 장애우
6	창천동	현대백화점 신촌점	기타	후원물품 지원	장애인	복지관 이용자
7	천연동	구세군 후생원	기타	아동, 청소년	아동, 청소년	아동/청소년
8	천연동	금화초등학교	교육	독거노인 지원	노인	65세 이상 독거노인

출처: 서울시복지재단(2014). 민간사회복지자원 통합DB구축 조사보고서-서대문구 동 자원 목록화.

1-3. 자원의 연계 협력

사회복지 프로그램을 진행함에 있어 많은 경우에 적극적인 형태로 또는 소극적인 형태로 지역사회 내 유관기관들과 자원의 연계·협력이 필요하다. 특히 사업의 아이디어는 좋은데 수행기관이 보유하고 있는 전문성이 부족한 경우에는 더불어 사업을 수행하는 방식을 강구하는 것이 좋다. 예컨대 종합사회복지관에서 재가장애인에게 영양교육사업을 하면서도 관내 장애인관련시설 내 영양사 또는 보건소 직원 영영사와 아무런 연계협력 없이 대학의 영양교육과 관련한 전문성만 빌어서 사업을 수행한다는 것은 한계를 지닐 수밖에 없다. 대학교의 관련 학과가 기여할 수 있는 방법도 유용하겠지만 기관들 간의 호혜협력 파트너십 정신은 결코 간과되어서는 안 될 것이다.

연계·협력의 방식은 사업의 내용과 성격에 따라 매우 다양하게 나타날 것이다. 사업수행기관이 중심을 잡되 여러 기관들이 컨소시엄으로 사업을 수행하는 경우에는 대등한 관계에서의 파트너십이 필요한 경우도 있을 것이며, 사업수행기관이 사업을 수행하는 과정에서 필요한 부분들에 대한 협조를 받는 형태도 가능할 것이다. 네트워크가 구축된다는 것은 사업을 수행함에 있어서 우리 기관이 할 일이 무엇이고, 협력기관이 해야 할 일이 무엇인지, 그러한 순환적 관계를 어떻게 이루어나갈 것인지를 명확하게 한다는 것을 의미한다. 네트워크를 구축할 기관·단체가 많은 경우에는 어떤 기관들이 네트워크 구축 대상인지 간단하게 적고, 네트워크 구축에서 핵심 파트너 기관 2~4개 기관에 대한 내용만 작성하도록 한다.

표 7-2 자원의 연계 협력 사례 1

협력 기관명	세부 사업명	협력 계획	비고
☆☆장애인 종합사회복지관	재가장애인 영양교육	• 본 기관 : 참여자 발굴 협조 요청, 사업수행관련 자문 요청 • 협력 기관 : 참여자 의뢰 및 정보제공 사업수행관련 자문 제공 본 기관과 공동모니터링	
☆☆구 복지행정팀	긴급지원 기금 모금	• 본 기관 : 사업 홍보 콘텐츠 제공 기금 및 후원자 관리 • 협력 기관 : 본 기관과 공동모금행사 주관 ○○단지 입주기업 대상 사업 홍보	MOU 체결 예정

출처: 사회복지공동모금회(2018). 2018 배분사업안내.

1) 사업 기관 중심의 네트워크

사업 계획서 신청 기관이 사업 수행에의 핵심적 역할을 감당하되, 관련 기관의 연계·협력의 필요성을 미리 인식하고 어떤 세부 프로그램에 이들로부터 어떤 협력을 받을 것인지를 미리 예측하고 이에 대한 협조를 사전에 확인하는 것이 필요하다.

<재가장애 아동에 대한 맞춤형 영양 상태 개선 및 부모 교육 프로그램>

- 사업 목적: 영양 상태의 균형이 깨져 있는 재가장애 아동에게 맞춤식 영양 급식을 제공하는 한편 장애 아동의 부모에게 자녀의 영양 문제에 대한 교육을 실시함으로써 부모의 지속적인 영양 관리 능력을 함양하여 자녀의 건강한 신체적 발달 도모

- 종합사회복지관(또는 지역 자활센터)에서의 유사, 중복 사업의 가능성에 대해 상호 협의
- 장애인 거주 시설 영양사와 사업 전문성 함양을 위한 협의
- 장애인부모회에서는 사업 대상자 발굴에의 협조 및 사업성과에 대한 모니터링
- AA대학교에서 사업 수행에 필요한 자원봉사자 발굴 협조

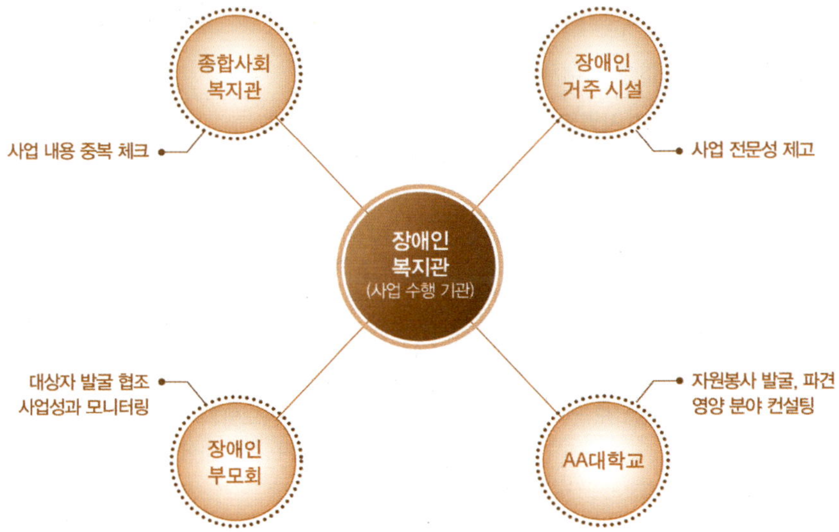

그림 7-1 신청 기관 중심의 네트워크(예시)

출처: 삼성복지재단(2015). 사회복지 프로그램 개발지원 기획 매뉴얼.

2) 2~3개 기관 컨소시엄 구성

2~3개 기관이 컨소시엄을 형성하여 사업에 신청할 수 있다. 각 참여 기관들 간의 파트너십 수준을 제시하고, 제시한 수준의 타당성을 설명해야 한다. 아울러 네트워크 운영에의 각 참여 기관의 역할을 명확하게 제시해야 한다.

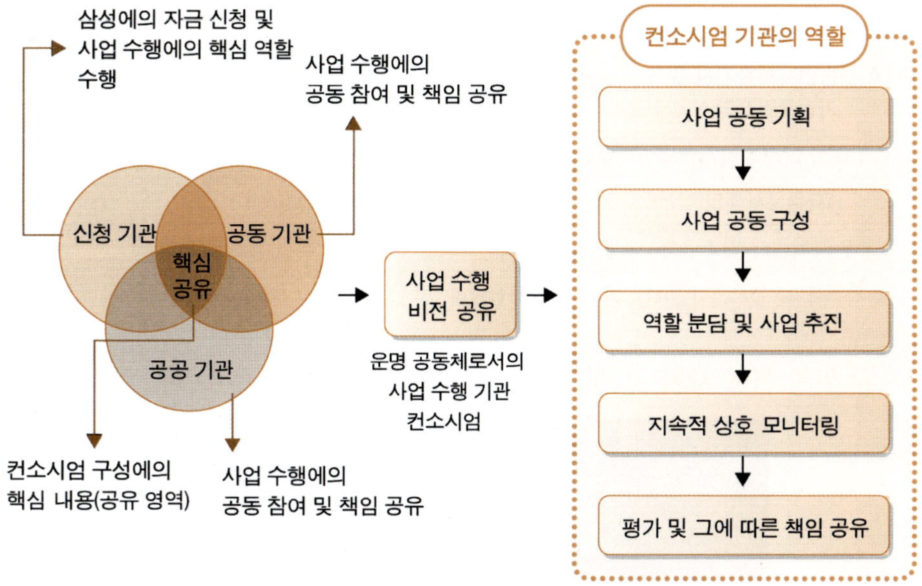

그림 7-2 2~3개 기관 컨소시엄 구성(예시)

출처: 삼성복지재단(2015). 사회복지 프로그램 개발지원 기획 매뉴얼.

<자원 연계 협력 사례 2>

사업명: 저소득층 방임아동의 보호·학습지원을 위한 야간보호사업

지역 복지자원 현황

현재 △△구 내에는 2개의 종합사회복지관이 있고, 3개의 지역아동센터가 있다. 이 중 1개 기관이 △△구의 시범사업으로 15명의 저소득층 야간방임 아동에 대한 보호사업을 진행하고 있다. 그러나 해당 기관의 아동들에 대한 서비스도 부족한 상황이고, 본 복지관의 2011년 자체조사 결과 야간보호에 대한 서비스 욕구가 가장 높은 것으로 나타나 추가적인 야간보호사업에 대한 지원이 필요한 상황이다.

자원명	활용계획	비고
A, B종합사회복지관 및 C가정폭력상담소	서비스 발굴 및 공유, 아동사례 연계(3case)	
OO 대학교 사회복지학과	대학생 자원봉사자 연계(4명)	
D자원봉사센터	차량 지원 자원봉사자 추천 및 확보(4명)	
E주민자치센터 및 F구청	본 사업에 대한 홍보 및 실인원 추천 통로로 이용	

출처: 사회복지공동모금회(2017). 2017 배분사업안내.

<자원 연계 협력 사례 3: 서초구 지역사회보장협의체 자원허브화 맵>

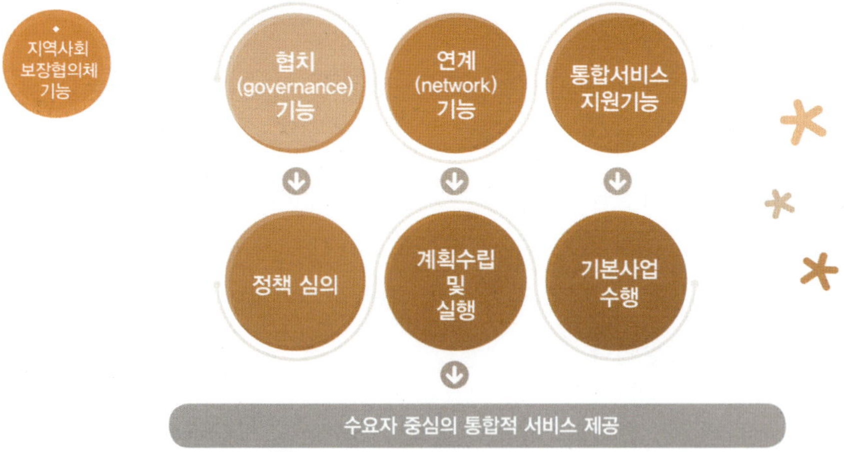

주요기능	내용
협치(governance) 기능	• 지역사회보장계획의 수립 · 이행 · 평가 등 지역사회보장의 주요 사항에 대하여 민간과 공공이 협의하여 심의 · 자문
연계(network) 기능	• 사회보장과 관련된 서비스 제공하는 관계 기관 · 법인 · 단체 · 시설과 연계 · 협력 강화
통합서비스 기능	• 협의체 내 각 분과 간 통합 및 조정역할을 수행하고 지역주민의 욕구를 반영한 통합적 서비스 제공체계 지원 • 통합서비스 제공을 위해 기존의 보건복지 뿐만 아니라 고용 · 주거 · 교육 · 문화 · 환경 등 다양한 영역과 연계

표 7-3 노인분과

구분	기관명	대상	시간	내용	연락처
경로식당	방배노인 종합복지관	서초구에 거주하시는 60세 이상 어르신	11:30~13:00	• 식단 제공 –어르신들이 건강한 식생활을 영위하도록 하고, 심신의 건강을 유지할 수 있도록 균형잡힌 영양식단 제공	02–581–7992
	중앙노인 종합복지관	복지관 회원(서초구에 거주하시는 60세 이상 어르신)	11:30~13:00	• 점심식사 제공	02–521–0919
	양재노인 종합복지관	서초구에 거주하시는 60세 이상 어르신	11:30~13:00	• 식단제공 –어르신들의 건강한 식생활을 영위하도록 하고, 심신의 건강을 유지할 수 있도록 균형잡힌 영양식단 제공	02–578–1515
	양재종합 사회복지관	만 60세 이상 저소득 어르신	11:30~12:30 (월~금)	• 지역 내 결식의 우려가 있는 어르신들을 대상으로 무료 중식서비스 제공	02–579–4782
	우면종합 사회복지관	만 60세 이상 저소득 어르신	11:30~12:30 (월~금)	• 지역 내 결식 우려 상황에 놓인 어르신을 대상으로 무료 중식서비스 제공	02–577–6321
교육	서초어르신 행복e음센터	65세 이상 독거어르신	연중	• 독거어르신생활관리사가 독거어르신의 안전 –안부확인(전화, 방문), 생활교육, 서비스지원 등	02–6925–6990
	양재종합 사회복지관	60세 이상 어르신	월 10:30~12:00	가요교실	02–579–4782
			월 14:30~16:00	장구/민요반	
			화 14:00~15:50	솜다리합창단	
			목 10:00~11:50	라인댄스 초급	
			화 10:30~11:50	라인댄스 중급	
			화 10:00~11:30	미술회화	
			수 10:00~12:00	보테니컬아트	

표 7-4 방배분과

구분	기관명	대상	시간	내용	연락처
가사 지원	까리따스방배 종합사회 복지관	취약계층 가구	주 1회	• 주 1회 밑반찬서비스 및 분기별 특식서비스 제공	02-522 -6004
	사랑의복지관	서초구 거주 장애인	연중	• 저소득 중증장애인으로 반찬조리가 어려운 가정에 조리된 반찬지원	070-7727 -2568
				• 저소득 중증장애인으로 주거환경개선이 필요한 가정(방충망 교체, 청소, 기타 주거환경개선) 서비스 지원	070-7727 -2569
			월 1회	• 우리동네 나눔가게로 후원받은 음식(족발, 설렁탕 등)을 저소득 장애인 가정에 정기적으로 지원	
경제적 지원	까리따스방배 종합사회 복지관	취약계층 가구	월 1회	• 지역사회 취약계층가구 대상 결연후원자 연계 하에 교육비, 생활비 등에 대한 결연후원 지원	02-522 -6004
	사랑의복지관	서초구 거주 장애인	월 1회	• 서초구 저소득 장애인에게 결연후원금 지원	070-7727 -2568
			상시	• 상시적으로 접수된 후원품에 대해 저소득 장애인가정에 지원	070-7727 -2454
		서울시 거주 지역주민	연 1회	• 지역 내에서 후원 및 모금된 쌀을 준비하여 민·관으로부터 추천받은 지역대상자에게 쌀을 지원	
교육	까리따스방배 종합사회 복지관	장애아동 청소년	매주 월~금	• 장애아동청소년 언어치료, 미술치료, 음악치료, 놀이치료, 특수체육, 모래놀이치료	02-522 -6004
		아동	매주 월~금	• 아동 영어, 미술, 피아노, 한자, 태권도교육 프로그램	
		어르신	매주 월~금	• 고전무용, 라인댄스, 가요교실, 맷돌체조, 정보화교육, 한글문해반, 어르신기자단	
		지역주민	매주 금요일	• 지역주민 대상 노래교실	

출처: 서초구청 홈페이지. http://www.seocho.go.kr

2 자원탐색의 방법

2-1. SWOT 분석

1) 개념

SWOT 분석은 사회복지기관 차원의 전략을 수립하기 위해서 사용하는 기법인데 사회복지 프로그램의 자원탐색의 방법에서도 응용해 볼 수 있다. 고사성어에도 '지피지기 백전백승(知彼知己 百戰百勝)'이라는 말이 있다. 자원을 탐색하려면 먼저 사회복지기관 스스로의 상황을 파악하고 자원을 확보하기 위한 노력을 해야 할 것이다. SWOT 분석은 Strength(강점), Weakness(약점), Opportunities(기회), Threats(위협)의 첫 글자를 딴 용어이다. SWOT 분석이란 이러한 네 가지 요소를 이용하여 문제를 분석하고, 대책을 세우는 방법이다. 주로 기업 경영에 사용하기 위해 창안되었으나 최근에는 조직뿐만 아니라 개인에 대한 분석 등 모든 분야에서 응용되어 사용되고 있다. 강점과 약점은 내부의 조건이며, 기회와 위협은 외부의 조건이다. 네 가지 요소에 따라 현 상황을 분석하면 이를 극복하기 위한 전략 및 전술을 짜는 데 유용하다.

그림 7-3 SWOT의 구조

2) 작성방법

예를 들어, 교내 체육대회에 참여하는 우리 팀의 분석표를 만든다. 이는 개인이 할 수도 있고, 조별 토의로 할 수도 있다. 먼저 내부의 강점과 약점을 작성한다. 이것은 내가 통제할 수 있는 요소이다. 사회복지학과의 장점은 의지가 강하고, 고등학교 때 응원단장을 지냈던 학생이 있어 응원을 잘하고, 협동을 잘하는 편이라고 적었다. 반대로 약점은 실력들이 비슷하여 뛰어나게 잘하는 star-player가 없다는 점, 시험 준비 학생이 많은 점, 그리고 지도 교수님이 출장 중이라는 점을 들었다.

다음으로 외부의 기회와 위기요소를 작성한다. 이것은 우리가 통제할 수 없는 외부에서 주어진 환경이다. 먼저 기회라고 볼 수 있는 것은 시합을 할 체육관이 강의실에서 가까워서 연습하기 좋다는 점, 응원상이 별도로 있어서 응원을 잘하는 우리에게 유리하다는 점, 대진표가 발표되었는데 대진 운이 좋아서 강팀을 예선에서 피할 수 있다는 점 등을 적었다. 반대로 위기인 것은 심판이 상대학과 출신이라 편파판정을 할 수 있다는 점, 상대팀에는 선수출신이 있다는 점, 경기 시합까지 준비할 시간이 촉박하다는 점 등을 적었다.

	긍정(+)	부정(–)
내부	■ 의지가 강함 ■ 응원 잘함 ■ 협동 잘함 강점(S)	■ 뛰어난 선수 없음 ■ 시험 준비 학생이 많음 ■ 지도교수님이 출장 중 약점(W)
외부	기회(O) ■ 체육관이 강의실과 가까움 ■ 응원상도 있다고 함 ■ 대진 운이 좋음	위기(T) ■ 심판이 경쟁학과 출신임 ■ 상대팀은 선수 출신이 있음 ■ 시합까지 시간이 촉박함

그림 7-4 SWOT 분석의 예

분석이 끝났으면 우리 팀이 가진 강점과 약점, 기회와 위기를 고려할 때 약점과 위기를 보완하고, 유리한 강점과 기회를 최대화하는 전략을 택해야 한다.

표 7-5 SWOT 분석의 전략

	기회(Opportunities)	위기(Threats)
강점 (Strength)	강점을 가지고 기회를 살리는 공격적 전략(+_+)	강점을 가지고 위험을 최소화하는 다양화 전략(+_−)
약점 (Weakness)	약점을 보완하며 기회를 살리는 방향전환 전략(−_+)	약점을 보완하는 동시에 위기를 극복하기 위한 방어적 전략(−_−)

<사례 1>

다음은 '독거노인의 사회적 지지 향상 프로그램'을 진행하기 위한 사회복지관의 SWOT 분석이다.

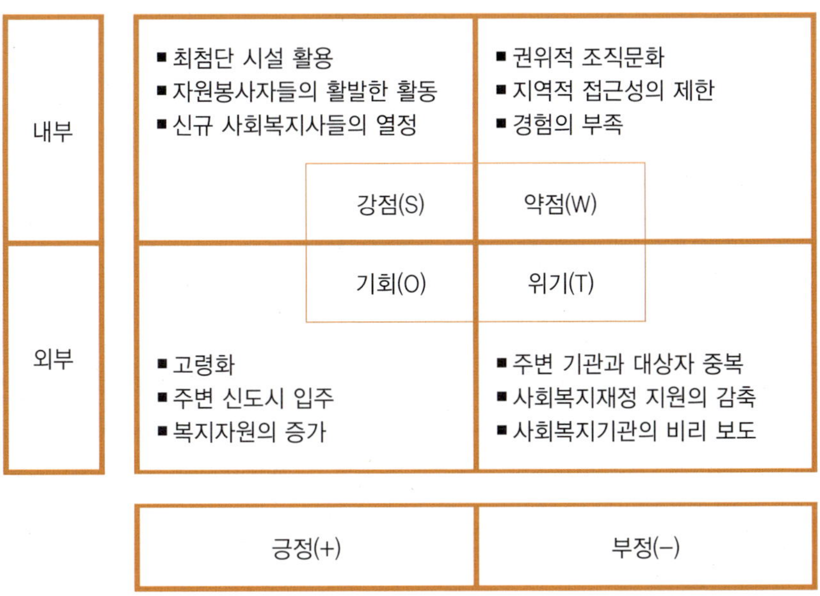

<사례 2>

다음은 ○○대학교의 SWOT 분석이다.

	긍정(+)	부정(-)
내부	■ 수도권 소재 ■ 전철 등 편리한 교통 ■ 장학금 지급 확대 강점(S)	■ 기숙사 부재 ■ 대학의 낮은 인지도 ■ 낮은 소속감 및 사기 약점(W)
외부	기회(O) ■ 주변 신도시 입주 ■ 주변 대기업 입주 ■ 교육부의 특성화 강화	위기(T) ■ 학령인구 감소 ■ 등록금 동결, 대학진학률 감소 ■ 교육부의 고졸 취업 활성화

<수업 활동 1>

본인에 대한 SWOT 분석하기

	긍정(+)	부정(-)
내부	■ ■ ■ 강점(S)	■ ■ ■ 약점(W)
외부	기회(O) ■ ■ ■	위기(T) ■ ■ ■

2-2. 자원 분석도

1) 개념

사회복지 프로그램의 인적·물적 자원을 한 눈에 알아볼 수 있도록 그림으로 표현한 것이다. 자원 분석도는 사회복지실천과정에서 욕구사정을 위한 생태도와 유사하다. 생태도는 환경 속의 인간 관점에서 클라이언트의 자원과 제한점을 파악하는 것이다. 생태도는 주변환경에서 활용 가능한 자원이 무엇이며, 제한점이 무엇인지를 파악함으로써 클라이언트의 문제를 해결하는 데 중요한 단서를 제공하게 된다. 마찬가지로 자원 분석도는 사회복지 프로그램을 실행하는 데 확보된 자원과 필요한 자원이 무엇인지를 파악함으로써 사회복지 프로그램의 목적을 달성하는 데 중요한 수단이 된다.

2) 작성방법

사회복지 프로그램 실행에 필요한 모든 인적·물적 자원을 사회복지 프로그램 중심으로 묘사한다. 사회복지 프로그램에 미치는 영향력에 따라 화살표의 굵기를 차별화하여 나타낼 수 있다.

<사례 1>

다음 그림은 '저소득층 방임아동의 보호·학습지원을 위한 야간보호사업'의 지역자원을 자원 분석도로 나타낸 것이다.

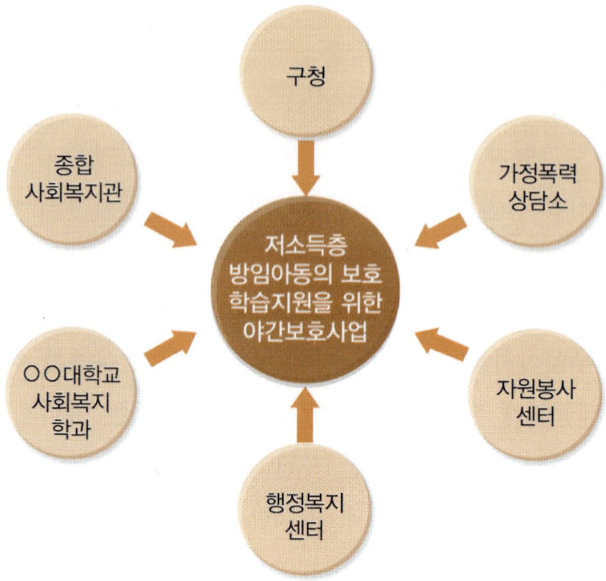

그림 7-5 자원 분석도

3 예산계획

3-1. 예산의 유형

1) 품목별 예산(LIB: Line-Item Budget)

사회복지기관에서 가장 많이 사용하고 있으며 예산을 지출 품목별로 분류하여 편성하는 유형이다. 전년도 예산을 기초하여 작성되므로 물가상승률 등을 반영하여 점진적으로 증가하는 특성을 지니며, 지출 대상별로 통제할 수 있는 장점이 있다. 그러나 미시적으로 지출품목에만 관심을 갖고 거시적으로 지출에 따른 성과나 사업의 우선순위를 따지지 않는 한계가 있다.

표 7-6 품목별 예산의 예 (단위: 천 원)

항목	2019년 예산	2020년 예산	증감액	증감률(%)
급여	1,000	1,100	100	10
회의비	300	330	30	10
여비	500	600	100	20
소모품비	400	440	40	10
우송료	200	210	10	5
임대료	700	770	70	10
공공요금	600	660	60	10

2) 성과주의 예산(Performance Budget)

'프로그램 예산' 또는 '기능주의 예산'이라고도 하며, 사회복지 조직의 목표를 세부 프로그램이로 나누어 각 활동의 단위원가와 업무량을 고려하여 예산을 배정하는 유형이다. 사업이나 프로그램 중심으로 편성함으로써 예산의 절약이나 능률보다 사업의 성과에 관심을 갖는다.

표 7-7 성과주의 예산의 사례 (단위: 천 원)

단위	활동	예산
청소년복지사업 (청소년복지팀)	청소년 집단상담 : 5회×2,000천원	10,000
	청소년 전화상담 : 200건×20천원	4,000
	심리진단 : 200건×10천원	2,000
	가족지지 프로그램 : 8회×1,000천원	8,000
	총계	24,000

3-2. 예산의 편성

사업내용을 실제 구현하는 데 투입되는 자원을 돈으로 표현한 것이 예산이기 때문에 사업내용과 예산편성은 불가분의 관계에 있다. 예산편성기준에 따라 작성하되 예산 삭감 등을 감안하여 처음부터 예산을 부풀려서 편성한다면 신청기관을 신뢰하지 못하게 되고 나아가 신청한 사업 전체에 대한 신뢰를 흔드는 결과를 초래하게 된다. 또한 사업내용에 기재되어 있지 않은 항목이 예산으로 편성되어 있다면 신청 전체 내용의 일관성 및 상호연계성이 부족하게 된다. 그러므로 사업내용과 예산편성 간의 연계가 잘 되어 있는지 점검하는 것이 필요하다.

편성된 예산을 보면 구성한 세부 사업의 얼개와 흐름을 쉽게 알 수 있다. 세부 사업을 어려움 없이 이해할 수 있도록 산출근거나 총량을 쉽게 알 수 있도록 작성한다. 세목은 너무 구체적으로 작성하거나 포괄적으로 작성하기보다는 프로그램 단위별로 작성하는 것이 추후 예산변경 등의 업무 처리에 있어 효율적이다. 산출근거는 어떠한 내역으로 예산이 지출되었는지 실제 단가, 수량, 인원수, 건수, 횟수 등을 구체적으로 기록한다.

사회복지공동모금회의 사회복지 프로그램 예산은 인건비, 사업비, 관리운영비 항목으로 구성된다. 인건비는 해당 사업을 직접적으로 수행하는 인력에 투입되는 비용으로 프로그램담당자/보조담당자 인건비 등이 해당한다. 사업비는 전형적인 프로그램 예산 형식에 해당되는데 실인원수에게 제공되는 서비스에 필요한 비용으로서 프로그램의 수행에 필요한 직접비용이다. 강사비, 자원봉사자 관리비, 자문비, 회의비, 행사 진행비, 홍보물품 구입, 프로그램 준비물 구입, 사업결과보고서/결과물 제작 등이 사업비에 해당되는 항목이다. 관리운영비는 사업관리에 필요한 비용으로서 프로그램의 수행에 필요한 간접비용을 의미한다. 사무용품, 냉난방비, 우편료, 사업담당자 교통비 등이 여기에 해당한다.

〈좋은 예〉

프로그램 단위로 세목을 설정한 경우

세목	소계	산출근거
나들이 프로그램	300,000원	버스 1대 대여 (25인승)
	165,000원	도시락 5,500원× 30개
	60,000원	입장료 2,000원× 30명
총계	525,000원	·

〈나쁜 예〉

개별 활동별로 세목을 설정한 경우

세목	소계	산출근거
나들이 버스대여	300,000원	버스대여비 (25인승)
도시락/다과	165,000원	5,500원× 30개
입장료	60,000원	2,000원× 30명
총계	525,000원	

<예산편성 사례>

관	사업비							
항	공동모금회 “저소득층 아동 야간보호” 사업비							
목)	세목	계	산출근거	예산조달 계획				
				신청금액	비율(%)	자부담[1]	비율(%)	자부담재원
총 계		16,000,000		13,100,000	100	2,900,000	100	
인건비	담당인력 야근수당	4,800,000	담당인력 2명 x 1시간 5,000원 x 1일 x 4시간 x 월 10일 x 12개월	4,800,000				
	소 계	4,800,000		4,800,000	36.6			
사업비	야간귀가 차량운행	2,000,000	주5회 x 10,000원 x 40주			2,000,000		자체예산
	기초 학습지도 프로그램	2,600,000	학습교재비 국/영/수×연간6권×5,000원×20명	600,000				
			자원봉사자 교통비 대학생 2인×주5회×5,000원×40주	2,000,000				
	가족관계 개선 프로그램	4,800,000	상담 및 특별 활동 프로그램 (나들이, 체육대회, 요리, 영화보기) 20가족×가족당 20,000원×12개월	4,800,000				
	소 계	9,400,000		7,400,000	56.5	2,000,000		
관리운영비	야간난방비	900,000	월150,000원×6개월(1~3월, 10~12월)			900,000		자체예산
	전기료	900,000	야간전기 사용료 월평균 50,000원×12개월 냉방비(에어컨) 월평균 100,000원×3개월	900,000				
	소 계	1,800,000		900,000	6.9	900,000		

출처: 사회복지공동모금회(2016). 2017 배분사업안내.

1) 자부담하는 것은 기관이 신청하는 사업을 하고자 하는 의지와 연결된다고 볼 수 있다. 그렇지만 집행할 의도가 없음에도 선정이 되기 위해 사업 계획서에 자부담 예산을 기재한다거나 다른 사업에 집행할 예산을 억지로 짜깁기하여 편성하는 것은 사업 선정에 도움이 되지 않는다.

수업 활동 ❷

방학 중 가족과 제주도 여행 계획을 세우려고 한다. 다음 양식에 따라 예산을 편성하기

세목(활동)	소계	산출근거
총계		

정리 및 요약_확인학습

1. 논리모델의 요소 중 사회복지 프로그램의 자원에 해당하는 것은?

① 투입　② 활동
③ 산출　④ 성과

2. 연계 및 관련기관은 자원의 종류 중 어디에 해당하는가?

① 인적 자원　② 물적 자원
③ 네트워크 자원　④ 정보자원

3. 자원탐색에 대한 설명으로 옳지 않은 것은?

① 사회복지 프로그램에 적절한 자원을 연결하기 위해서 지역사회 및 조직 차원에서 활용할 수 있는 기존 자원들을 데이터베이스화 해야 한다.
② 복지자원분류체계는 주거지원, 고용, 돌봄, 문화 여가 등으로 분류한다.
③ 사회복지사나 부서별로 다양한 자원들을 활용하고 있음에도 상호 정보가 공유되지 않는 사례가 많기 때문에 기관 차원에서 자원 활용 현황을 검토할 필요가 있다.
④ 일반적인 자원목록집에는 자원명, 대상, 제공내용 등을 기록하지만 연락처는 개인정보 보호 차원에서 기록하지 않는다.

4. SWOT 분석에 대한 설명으로 옳지 않은 것은?

① 자원을 확보하기 위해 사회복지기관 스스로의 상황을 파악하기 위한 노력에서 필요하다.
② Strength(강점), Weakness(약점), Opportunities(기회), Threats(위협) 네 가지 요소를 이용하여 문제를 분석하고, 대책을 세우는 방법이다.
③ 주로 기업 경영에 사용하기 위해 창안되었으나 최근에는 조직뿐만 아니라 개인에 대한 분석 등 모든 분야에서 응용되어 사용된다.
④ 강점과 약점은 외부의 조건이며, 기회와 위협은 내부의 조건이다.

5. 성과주의 예산에 대한 설명으로 옳지 않은 것은?
① 미시적으로 지출품목에만 관심을 갖고 거시적으로 지출에 따른 성과나 사업의 우선순위를 따지지 않는 한계가 있다.
② '프로그램 예산' 또는 '기능주의 예산'이라고도 한다.
③ 사회복지 조직의 목표를 세부 프로그램이로 나누어 각 활동의 단위원가와 업무량을 고려하여 예산을 배정하는 유형이다.
④ 사업이나 프로그램 중심으로 편성함으로써 예산의 절약이나 능률보다 사업의 성과에 관심이 있다.

6. 예산의 편성에 대한 설명으로 틀린 것은?
① 세목은 추후 예산변경 등의 업무 처리에 있어 효율성을 위해 구체적으로 작성하거나 포괄적으로 작성한다.
② 산출근거는 어떠한 내역으로 예산이 지출되었는지 실제 단가, 수량, 인원수, 건수, 횟수 등을 구체적으로 기록한다.
③ 사업비는 프로그램의 수행에 필요한 직접비용으로서 강사비, 회의비, 행사진행비 등이다.
④ 사무용품, 냉난방비, 우편료, 사업담당자 교통비 등은 프로그램의 수행에 필요한 간접비용으로서 관리운영비에 해당한다.

강의 집중 노트

1. 논리모델의 (　　　) 요소가 사회복지 프로그램의 자원이라고 할 수 있다.

2. 사회복지 프로그램 자원의 종류에는 인적 자원, (　　　) 자원, 네트워크 자원, 정보자원 등이 있다.

3. 사회복지 프로그램에 적절한 자원을 연결하기 위해서 지역사회 및 조직 차원에서 활용할 수 있는 기존 자원들을 (　　　　　　)해야 한다.

4. 자원 탐색을 위한 SWOT 분석은 Strength(강점), Weakness(약점), Opportunities(　　), Threats(위협)요인으로 구성된다.

5. SWOT 분석에서 (　　　　　　　)은 내부의 조건이며, (　　　　　　　)는 외부의 조건이다.

6. SWOT 분석에서 약점과 위기는 약점을 보완하는 동시에 위기를 극복하기 위한 (　　　　　)전략을 사용한다.

7. 사회복지 프로그램의 인적 · 물적 자원을 한 눈에 알아볼 수 있도록 그림으로 표현한 것으로서 (　　　　　)는 사회복지실천과정에서 욕구사정을 위한 생태도와 유사하다.

8. (　　　　) 예산은 전 년도 예산을 기초하여 작성되므로 물가상승률 등을 반영하여 점진적으로 증가하는 특성을 지니며, 지출대상별로 통제할 수 있다.

9. (　　　　　) 예산은 프로그램 예산이라고도 하며, 사업이나 프로그램 중심으로 편성함으로써 예산의 절약이나 능률보다 사업의 성과에 관심을 둔다.

10. 사회복지공동모금회의 예산은 인건비, (　　　　), 관리운영비로 구성된다.

08 Chapter

실천 계획의 수립 및 실행

문제상황	투입	활동(전환)	산출	성과
Logic model				

Key Word 중심 수업 목표

1. 실천계획의 수립: 세부 프로그램 내용의 기술, 추진 일정
2. 실행의 모니터링과 중간 평가

1 실천계획의 수립

1-1. 프로그램 내용의 작성 원칙

사회복지 프로그램의 내용은 몸통에 해당한다. 프로그램명, 문제 확인, 성과목표 등이 모두 프로그램 내용에서 파생된다. 프로그램 내용이 바뀌면 이 모든 것들이 함께 연동해서 수정되어야 한다. 세부 프로그램들이 가장 적합하다는 것을 얼마나 논리적으로 설명되는지가 중요하다. 뿐만 아니라 제시되는 해당 세부 프로그램의 내용이 적절한지, 세부 프로그램 내용들 간의 관계가 명확한지 등도 살펴보아야 한다. 실행하고자 하는 프로그램이 무엇인지 다음의 원칙을 지키면서 자유롭고 창의적으로 작성할 필요가 있다(사회복지공동모금회, 2019).

1) 충분성

문제의식을 프로그램에 충분히 반영하여 소기의 목표를 달성하는 데 충분하도록 내용을 구성해야 한다. 물론 예산과 시간의 제약이 있다. 주어진 예산과 시간 범위 내에서 사업을 수행해야 하기 때문에 한계를 지닐 수밖에 없다. 하지만 허용 가능한 범위 내에서 할 수 있는 핵심 프로그램을 포함시켜야 할 것이다.

2) 연계성

프로그램의 내용은 몇 가지의 세부 프로그램으로 구성된다. 이러한 세부 프로그램은 상호 연결되어 있음을 설명해 줄 필요가 있다. 세부 프로그램들이 분절적이고, 마치 여러 가지를 단순히 나열한 것이라는 느낌을 주지 않도록 해야 한다. 이 모든 세부 프로그램이 설정하는 목표를 달성하는 데 유의미하게 기여할 수 있다고 설명해야 한다.

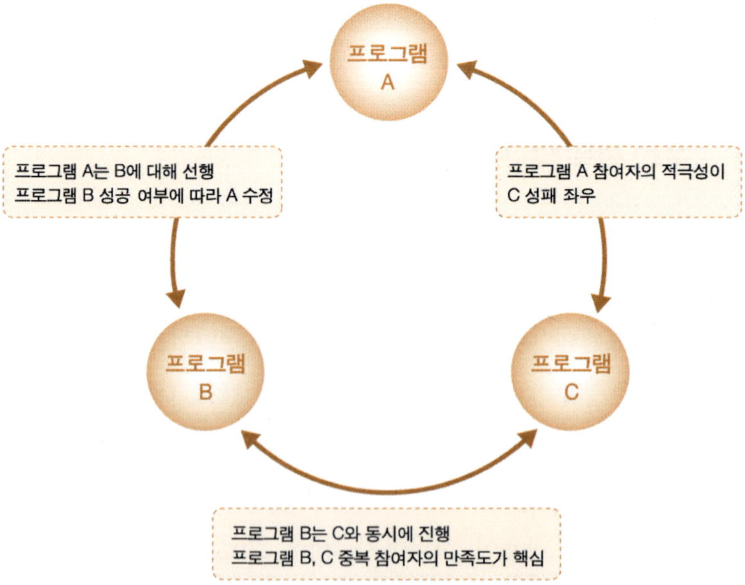

그림 8-1 세부 프로그램 간의 연계성

출처: 삼성복지재단(2015). 사회복지 프로그램 개발지원 기획 매뉴얼.

1-2. 세부 프로그램 내용의 기술

세부 프로그램의 내용은 사회복지 프로그램에서 실제로 진행하게 될 활동들이 무엇인지 구체적으로 기술하는 부분이다. 사회복지 프로그램의 내용을 한 눈에 알아볼 수 있도록 압축적으로 제시하는 부분이다. 논리모델에 의하면 투입, 활동, 산출, 성과가 모두 제시되는 부분이라 할 수 있다. 다음의 사회복지공동모금회의 세부 프로그램 내용 양식을 보면 쉽게 이해할 수 있다. 즉 수행인력은 자원에, 참여인원과 시행횟수는 산출에, 활동(수행방법)은 활동에, 성과목표는 성과에 각각 해당한다고 할 수 있다. 이처럼 세부 프로그램 내용은 논리모델에 따라 프로그램의 내용을 체계적으로 보여준다고 하겠다.

<세부 프로그램 내용>

성과목표	프로그램	활동(수행방법)	시행 시기	수행 인력	참여 인원	시행 횟수/ 시간

<작성방법>

- 제시된 내용 이외 추가사항 있을 경우 추가 작성 가능
- 성과목표 : 사업목적 및 목표에서 제시한 성과목표 기입
- 프로그램 : 성과목표에 따른 프로그램명 기입, 성과목표별 다수의 프로그램 가능
- 시행시기 : 매일, 매월, 분기별, 상·하반기, 연간, 3월, 3~7월 등의 형태로 구체적 기입(시행 시기는 중간, 결과 보고 시 검토 기준이 됨)
- 수행인력 : 해당 프로그램을 실제로 수행하는 인원을 기입
- 참여인원 : 프로그램 참여하는 실인원수를 기입
- 시행횟수·시간 : 프로그램 시행 횟수와 시간 기술(1회당)

그림 8-2는 삼성복지재단의 사회복지 프로그램 기획 매뉴얼에 의한 세부 프로그램 내용 작성 양식이다. 제시되는 세부 프로그램이 어떤 성과목표를 달성하기 위한 것인지를 보여주어야 한다. 그러한 세부 프로그램을 기술하는 데 필요한 것은 세부 프로그램을 완결하기 위해 필요한 활동들(activities), 요구되는 전문성(예를 들어, 아동의 그림을 보고 이를 해석하고 행동 변화를 위한 개입 기술을 분석·제시하는 능력, 집단 프로그램 운영 능력 등)이 무엇인지를 제시하는 것이다. 아울러 그러한 활동들이 이루어지기 위해서 프로그램 신청 기관 외의 도움이 필요한 내용이 무엇인지에 대해 기술한다. 도움의 내용으로는 자원봉사자, 전문 강사, 장소 제공, 후원 물품 등이 있을 수 있는데 이를 기술하는 것이다.

성과 목표	프로그램	세부 프로그램 내용	요구되는 핵심 역량	외부 지원 필요 내용	시작 시기	시행 횟수	대상자 수
성과 목표 1	프로그램 1	세부 활동 1	집단 운영 능력	필요 내용 1	4월	월2회	10명
성과 목표 1	프로그램 1	세부 활동 2	선택권 구현 방안 마련	전문 자원봉사자	5월	총4회	10명
성과 목표 1	프로그램 1	세부 활동 3	비디오 활용 능력	전문 자원봉사자	5월	주1회	10명
성과 목표 1	프로그램 2	세부 활동 4	전문성 4	전문 강사	4월	월2회	20명
성과 목표 1	프로그램 2	세부 활동 5	전문성 5	적합 장소 제공	4월	총4회	20명
성과 목표 1	프로그램 2	세부 활동 6	전문성 6	외부 강사	5월	주1회	20명
		(예시) 가족 캠핑	자원 동원 능력	자원봉사자 20명	8월	총1회	40명
성과 목표 2	프로그램 3	세부 활동 8	전문성 8	필요 내용 8	6월	월2회	8명
성과 목표 2	프로그램 3	세부 활동 9	전문성 9	필요 내용 9	6월	총4회	8명
성과 목표 2	프로그램 3	세부 활동 10	전문성 10	필요 내용 10	6월	주1회	8명
성과 목표 2	프로그램 4	세부 활동 11	전문성 11	필요 내용 11	4월	월2회	10명
성과 목표 2	프로그램 4	세부 활동 12	전문성 12	필요 내용 12	4월	총4회	10명
성과 목표 2	프로그램 4	세부 활동 13	전문성 13	필요 내용 13	5월	주1회	10명

그림 8-2 세부 프로그램 내용 및 구조

출처: 삼성복지재단(2015). 사회복지 프로그램 개발지원 기획 매뉴얼.

<세부 프로그램 내용 기술 사례>

프로그램명: 저소득층 방임아동의 보호·학습지원을 위한 야간보호사업

성과목표	프로그램	활동 (수행방법)	시행 시기	수행 인력	참여 인원	시행횟수 시간
보호 아동의 야간 안전 사고율 감소	야간아동 보호 및 안전귀가 동행 서비스	• 복지관 방과후교실 PM 1시~10시까지 운영(야간시간대 PM 6시~10시) • 아동보호자 귀가 시간에 따라 귀가일정 조정 • 보호자가 동행귀가를 하지 못하는 경우, 복지관 차량을 통한 귀가 서비스 제공(운전자, 귀가지도교사 동승)	연간	복지사 1명 봉사자 1명 운전자 1명	20명	보호–1일 4시간 주 5회 · 귀가–1일 1시간 주 5회
평균 신체발달 지수 향상	무료석식 간식제공 및 건강체조	• 야간보호아동에 대한 무료급식 제공(자체 급식시설 운영) • 야간보호아동에 대한 무료저녁 간식제공(비타민공급을 위한 과일 위주의 간식제공) • 매일 1시간 스트레칭과 근육이완 체조진행	연간	복지사 1명 봉사자 2명	20명	1일 1시간 주 5회
기초학습 능력 향상	기초학습 지도	• 자체 자원봉사대학생을 활용한 기초학습(국어, 영어, 수학) 지도 • 자체 자원봉사대학생을 활용한 숙제지도, 매일 숙제알림장 점검	연간	복지사 1명 봉사자 2명	20명	1일 1시간 주 5회
보호 아동의 가족 유대감 증대	가족관계 개선 프로그램	• 월 1회 가족관계개선 프로그램시행(가족음식 만들기, 가족나들이 가족체육대회, 영화보기 등) • 상담전공자를 통한 가족상담시행(해결중심기법 활용)	연간	복지사 2명 봉사자 2명	40명	월 1회 4시간 · 월 20회 회당 30분

출처: 사회복지공동모금회(2017). 2017 배분사업안내.

수업 활동 ❶

다음과 같은 프로그램을 개발하고자 한다. 목적 달성을 위한 프로그램 세부내용 작성하기

제목	저소득가정 아동의 사회성 향상을 위한 체험학습 활동 프로그램_"체험의 유혹"
문제확인 · 욕구사정	초등학생 가정을 중심으로 가정체험학습 활동에 관한 설문조사에 따르면 소득계층별로 가족 체험 활동의 빈도가 차이가 있었다. 비교적 상층의 경우 체험 활동 횟수가 많았고 소득계층이 낮을수록 가정체험 활동을 하는데 시간적 · 경제적인 부담을 느끼는 것으로 나타났다. 따라서 저소득층 아동에게 체험학습 활동의 기회를 넓혀주어야 한다.
목적	저소득층 아동에게 체험학습 활동의 기회를 제공하고 체험학습 활동을 통해 사회성과 공동체 의식을 함양한다.

□ 프로그램 세부내용(세부사업 및 수행인력 등)

성과목표	(세부) 프로그램명	활동(수행방법)	시기	수행 인력	참여 인원	횟수/ 시간

1-3. 프로그램 추진일정

사회복지 프로그램을 시작해서 완성하기까지 진행일정을 세부 프로그램별 과업에 따라 표기하는 것이다. 추진 일정은 추진 일정표로 제시하게 되는데 일정설계에서 주요하게 고려해야 할 사항들을 표로 나타내야 한다. 예를 들면, 아동의 학기 중과 방학을 구분하여 프로그램을 편성하거나 복지관의 연중 프로그램과의 유기적 연계를 고려한 일정 등을 생각해 볼 수 있다.

추진일정은 주로 갠트 도표(Gantt Chart)를 활용하는데 이는 제1차 세계대전 중 프랭크포드(Frankford) 병기창의 고문이었던 갠트(H. L. Gantt) 기사가 병기제조의 계획 · 관리를 목적으로 고안해 낸 도표(圖表)이다. 어떤 과업을 단위 활동별로 계획 기간을 막대그림표의 가로[横]로 그리고 작업진행에 따라 그 실적을 표시함으로써 단위 활동별로 추진상황을 잘 파악할 수 있도록 해준다. 갠트 도표는 ① 기획활동을 필요하게 하며, ② 계획과 실적을 비교할 수 있게 하고, ③ 그리고 쉽고 읽기 편하며 시간의 경과를 육안으로 볼 수 있어, 낭비와 태만을 줄이도록 한다(교육학용어사전, 1995, 서울대학교 교육연구소).

표 8-1 프로그램 진행 일정표

프로그램명: 저소득층 방임아동의 보호 · 학습지원을 위한 야간보호사업

기간 / 내용	18. 12월	19. 1월	2월	3월	4월	5월	6월	7월	8월	9월	10월	11월	12월	20. 1월
사업세부 계획 수립														
대상자 선정/ 보호자 동의														
야간아동보호														
안전귀가 동행서비스														
기초학습지원/ 숙제지도														
가족관계 개선 프로그램														
사업 평가, 보고서작성														

수업 활동 ❷

올해나 내년에 계획하고 있는 활동을 갠트 도표를 활용하여 작성하기

기간 / 내용	1월	2월	3월	4월	5월	6월	7월	8월	9월	10월	11월	12월

2 프로그램의 모니터링

2-1. 모니터링의 의의

구체적인 사회복지 프로그램의 세부 내용이 수립되었다면 프로그램의 실행에 들어가면 된다. 계획에 따라 실행하는 것은 안내 지도에 따라 자동차를 운행한다거나 설계도에 따라 집을 짓는 것과 같다. 그렇다고 실행과정을 쉽고 편안한 작업으로 생각하여 더 이상의 프로그램 진행에 따른 개입이 없을 것이라고 생각해서는 안 된다. 왜냐하면 프로그램의 개발은 어디까지나 여러 자료를 토대로 머릿속에서 구상하고 예상하여 작성한 기술이라면 실행은 현실에서의 진행이기 때문에 변수가 있을 수 있으며 계획대로 진행되지 않는 상황을 맞이할 수 있기 때문이다. 따라서 프로그램의 모니터링이 필요하다.

프로그램 모니터링은 '중간결과보고'라고도 하는데, 일반적으로 프로그램

수행과정에서 원래 의도했던 클라이언트집단에 적절한 서비스나 활동이 제공되고 있으며, 인적 자원은 계획에 따라 적절하게 배치되어 적절한 역할을 수행하고, 예산은 계획대로 적절히 집행되어 원래의 결과가 산출되고 있는지를 종합적으로 점검 및 확인하는 과정이다. 그러므로 모니터링은 조직이 목적을 성취하기 위해 수행해야 하는 필수 과정으로서 프로그램을 수행하는 도중에 문제점을 분석하여 피드백되어 프로그램의 개선으로 이어지게 한다는 데 의의가 있다.

2-2. 모니터링과 슈퍼비전

슈퍼바이저는 사회복지기관의 운영을 감독, 조정, 관리 등의 역할을 한다. 사회복지 프로그램의 실행에 있어서 모니터링 단계에서도 이러한 슈퍼바이저의 역할이 필요하다. 카두신(Kadushin, 1979)은 특별히 슈퍼바이저가 행정 기능, 교육 기능, 지지 기능을 한다고 하였다. 이러한 슈퍼비전의 기능에 따른 모니터링의 내용은 다음과 같다(박경일 외, 2016).

표 8-2 슈퍼비전의 기능에 따른 모니터링의 내용

구분	슈퍼비전	모니터링
행정 기능	조직 내에서 중간관리자로서 구성원 간 의사소통과 협력적 의사결정을 창출	프로그램 진행 중 사회복지사와 클라이언트 간 갈등 중재, 사회복지사와 기관 간 완충 역할
교육 기능	업무에 필요한 지식과 기술을 향상시킴	프로그램 수행을 위한 가르침과 정보 및 경험 제공
지지 기능	효과적 업무수행을 위한 심리적 자원을 제공	프로그램 수행 시 사회복지사에 대한 심리적 지지와 격려

2-3. 모니터링과 과정 평가

프로그램 모니터링은 과정 평가와 매우 유사한 평가라고 할 수 있는데 **표 8-3**을 통해 공통점과 차이점을 살펴보자(조성우 외, 2018).

표 8-3 모니터링과 과정 평가

구분	공통점	차이점
모니터링	• 프로그램 운영 중에 실시 • 프로그램 성과보다는 과정에 집중 • 클라이언트의 변화보다는 프로그램의 개선에 초점	• 운영 전반에 대한 거시적 관점 • 필요시 산출과 성과도 평가 • 양적 평가 선호 • 책무성 입증 가능 • 독자는 기관의 관리자
과정 평가		• 작은 문제점을 찾는 미시적 관점 • 주로 투입과 활동(전환)을 평가 • 질적 평가 선호 • 품질 강화 가능 • 독자는 일선 실무자

모니터링과 과정 평가의 공통점은 프로그램 참가자의 변화(성과)보다는 운영상의 문제점을 찾아내고 해결(과정)하는 데 초점을 두어 프로그램이 실행되는 과정에 평가가 이루어진다는 것이다. 그러나 차이점도 존재하는데 과정 평가는 투입과 과정에 초점을 두지만 모니터링은 투입과 활동(전환)은 물론 산출까지 평가하고 필요시 결과도 평가한다. 또한 모니터링은 양적 평가에 의해 책무성을 입증할 수 있으며 거시적 관점에서 전반적인 운영상태를 쉽게 확인할 수 있어 기관의 관리자들이 선호하지만, 과정 평가는 질적 평가에 의해 품질을 개선하며, 미시적 관점에서 프로그램을 충실히 운영하고자 하는 기관의 실무자들이 선호한다.

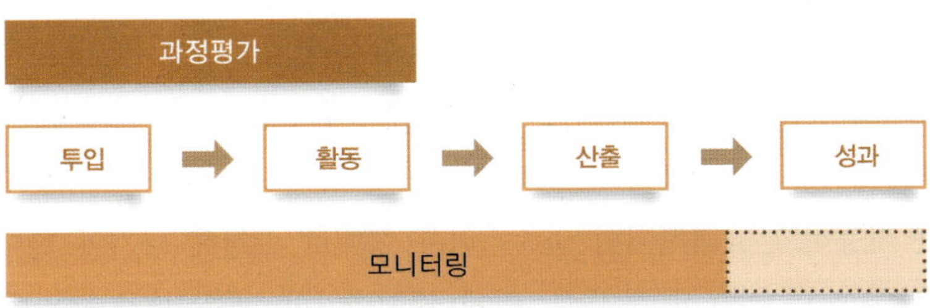

그림 8-3 과정 평가와 모니터링의 초점

2-4. 모니터링의 방법

사회복지사는 다음의 체크사항을 확인함으로써 프로그램의 실행과정을 모니터링할 필요가 있다.

체크사항	논리모델
☑ 프로그램 수행에 필요한 시설, 기자재, 물품 등은 적절히 지원되고 있는가?	투입
☑ 프로그램 수행자는 적합한 능력을 갖추고 있으며, 그 수와 업무 비중은 적절한가?	투입
☑ 프로그램의 자원은 예산의 범위 내에서 적절히 집행되고 있는가?	투입
☑ 세부 서비스들은 적절한 전달체계를 통해 클라이언트집단에게 전달되고 있는가?	활동
☑ 프로그램이 자원 제공자가 정한 기준과 요구에 따르고 있는가?	활동
☑ 프로그램이 클라이언트 집단에 속하는 사람에게 얼마나 많이 전달하고 있는가?	산출
☑ 프로그램을 통해 적절한 내용과 양의 서비스가 전달되고 있는가?	산출
☑ 프로그램의 목적은 달성되어 가고 있는가?	성과
☑ 원래의 목표대로 각 서비스들이 제공되고 있는가?	성과

출처: 조성우 외(2018) 재구성.

3 개입의 효과성을 확인하는 중간 평가

사회복지 프로그램 실행 과정은 단순히 활동과 서비스를 제공하는 과정이 아니라 개입의 효과성을 검증하는 과정이다. 사회복지사는 사회복지 프로그램 실행을 통해 개입방법과 전술의 문제점과 장애요인을 확인하고, 이를 좀 더 접근 가능하고 효과적이며 만족스러운 형태로 수정해 나가야 한다. 만약 프로그램 실행의 과정이 불만족스럽게 진행되거나 예측 불가능한 방향으로 나아가고 있다면 개입방법과 전술을 재설계해야 할 필요가 있다. 실행 과정에서 문제나 제한 요인이 발생하면 이를 해결하고 재설계할 수 있는 중간 평가가 이루어져야 한다(조성우 외, 2018).

<중간 평가 사례>

201×년 신청사업 중간결과보고서

Ⅰ. 일반항목

<table>
<tr><td>기관명</td><td colspan="6">열매종합사회복지관</td><td>대표자명</td><td>김열매</td></tr>
<tr><td>주 소</td><td colspan="3">서울시 △△구 ㅁ동 0-00</td><td>전화번호</td><td colspan="2">02.6262.3xxx</td><td>Fax</td><td>02.6262.4xxx</td></tr>
<tr><td>사업명</td><td colspan="8">저소득층 방임아동의 보호 · 학습지원을 위한 야간보호사업</td></tr>
<tr><td rowspan="2">총지원액</td><td rowspan="2">13,100,000원</td><td rowspan="2">현재까지지원액
(이자수입 포함)</td><td>7,005,000원</td><td rowspan="2">집행
금액</td><td colspan="2" rowspan="2">6,580,000원</td><td rowspan="2">집행률</td><td rowspan="2">93.9%</td></tr>
<tr><td>5,000원</td></tr>
<tr><td>총사업
기간</td><td colspan="3">2017. 1. 1 ~ 2017. 12. 31 (12개월)</td><td>사업보고
기간</td><td colspan="4">2017. 1. 1 ~ 2017. 6. 30 (6개월)</td></tr>
<tr><td rowspan="2">작성자
(담당자)</td><td colspan="3" rowspan="2">홍길동</td><td rowspan="2">작성자
연락처</td><td>e-mail</td><td colspan="3">kdh@chest.or.kr</td></tr>
<tr><td>휴대전화</td><td colspan="3">010-111-2222</td></tr>
</table>

Ⅱ. 사업운영 실적

1. 투입측면

1) 대상집단 수 및 선정기준

구분	계획	결과	달성률(%)/변동 시 사유
실인원	20명	22명	110%
선정 기준	1. ☆동 저소득층 아동 중 저녁 10시까지 보호자가 집에 없는 아동 2. 프로그램 참여 의사확인 및 보호자 동의	1. ☆동 저소득층 아동 중 저녁 10시까지 보호자가 집에 없는 아동 2. 프로그램 참여 의사확인 및 보호자 동의를 득한 아동	당초 저연령순으로 선발할 계획이었으나, 실질적인 서비스 가능지역을 함께 고려하여 대상자를 선발하였음

2) 사업수행인력

구분	성명	담당 업무	투입시간(주단위)	주요경력(본 사업 관련)
계획	김희망	프로그램 주담당	12시간	☆☆종합복지관 1년/아동복지담당 열매종합사회복지관 2년 1개월
	이사랑	프로그램 부담당	8시간	◇◇어린이집 2년/교사 열매종합사회복지관 1년
	박복지	수퍼바이저	3시간	○○아동보호전문기관 1년/상담원 △△복지관 2년/가족복지담당 열매종합사회복지관 4년
결과	이사랑	프로그램 주담당	12시간	◇◇어린이집 2년/교사 열매종합사회복지관 1년
	최열매	프로그램 부담당	10시간	ㅁㅁ복지관 1년
	박복지	수퍼바이저	1시간	○○아동보호전문기관 1년/상담원 △△복지관 2년/가족복지담당 열매종합사회복지관 4년
변동시 사유	[담당자 변경] 기존 담당자 김희망의 퇴사로 부담당자 이사랑을 주담당자로 조정, 최열매를 채용하여 부담당자로 투입함 부담당자의 경우 초기 업무습득을 위해 총 투입시간이 증가함 (근무기간 – 김희망 : 2017. 1. 1 ~ 4. 30, 최열매: 2017. 5. 1 ~ 7. 10 현재) [수퍼바이저 투입시간 변경] 초기에는 계획대로 진행하였으나 프로그램이 안정적으로 운영되면서 평균 투입시간이 감소함			

2. 과정 측면

1) 사업 및 예산변경 현황

구분	항목	신청일자(문서번호)	변경 내용	변경 금액	승인일자(문서번호)
기관내부 변경내역	예산 변경	2017. 2. 28 (열매16-7호)	강사비 일부를 프로그램 재료비에 투입	200,000원	2017. 3. 2 (배분16-7호)
모금회 변경승인 요청내역	사업/예산 변경	2017. 3. 20 (열매16-13호)	가족관계 프로그램비의 일부를 기초학습지도 프로그램에 투입	350,000원	2017. 3. 27 (배분16-72호)
	사업 변경	2017. 4. 12 (열매16-21호)	가족관계 프로그램 횟수 감소, 프로그램 중 가족캠프 신설, 진행	없음	2017. 4. 15 (배분16-98호)
합계				550,000원	

2) 사업일정별 수행현황

내용 \ 기간	계획/결과	2016. 12월	2017. 1월	2월	3월	4월	5월	6월
사업세부계획수립	계획	○						
	결과	●						
대상자 선정/보호자 동의	계획		○					
	결과		●					
야간아동보호	계획		○	○	○	○	○	○
	결과		●	●	●	●	●	●
가족관계 개선 프로그램	계획		○	○	○	○	○	○
	결과			●	●	●	●	●

3. 활동/산출/성과 측면

1) 단위사업 목표별 수행실적

성과목표	보호아동의 야간 안전사고율 감소													
프로그램명	야간 아동보호													
항목	계획 및 실적												소계	
	1월		2월		3월		4월		5월		6월			
	계획	실적	계획	실적	계획	실적	계획	실적	계획	실적	계획	실적	계획	실적
시행횟수 시간(h)	20회 80h	20회 82h	20회 80h	19회 76h	20회 80h	19회 76h	20회 80h	20회 80h	20회 80h	20회 80h	20회 80h	20회 80h	120회 480h	118회 474h
참여인원	20명	19명	20명	21명	20명	24명	20명	22명	20명	24명	20명	22명	120명 (20명)	132명 (22명)
시기	매일	매일	매일	매일	매일	매일	매일	매일	매일	매일	매일	매일	–	–
집행금액(원)	400,000	400,000	400,000	400,000	400,000	400,000	400,000	400,000	400,000	400,000	400,000	400,000	2,400,000	2,400,000
수행방법 및 내용	방과 후 교실 18:00~22:00까지 운영, 방임되어 있는 아이들을 안전하게 보호함													
계획대비 차이와 원인	센터를 이용하는 아동 수 감소로 평균이용인원 18명으로 감소, 11~12월은 나들이 프로그램 진행으로 횟수 1회씩 감소함													
성과 및 개선사항	본 프로그램으로 센터의 아동 약 20명이 부모들이 귀가시간 전까지 센터에서 안전하게 보호를 받을 수 있어 야간안전사고율이 전년 동기대비 40% 감소함													

2) 예산집행실적

(단위: 원)

관	사업비								
항	공동모금회"저소득층 아동 야간보호"사업비								
목	세목	모금회 지원				자부담			
		본예산	변경예산	집행액	집행율 (%)	본예산	변경예산	집행액	집행율 (%)
총 계		13,100,000	13,105,000	6,580,000	50.2	2,900,000	2,900,000	1,340,000	46.2
인건비	담당인력 야근수당	4,800,000	4,800,000	2,400,000	50	–	–	–	–
	소 계	4,800,000	4,800,000	2,400,000	50				
사업비	야간귀가 차량운행	–	–	–	–	2,000,000	2,000,000	940,000	47
	기초 학습지도 프로그램	2,600,000	2,950,000	1,700,000	57.6	–	–	–	–
	가족관계 개선 프로그램	4,800,000	4,450,000	1,930,000	43.4	–	–	–	–
	소 계	7,400,000	7,400,000	3,630,000	49.1	2,000,000	2,000,000	940,000	47
관리운영비	난방비	–	–	–	–	900,000	900,000	400,000	44.4
	전기료	900,000	900,000	550,000	61.1				
	소 계	900,000	900,000	550,000	61.1	900,000	900,000	400,000	44.4
이자수입		–	5,000	0	0				
잔액발생/초과집행사유		미집행내역: 사업비 중 기초학습지도 프로그램의 자부담은 하반기 집행 예정임							

※ 집행률: (집행액 ÷ 변경예산) × 100으로 계산하여 기입
출처: 사회복지공동모금회(2017). 2017 배분사업안내.

정리 및 요약_확인학습

1. 사회복지 프로그램 내용의 작성 원칙에 대한 설명으로 옳지 않은 것은?
   ① 세부 프로그램들이 가장 적합하다는 것이 얼마나 논리적으로 설명되는지가 중요하다.
   ② 제시되는 해당 세부 프로그램의 내용이 적절한지, 세부 프로그램 내용들 간의 관계가 명확한지 등도 살펴보아야 한다.
   ③ 문제의식을 사업에 충분히 반영해서 소기의 목표를 달성하는 데 충분하도록 내용을 구성한다.
   ④ 세부 프로그램들은 각 특성에 따라 나열하도록 구성한다.

2. 세부 프로그램 내용의 기술에 대한 설명으로 틀린 것은?
   ① 세부 프로그램의 내용은 사회복지 프로그램에서 실제로 진행하게 될 활동들이 무엇인지 구체적으로 기술하는 부분이다.
   ② 사회복지 프로그램의 내용을 한 눈에 알아볼 수 있도록 압축적으로 제시하는 부분이다.
   ③ 논리모델에 의하면 투입, 활동, 산출, 성과가 모두 제시되는 부분이라 할 수 있다.
   ④ 수행인력은 자원에 해당되고, 참여인원과 시행횟수는 활동에 해당된다.

3. 추진일정에 사용되는 갠트 도표의 장점에 해당되지 않는 것은?
   ① 어떤 과업을 단위 활동별로 계획 기간을 막대그림표의 세로로 그리고 작업진행에 따라 그 실적을 표시함으로써 단위 활동별로 추진상황을 잘 파악할 수 있도록 해야 한다.
   ② 계획과 실적을 비교할 수 있게 한다.
   ③ 기획 활동을 필요하게 한다.
   ④ 그리고 쉽고 읽기 편하며 시간의 경과를 육안으로 볼 수 있어, 낭비와 태만을 줄이도록 한다.

4. 모니터링에 대한 설명으로 옳은 것은?
① 프로그램의 실행은 현실에서 계획대로 진행되므로 모니터링은 필요 없다.
② 프로그램 진행 과정에 개입이 더 이상 필요 없다고 본다.
③ 프로그램 모니터링은 '최종결과보고'라고도 한다.
④ 모니터링은 프로그램을 수행하는 도중에 문제점을 분석하여 피드백되어 프로그램의 개선으로 이어지게 한다는 데 의의가 있다.

5. 과정 평가와 비교한 모니터링의 특징이 아닌 것은?
① 투입과 활동(전환)은 물론 산출까지 평가하고 필요시 결과도 평가한다.
② 양적 평가에 의해 책무성을 입증할 수 있으며 거시적 관점에서 전반적인 운영상태를 쉽게 확인할 수 있다.
③ 프로그램 참가자의 변화(성과)보다는 운영상의 문제점을 찾아내고 해결(과정)하는 데 초점을 두어 프로그램이 실행되는 과정에서 평가가 이루어진다.
④ 기관의 일선 실무자들이 선호한다.

6. 모니터링의 방법 중 투입에 해당되지 않는 것은?
① 프로그램 수행에 필요한 시설, 기자재, 물품 등은 적절히 지원되고 있는가?
② 프로그램 수행자는 적합한 능력을 갖추고 있으며, 그 수와 업무 비중은 적절한가?
③ 프로그램의 자원은 예산의 범위 내에서 적절히 집행되고 있는가?
④ 세부 서비스들은 적절한 전달체계를 통해 클라이언트집단에게 전달되고 있는가?

강의 집중 노트

1. 사회복지 프로그램 내용의 작성 원칙에는 충분성과 (   )이 있다.

2. 세부 프로그램 내용은 (   )에 따라 프로그램의 내용을 체계적으로 보여 준다.

3. 세부 프로그램의 내용에는 성과목표, 프로그램명, 활동, (   )등이 있다.

4. 프로그램의 추진일정은 주로 (   )를 활용한다.

5. 프로그램의 개발은 어디까지나 여러 자료를 토대로 머릿속에서 구상하고 예상하여 작성한 기술이라면 실행은 현실에서의 진행이기 때문에 변수가 있을 수 있으며 계획대로 진행되지 않는 상황을 맞이할 수 있기 때문에 (   )이 필요하다.

6. 모니터링은 '중간결과보고'라고도 하는데, 일반적으로 프로그램 수행과정에서 원래 의도했던 (   )집단에 적절한 서비스나 활동이 제공되고 있으며, (   )자원은 계획에 따라 적절하게 배치되어 적절한 역할을 수행하고, (   )은 계획대로 적절히 집행되어 원래의 결과가 산출되고 있는지를 종합적으로 점검 및 확인하는 과정이다.

7. 모니터링은 양적 평가에 의해 책무성을 입증할 수 있으며 거시적 관점에서 전반적인 운영상태를 쉽게 확인할 수 있어 기관의 (   )들이 선호하지만, 과정 평가는 질적 평가에 의해 품질을 개선하며, 미시적 관점에서 프로그램을 충실히 운영하고자 하는 기관의 (   )들이 선호한다.

8. 모니터링은 조직이 목적을 성취하기 위해 수행해야 하는 필수 과정으로서 프로그램을 수행하는 도중에 문제점을 분석하여 (   )되어 프로그램의 개선으로 이어지게 한다는 데 의의가 있다.

9. 모니터링과 과정 평가의 공통점은 프로그램 참가자의 (　　　　)보다는 운영상의 문제점을 찾아내고 해결(과정)하는 데 초점을 두어 프로그램이 실행되는 과정에 평가가 이루어진다는 것이다.

제 3 부

사회복지 프로그램의 평가

09 Chapter 사회복지 프로그램 평가의 개념과 의의

Key Word 중심 수업 목표

1. 평가의 개념과 목적
2. 목표와 성과의 관계
3. 프로그램 평가의 유형: 과정 평가, 성과 평가
4. 평가설계: 실험설계, 비실험설계

1 사회복지 프로그램 평가의 개념과 목적

1-1. 사회복지 프로그램 평가의 개념

사회복지 프로그램의 평가는 프로그램의 목적과 목표가 어느 정도 달성되었는지를 객관적으로 입증하는 방법이다. 사회복지 프로그램의 중요성에 대해 논의할 때 '책무성'의 개념을 설명하였다(2장 참조). 다시 한 번 책무성의 개념에 대해 보면 '사회복지기관이 프로그램이 목적한 성과를 효과적 또는 효율적으로 이루어냈는지를 객관적인 증거를 통해 입증받는 능력'을 의미한다. 사회복지 프로그램의 평가는 이러한 책무성을 실현하기 위한 하나의 수단이자 방법이라고 할 수 있다.

1-2. 사회복지 프로그램 평가의 목적

사회복지 프로그램의 평가는 프로그램의 목적이나 목표를 달성한 정도, 즉 효과성을 측정하는 것으로서 사회복지 프로그램의 정당성과 개선을 위한 중요한 정보를 제공해 줄 수 있다. 이처럼 프로그램 평가의 결과는 다음의 세 가지 방법으로 활용될 수 있다.

첫째, 프로그램의 목적 · 목표 달성 정도를 확인함으로써 프로그램의 실행과 예산 사용에 대한 정당성을 승인 받는다.

둘째, 개선을 통하여 사회복지의 전문성을 강화할 수 있다. 100% 완벽한 프로그램은 없을 수 있다. 평가를 통하여 미진한 부분에 대해서는 개선을 위한 활동을 촉진할 수 있으며, 이는 사회복지의 전문성을 강화하는 데 도움을 줄 수 있다.

셋째, 프로그램의 효과를 바탕으로 사회복지학의 이론적 근거와 정책 및 실천적 시사점을 제공한다. 입증된 효과는 지식으로 축적되어 이론을 형성할 수 있으며, 정책이나 실천적 활동에 안내 역할을 할 수 있다.

2 프로그램의 목표와 성과의 관계

사회복지 프로그램의 평가를 위해서는 '목표' 대비 '성과'를 측정하여야 한다. 사회복지 프로그램의 욕구사정과 목표에 대해 이야기할 때 프로그램의 욕구사정과 목표는 동전의 양면과 같이 표리(表裏)의 관계에 있다고 기술하였다. 즉, 욕구가 충족된 상태가 목표라고 할 수 있기 때문이다. 그렇다면 목표와 성과의 관계는 어떠할까? 결론부터 말하면 목표와 성과는 같은 의미를 지녔다고 할 수 있다. 다음의 관계 표를 보자.

독거노인의 욕구사정을 하였더니 사회적 지지가 낮은 문제점을 확인하였고, 이에 대해 프로그램을 개발하여 목표를 정하였고, 평가 결과 성과를 측정하였다. 욕구의 반대되는 표현이 목표이고, 목표와 성과는 의미적으로 같은 내용이다. 다른 점은 목표는 달성될 미래지향적(To be) 개념이고, 성과는 달성된 현재완료(Have been)의 개념이다.

표 9-1 욕구, 목표, 성과의 비교

욕구	목표	성과
독거노인의 사회적 지지가 낮음	독거노인의 사회적 지지를 향상시킴	독거노인의 사회적 지지가 향상됨

사회복지 프로그램의 개발과 평가에 있어 이 세 가지(욕구, 목표, 성과)는 3종 세트로 항상 같이 다닌다고 해도 과언이 아니다. 다음 표는 목표와 성과의 차이점이다.

표 9-2 목표와 성과의 차이점

구분	목표	성과
차이점	• 개발 단계에서 설정 • 프로그램 계획서에 표시 • 사전에 예상하는 효과 • 달성되지 않을 수도 있음	• 평가 단계에서 측정 • 프로그램 결과보고서에 표시 • 사후에 확인하는 효과 • 달성된 것만 제시
예시	• 자아존중감을 향상시킴 • 장애인에 대한 편견을 감소시킴 • 지역사회 지지체계를 구축함	• 자아존중감이 향상됨 • 장애인에 대한 편견이 감소됨 • 지역사회 지지체계가 구축됨

출처: 조성우 외(2018) 재구성.

한편 프로그램 목표와 성과(평가)의 연계성은 사회복지공동모금회의 계획서 양식에서도 살펴볼 수 있다.

○ 프로그램명 : 폭력피해여성의 자립 지원을 위한 지역 연계형 인턴십사업

4. 목표 및 평가

2) 성과목표 및 평가 방법

성과목표	평가 도구 및 방법	측정 시기
참여자 자립 역량 강화	• 성과 지표: 자아 존중감 10% 향상 • 평가 도구: 자아존중감 척도 • 평가 방법: 참여자 대상 사전, 사후 설문 조사	사업 시행 전 사후(1차년도 종료 시)
	• 성과 지표: 각 분야/단계별 직업 교육 성취도 80% 달성 • 평가 도구: 이론, 실습 평가(초급 자격시험 기준) • 평가 방법: 교육 참여 후 성취도 측정	기초교육(8월) 심화교육(12월)
	• 평가 주체: 사업 담당자 • 평가 방법: 참여자 인터뷰와 인턴십 참여 관찰을 통해 근로동기 향상 정도 확인	인터뷰(12월) 참여 관찰(인턴십 진행 과정 중 월 1회)

3) 과정 평가

평가대상 내용	평가 방법	측정 시기
직업 역량강화 프로그램 추진 과정	• 평가주체: 담당자 • 평가방법: 프로그램 진행 시 참여하여 관찰 사업담당자 및 중간관리자 인터뷰	• 참여관찰: 매회기 • 인터뷰: 프로그램 종료 후

출처: 사회복지공동모금회(2018). 2018 배분사업안내.

3 사회복지 프로그램 평가의 유형

3-1. 평가시점에 따른 유형: 과정 평가와 성과 평가

논리모델에 따르면 프로그램의 평가는 평가시점에 따라 과정 평가와 성과 평가로 나눌 수 있다.[1] 즉, 논리모델에 따른 시점상 투입과 활동은 과정 평가에 해당하고, 산출 및 성과는 성과 평가에 해당된다. 과정 평가는 얼마나 자원이 적절히 투입되고, 활동이 계획대로 충실하게 수행되었는지를 평가하는 것으로 내부적으로 프로그램 운영상의 문제점을 찾는 데 관심을 갖고, 주로 질적 자료를 취급하여 정성적 평가의 특성을 지닌다. 성과 평가는 산출과 성과에 대하여 평가하는 것으로 산출목표를 달성하기 위한 실적이 산출되었는지, 성과목표를 달성하기 위한 클라이언트나 지역사회의 변화가 나타났는지를 평가하는 것으로 프로그램의 성과를 외부에 공개하기 위해 객관성이 높은 조사방법을 통해 양적 자료를 취급하여 정량적 평가의 특성을 보인다.

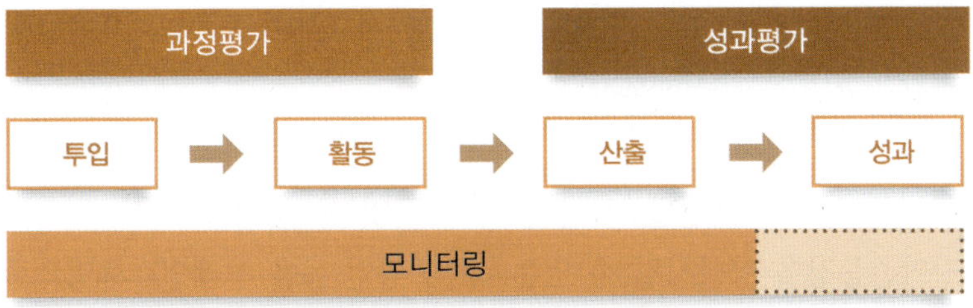

그림 9-1 논리모델에서의 과정 평가와 성과 평가

이러한 과정 평가와 성과 평가를 비교하면 다음과 같다.

1) 교육학에서는 과정 평가를 형성 평가(formative evaluation)라고 하며, 성과 평가를 총괄 평가(summative evaluation)라고도 한다.

표 9-3 과정 평가와 성과 평가 비교

구분	과정 평가	성과 평가
용도	프로그램 품질 향상	프로그램 효과 입증
논리모델	투입, 활동(과정)	산출, 성과
평가초점	품질(Quality), 효율성	산출, 성과(변화, Change), 효과성, 고객 만족
독자	내부 직원	외부 이해관계자
평가시기	프로그램 운영 중	프로그램 종결 후
활용자료	질적 자료	양적 자료
평가특성	정성 평가	정량 평가

출처: 조성우 외(2018) 재구성.

수업 활동 ①

이번 겨울방학을 이용하여 지역아동센터에서 사회복지현장실습을 할 계획이다. 지역아동센터를 이용하는 아동의 선정 기준은 「국민기초생활 보장법」에 따른 생계·의료·주거·교육급여 수급자, 「의료급여법」 제3조에 따른 의료급여 수급권자, 「한부모가족지원법」에 따른 한부모가족, 「국민기초생활 보장법」에 따른 차상위계층 등으로서 대부분이 빈곤계층의 아동이라고 할 수 있다. 지역아동센터 이용 아동의 자아존중감[2]을 향상시키기 위한 사회복지 프로그램의 서비스로서 다음과 같은 활동을 구상해보자.

① 조별로 전지와 색연필, 사인펜, 포스트 잇 등 분배하기
② 자아존중감을 향상시킬 수 있는 속담, 명언 등을 브레인스토밍으로 토의하기
③ 토의한 내용을 전지에 기술하고, 관련 내용을 그림으로 디자인하여 나타내기
④ 조별로 발표하고, 평가요소(참신성, 공감성, 활용성, 표현력 등)에 따라 평가하기

2) 자아존중감은 흔히 자신에 대한 전반적인 평가적 견해를 일컫는 것으로 자신을 얼마나 가치 있다고 느끼는가를 나타내어 개인의 주관적인 삶을 이해하고 정신건강을 예측하는 중요한 변인이다.

3-2. 평가대상에 따른 유형: 기관 평가와 프로그램 평가

평가대상에 따라 기관 평가와 프로그램 평가로 나눌 수 있는데 기관 평가는 사회복지기관이 얼마나 신뢰할만 하며, 사업수행능력이 있는지를 판단하는 평가이다. 사회복지 프로그램을 실행하기 위한 하드웨어(H/W)로서 기능을 얼마나 잘 발휘하는가에 대한 평가이다. 프로그램 평가는 사회복지 프로그램을 실행하기 위한 소프트웨어(S/W)로서 얼마나 짜임새 있게 프로그램이 구성되어 있으며 실제로 잘 운영하는가에 대한 평가이다. 이를 사회복지공동모금회의 프로그램 표준 심사기준을 통해 살펴보면 다음과 같다.

표 9-4 기관 평가와 프로그램 평가

구분		주요내용
기관 평가	기관 신뢰성	• 신청 기관/시설의 주요 사업 및 활동 • 모금회 사업수행 경험 및 결과 • 기관 예산/직원체계/이사회 및 운영위원회 구성
	사업수행 능력	• 유사/동일사업 수행 경험 • 신청한 사업내용의 수행을 위한 조직, 인력, 예산 투입 정도
프로그램 평가	사업내용	• 참여자 및 참여자의 선정 기준, 모집 방안이 적절성 • 목표 달성을 위한 사업 시행 방법의 적합성 • 사업진행을 위한 연계 협력 전략의 적절성
	사업 필요성	• 신청기관의 해당 사업 수행 필요성 • 경험적 근거에 기반한 문제의식의 명확성
	목표설정	• 사업주제와 성과목표의 부합성 • 성과목표의 실현 가능성
	평가체계	• 성과목표 측정을 위한 평가지표의 타당성 • 평가 계획의 적절성 및 실현 가능성
	예산편성	• 사업 내용과 예산 내역의 일치 여부 • 사업비 및 인건비 구성과 투입 비용 수준의 적절성 • 예산 항목 각 요소의 구체성
	향후 계획	• 사업의 기대 효과 및 활용 계획의 구체성 • 사업 지속 유지 전략 등 향후 운영 계획의 합리성

출처: 사회복지공동모금회(2018). 2018 배분사업안내.

4 사회복지기관 평가에서 프로그램 평가

「사회복지사업법」에 의한 사회복지기관 평가는 3년마다 시행되고 있으며, 프로그램 및 서비스에 대한 평가지표가 있다. 이는 사회복지관 서비스와 프로그램이 이용자의 욕구 및 지역사회의 다양한 환경을 반영하여 이용자 중심의 서비스를 제공하고 있는가를 점검하는 데 그 목적이 있다. 또한, 사회복지관의 3대 기능에 따라 사례관리기능, 서비스제공기능, 지역조직화기능 등 3개 영역으로 나누어 다음과 같이 평가한다.

표 9-5 사회복지기관의 프로그램 및 서비스 평가지표

구분	사업분야	평가내용
사례관리기능	사례발굴, 사례개입, 서비스연계	사례관리 실행체계 및 전문성
서비스제공기능	가족기능강화, 지역사회보호, 교육문화, 자활지원 등	프로그램 기획, 과정, 평가의 전문성
지역조직화기능	복지네트워크 구축, 주민조직화, 자원 개발 및 관리	지역조직화 실행체계 및 전문성

출처: 사회보장정보원(2017). 2018년도 사회복지시설평가 사회복지관 평가지표.

이 중 사회복지 프로그램의 평가와 관련 있는 부분은 '서비스 제공 기능'이며 평가지표, 평가목표, 평가내용은 다음과 같다.

평가지표	평가목표	평가내용
프로그램 기획의 전문성	대상자의 욕구와 지역사회의 특성을 반영한 프로그램을 기획하여 제공한다.	프로그램 기획의 전문성은 어떠한가?
		① 대상자의 욕구 및 특성을 적절히 반영하고 있다.
		② 지역사회의 특성 및 환경변화를 적절히 반영하고 있다.
		③ 사업계획서에 사업의 필요성, 목적 및 목표, 프로그램의 내용, 평가방법이 적절하게 기술되어 있다.
프로그램 수행과정	프로그램 수행과정을 체계적으로 기록하고, 전문인	프로그램 수행과정에 관한 기록, 전문인력, 자원동원 등 수행과정은 어떠한가?

(계속)

평가지표	평가목표	평가내용
	력 및 자원을 동원하여 서비스를 제공하고 있다.	① 프로그램 계획대로 수행되어지고 있다.
		② 프로그램 수행과정에 관한 기록이 구체적이고 명확하며 사실적이다.
		③ 프로그램 수행과정에 전문인력(프로그램 진행자, 자원봉사자, 슈퍼바이저 등)이 적절히 활용되었다.
		④ 프로그램 수행과정에 필요한 자원동원이 적절하게 이루어졌다.
프로그램 성과	프로그램 결과에 대한 평가를 통해 향후 제공할 서비스에 평가 결과를 반영하여 보다 양질의 서비스를 제공한다.	프로그램의 결과에 대한 평가의 체계성과 피드백은 어떠한가?
		① 성과를 적절하게 평가하였다.
		② 다양한 주체별 평가를 하였다.
		③ 평가 결과의 피드백으로 신규 사업이 계획되어 시행되거나, 사업이 수정, 보완, 확대되어 시행되었다.
		④ 프로그램의 효과, 결과 등을 홍보하거나 참여자들과 공유하고 있다.

5 프로그램 평가설계와 평가도구

프로그램 평가를 위한 설계는 실험설계와 비실험설계로 나뉜다. 실험설계는 프로그램 참여자가 프로그램을 통해 얼마나 변화했는지를 통제된 실험 조건 속에서 평가하는 방법이다. 여기에는 전실험설계, 유사실험설계, 순수실험설계가 있다. 실험설계 이외의 방법은 비실험설계라고 하는데 목표 대비 실적 평가, 만족도 설문조사, 면접, 관찰 등이 있다. 실험설계는 프로그램의 효과를 실험적 통제사건에서 엄격하게 분석할 수 있는 방법이나 실제 사회복지현장에서는 간편하게 활용할 수 있는 목표대비 실적 평가나 만족도 설문조사 등의 비실험설계가 널리 사용된다. **그림 9-2**는 평가설계와 평가도구이다. 자세한 내용은 다음 장에서 살펴보기로 한다.

그림 9-2 프로그램 평가설계와 평가도구

출처: 조성우 외(2018) 재구성.

정리 및 요약_확인학습

1. 프로그램 평가의 목적이 아닌 것은?
   ① 프로그램의 목적·목표 달성 정도를 확인함으로써 프로그램의 실행과 예산 사용에 대한 정당성을 승인 받는다.
   ② 평가를 통하여 미진한 부분에 대해서는 개선을 위한 활동을 촉진할 수 있으며, 이는 사회복지의 전문성을 강화에 도움이 된다.
   ③ 프로그램을 수행하는 도중에 문제점을 분석하여 피드백되어 프로그램의 개선으로 이어지게 한다.
   ④ 프로그램의 효과를 바탕으로 사회복지학의 이론적 근거와 정책 및 실천적 시사점을 제공한다.

2. 욕구, 목표, 성과의 관계에 대한 설명으로 틀린 것은?
   ① 욕구의 반대되는 표현이 목표이고, 목표와 성과는 의미적으로 같은 내용이다.
   ② 다른 점은 목표는 달성될 미래지향적(To be) 개념이고, 성과는 달성된 현재완료(Have been)의 개념이다.
   ③ 프로그램의 욕구사정과 목표는 동전의 양면과 같이 표리(表裏)의 관계, 즉 욕구가 충족된 상태가 목표라고 할 수 있다.
   ④ 성과는 프로그램 개발단계에서 설정한다.

3. 과정 평가와 성과 평가에 대한 설명으로 옳지 않은 것은?

① 논리모델에 따르면 프로그램의 평가는 평가시점에 따라 과정 평가와 성과 평가로 나눌 수 있다.

② 논리모델에 따른 시점상 투입과 활동은 성과 평가에 해당하고, 산출 및 성과는 과정 평가에 해당된다.

③ 과정 평가는 얼마나 자원과 활동에 대해 평가하는 것으로 내부적으로 프로그램 운영상의 문제점을 찾는 데 관심을 갖고 주로 질적 자료를 취급한다.

④ 성과 평가는 산출과 성과에 대하여 평가하는 것으로 프로그램의 성과를 외부에 공개하기 위해 객관성이 높은 조사방법을 통해 양적 자료를 취급한다.

4. 프로그램 평가설계와 평가도구에 대한 설명으로 틀린 것은?

① 프로그램 평가를 위한 설계는 실험설계와 비실험설계로 나뉜다.

② 실험설계는 프로그램 참여자가 프로그램을 통해 얼마나 변화했는지를 통제된 실험 조건 속에서 평가하는 방법으로 전실험설계, 유사실험설계, 순수실험설계가 있다.

③ 실험설계 이외의 방법은 비실험설계라고 하는데 목표 대비 실적 평가, 만족도 설문조사, 면접, 관찰 등이 있다.

④ 비실험설계는 프로그램의 효과를 실험적 통제사건에서 엄격하게 분석할 수 있는 방법이나 실제 사회복지현장에서는 간편하게 활용할 수 있는 실험설계가 널리 사용된다.

강의 집중 노트

1. 사회복지 프로그램의 평가는 (   )을 실현하기 위한 하나의 방법이다.

2. 사회복지 프로그램의 평가는 프로그램의 목적이나 목표를 달성한 정도, 즉 (   )을 측정하는 것으로서 사회복지 프로그램의 정당성과 개선을 위한 중요한 정보를 제공해 줄 수 있다.

3. (   )는 사전에 예상하는 효과이고, (   )는 사후에 확인하는 효과이다.

4. (   )는 달성될 미래지향적(To be) 개념이고, (   )는 달성된 현재완료(Have been)의 개념이다.

5. 논리모델에 따르면 프로그램의 평가는 평가시점에 따라 (   )평가와 (   )평가로 나눌 수 있다.

6. (   )평가는 투입, 활동과 관련되어 품질에 초점을 맞추고, (   )평가는 산출, 성과와 관련되어 변화에 초점을 맞춘다.

7. (   ) 평가는 사회복지기관이 얼마나 신뢰할만하며, 사업수행능력이 있는지를 판단하는 평가로서 사회복지 프로그램을 실행하기 위한 하드웨어(H/W)로서 기능을 얼마나 잘 발휘하는가에 대한 평가이다.

8. (   ) 평가는 사회복지 프로그램을 실행하기 위한 소프트웨어(S/W)로서 얼마나 짜임새 있게 프로그램이 구성되어 있으며 실제로 잘 운영하는가에 대한 평가이다.

9. (   )설계는 프로그램 참여자가 프로그램을 통해 얼마나 변화했는지를 통제된 실험 조건 속에서 평가하는 방법이다.

10. 실험설계 이외의 방법은 (   )설계라고 하는데, 목표 대비 실적 평가, 만족도 설문조사, 면접, 관찰 등이 있다.

참고 자료

과정 평가와 성과 평가 방법

Ⅰ. 과정 평가

1. 과정 평가란?

투입과 활동이 당초 계획에 따라 적절하게 진행되었는지를 평가하는 것을 말한다.

2. 과정 평가의 중요성

일반적으로 프로그램의 성공적인 결과만 보여주는 경우가 많다. 하지만 프로그램 수행과정에 대한 상세한 기록과 비판적 검토를 통해 어떤 과정을 통해 본 프로그램을 수행했는지, 수행과정 중 뼈저린 경험에서 얻은 교훈이 무엇인지 등을 상세하게 기록하는 것도 매우 중요하다. 프로그램 수행기관이 앞만 보고 나아가는 것이 아니라 프로그램 수행의 과정을 반추하면서 변화·발전을 모색해고 아울러 타 기관이 벤치마킹하거나 교훈을 얻을 수 있는 교사 및 반면교사의 역할을 수행하기 위해서는 과정기록이 매우 중요하다.

3. 과정 평가에서의 평가대상

1) 과정별 대상

과정 평가에서의 평가대상은 프로그램 전체 수행과정이 된다. 배분신청서 - 홍보 - 대상자 모집 - 세부 프로그램 시행 - 중간 모니터링 - 이후 사업 - 종결단계 등 각 단계별로 모두 포함된다.

2) 관점별 대상

과정 평가를 통해 관심을 가져야 할 관점에 따라 다음과 같이 대별할 수 있다.

① 계획에 따라 잘 진행되지 않은 것 (예: 당초 3월에 사업참여자를 모집완료하기로 되어 있었는데 4월에도 다 모집이 안 된 것, 현수막을 붙여놓으면 모집이 잘 될 것이라고 기대했는데 현수막을 보고 왔다는 사람은 거의 없을 때)

② 정보부족으로 계획할 때 미처 생각하지 못한 것 (예: 정부방침에 따라 초등학

교 돌봄교실이 이미 확대되었는데 이를 고려하지 않아 A 방과후 프로그램이 잘 진행되지 않은 경우)

③ 생각하지 않은 것들이 발생하는 것 (예: 독감, 지진 때문에 현지 방문이 어려워진 경우)

3) 평가방법별 대상

① 양적 과정 평가

'과정'을 성과와 대비하는 관점에서 본다면 결국 과정 평가는 투입 또는 활동에 대한 평가를 의미한다고 볼 수 있으므로 계획 당시 설정했던 투입에 대한 활동에 대한 집행결과에 대해 양적으로 평가할 수도 있다.

② 질적 과정 평가

사업수행과정의 흐름이 어떻게 이어져 왔는지를 질적으로 평가할 수 있다. 이러한 질적 과정 평가는 사업담당자가 '만약에 내가 이 사업을 처음부터 다시 시작한다면 어떻게 하겠다고 할 것인가?'라는 관점에서 이 사업을 벤치마킹하고 싶은 사람에게 소중한 이야기를 들려준다는 심정으로 기술하는 것이 필요하다.

4. 평가방법

1) 1단계 : 평가의 초점을 분명히 한다.

모든 사업의 과정을 평가한다는 것은 현실적으로 불가능하다. 또 모든 세부 프로그램의 과정을 평가하는 것도 쉽지 않다. 그러므로 무엇을 중점적으로 평가할 것인지를 설정해야 하며, 어느 단계 또는 어떤 세부 프로그램의 과정을 면밀히 살필 것인지를 결정해야 한다. 예를 들어, 이번 사업에서는 홍보 및 사업 참여자 모집과정과 핵심사업인 B 프로그램의 진행과정에 대해 과정 평가를 한다고 설정하는 것이다.

2) 2단계 : 무엇을 언제 기록할 것인지를 명확히 한다.

사업의 진행과정을 그때 당시에는 잘 기억할지는 몰라도 시간이 흐를수록 잊히게 마련이다. 그러므로 적어도 1~2달에 한 번은 지난 기간 동안에 벌어진 일들을 기록해야 한다. 무엇을 기록할 것인지는 각 사업의 내용에 따라 달라지는데 기본적인 질문은 다음과 같다.

1. 무엇이 진행되었고, 무엇이 진행되지 못하였나?
2. 성공적이었다고, 긍정적인 의미가 있다고 자평할 수 있는 것은? 그 근거는?
3. 무엇이 아쉬운가?
4. 다시 그 과정을 진행한다면 어떤 점을 어떻게 바꾸겠는가?

3) 3단계 : 매월 또는 2달에 한 번씩 진행한 사업을 기록한다.

기록하기로 한 바에 대하여 정해진 기간 내에 상세하기 관련 내용을 기록해야 한다. 때에 따라서는 사업참여자들의 경험이나 의견, 요구사항들에 대해 정리할 필요가 있다.

〈질문을 통해 담아야 하는 내용〉

- 인터뷰를 위한 Tip에서의 관련 질문들을 해당 사업에 맞게 구성하여 진행
- 필요에 따라 추가적으로 해당 사업에서 중요한 내용들을 질문

4) 4단계 : 기록된 내용을 시계열적으로 살펴 그 과정을 평가한다.

4~8회 기록된 내용을 전체적인 흐름을 고찰하여 얼마나 어떻게 진행되었는지, 그렇게 진행되게 된 맥락이 무엇인지, 다시 진행한다면 어떤 부분들에 대해 좀 더 세심하게 배려할 것인지, 이 사업을 벤치마킹하려는 기관에게 해 줄 이야기가 무엇인지 등에 대해 자세하게 기록한다.

Ⅱ. 성과 평가

1. 성과 평가란?

기 제시된 성과목표가 사업수행을 통해 실제로 어느 정도 달성되었는지, 그 성과의 의미가 무엇인지를 평가하는 것을 말한다. 성과 평가가 이루어지기 위해서는 성과목표 - 성과지표 - 성과 평가가 유기적으로 잘 연결되어야 한다.

2. 성과 평가의 종류

1) 양적 성과 평가

양적 성과 평가는 성과 평가의 결과를 구체적인 수치로 나타내는 것을 말한다. 주로 척도를 사용하여 사업 시행 전후를 비교하거나 주관적인 변화 정도를 나타낸다. 자녀양육기술척도를 통해 자녀양육기술증진 프로그램을 시행하기 전후를 측정하여 그 변화치가 의미 있는지를 살펴보는 것 또는 시행 후에 자신의 자녀양육기술이 얼마나 증진했는지를 4점 척도(매우 그렇다, 그렇다, 그렇지 않다, 전혀 그렇지 않다) 또는 5점 척도(매우 그렇다, 그렇다, 보통이다, 그렇지 않다, 전혀 그렇지 않다)로 나타낸다. 양적 성과 평가는 제3자로 하여금 그 프로그램 시행이 효과적인지, 그 효과가 어느 정도인지를 객관적이고 쉽게 알 수 있게 해준다.

2) 질적 성과 평가

질적 성과 평가는 두 가지가 있다. 첫째, 양적인 변화를 보여주기 어려운 경우이고, 둘째, 양적 성과 평가를 통해 보여주는 수치의 변화가 무엇을 의미하는지, 그 수치의 변화가 담고 있는 내용이 무엇인지를 보여주는 경우이다. 예를 들어 자녀양육기술척도 변화가 0.8이고 그것이 의미 있는 변화라고 한다 하더라도 실제 무엇이 변화하였는지는 숫자 0.8을 통해 알 길이 없다. 즉, 양육기술이 변화하였는데 실제 아이를 양육하면서 어떤 기술이 생활상에서 나타났는지는 사업 참여자의 이야기를 듣거나 실제 양육의 현장을 관찰해야만 알 수 있다. 그럴 경우 인터뷰나 참여관찰을 통해 그 내용을 포착할 수 있을 것이다.

3. 양적 성과 평가

1) 양적 성과 평가 기술방법

양적 성과 평가 방법을 서술할 때는 다음 사항에 유념해야 한다. 첫째, 성과지표(평가도구)는 성과목표의 진술을 점검하는 수단이다. 둘째, 성과지표에 따라 이의 달성 여부와 정도를 측정함에 있어 관련되는 자료를 누구에게서, 언제 어떻게 수집할 것인지를 명확하게 해야 한다.

2) 세부 내용 설명

① 성과지표

성과지표는 성과목표의 내용에서부터 도출된다. 성과지표는 여러 척도집을 검색해서 가장 적절한 것을 찾거나 적절한 지표를 자체적으로 설정할 수 있다. 예를 들어, 지역아동센터에서의 '학교숙제 완성률 20%p 증가'가 성과목표인 경우 '학교숙제 완성률이 성과지표가 된다. 기존의 각종 척도집에 존재하는 척도가 아니라 사업 내용과 성격에 맞추어 지표를 새롭게 설정하게 되면 먼저 분모와 분자가 무엇인지를 사전에 결정해야 한다. 학교숙제완성률이라는 지표는 [(학교숙제를 완성한 횟수/학교숙제를 부여받은 횟수)×100]이 된다. 학교숙제 완성률의 초기값이 50%이고, 프로그램 진행 후 지표값이 70%이라면 프로그램 시행에 따라 20p%가 증가한 것이 된다.

성과지표는 이후 어떻게 측정할 것인지에 대한 방법과 연결되어야 한다. 자료원, 자료수집시기, 자료수집방법을 통해 실제 성과지표가 측정할 수 있어야 한다. 성과목표를 측정할 수 있는 적절한 성과지표가 없다면 성과목표를 측정할 수 있는 적절한 질문지를 자체 제작할 수도 있다. 하지만 제작과정에서 객관성을 가지기 위해 자신이 만들고 동료의 피드백을 받고 기관의 자문교수로부터 자문을 얻는 것이 좋다.

② 자료수집 대상

성과지표를 통해 의미 있는 내용을 응답하는 사람 또는 장소를 말한다. 손자녀를 양육하는 조부모를 대상으로 한 프로그램이었다면 자녀양육기술척도에 대해 대답을 하는 조부모가 자료수집 대상이 된다. 자료 수집대상은 자료를 수집하는 사람을 의미하는 것이 아니다.

③ 자료수집 방법

자료수집 방법에는 '누가' 수집할 것인가와 '무엇을 통해' 자료를 수집할 것인가가 포함된다. '누가' 수집할 것인가에서 중요한 점은 사업시행자가 할 것인지, 제3자가 자료를 수집할 것인가의 문제이다. 담당자가 이 사업을 제일 잘 알지만 응답자가 왜곡된 응답을 할 수 있는 가능성을 배제하기 어렵다는 한계가 있다. 제3자는 공정하게 자료를 수집할 수 있는 장점이 있는 반면, 사업의 맥락을 모르는 상태에서 자료를 수집할 때 깊이 있게 내용을 끄집어내기 어려운 점이 있다.

'무엇을 통해' 자료를 수집할 것인가에서 중요한 점은 다음과 같다. 설문지를 배포해서 응답자가 자기 스스로 응답하게 할 것인지(자기기입식 설문조사), 질문지를 하나하나 읽어주고 설명해 주면 응답자가 이야기한 것을 적을 것인지(대면식 설문조사) 등과 어느 기간 동안의 자료를 대상으로 할 것인가를 결정해야 한다는 것이다. 예를 들어, 학교숙제 완성률 증가에서 학교숙제 수행횟수를 어느 기간 동안에 학교에서 내 준 숙제를 대상으로 할 것인지, 또 숙제의 범위가 무엇인지를 획정해야 한다. 국어, 영어, 수학, 사회, 과학에 한정할 것인지, 특별 활동의 숙제까지 포함할 것인지 등이다.

④ 측정 시기

측정 시기는 '언제 자료를 수집할 것인가'이다. 이때 가장 중요한 것은 '사전 사후 검사를 할 것인가'이다. 만약 초기값 설정을 위해 사전에 검사를 한다면 사업을 본격적으로 시행하기 전에 사업 참여자에게 반드시 사전검사를 실시하는 것이 필요하다. 사업을 하다보면 사전검사 없이 바로 프로그램을 시행해서 초기값을 잡아내지 못하는 경우가 많기 때문이다.

4. 질적 성과 평가

1) 질적 성과 평가의 종류

① 양적인 성과의 의미를 드러내는 경우

양적인 성과 평가에 따른 결과는 간단한 수치로 나타난다. 예를 들어, 자녀양육기술척도에서 사전 사후 검사결과 변화치가 0.8점으로 나타났고, 이는 유의미한 변화 정도를 나타내는 것으로 해석할 수 있어 수행한 사업이 의미 있었다고 평가내릴 수 있다. 하지만 수행사업이 성공적이었다, 유의미한 변화가 있었다라고 하더라도 '도대체 무엇이 어떻게 변화되었는가'라는 질문에 대해서는 대답하기가 곤란하다. 즉, 0.8점의 의미가 무엇인가라는 질문에 대해서는 속수무책인 셈이다. 0.8점은 당사자의 삶에서 어떤 변화가 일어났다는 것인데, 그 변화가 어떤 변화인지는 모른다는 것이다. 또 15년 전에 똑같은 사업을 수행하고 똑같은 척도로 평가했을 때에도 변화치가 0.8점이 나왔다 하더라도 그 0.8점이 무엇을 의미하는지는 15년 전과 지금이 다를 수밖에 없다. 자녀양육환경도 변했고 자녀들이 쓰는 말투, 사용하는 컴퓨터 프로그램, 관계 맺는 양상이 똑같지 않기 때문이다. 즉, 점수는 같아도 점수가 의미하는 바는 다르다는 점이다. 또 이 사업에 참여한 사람 또한 그 변화치라는 것은 실제 삶에서 나타나는 것이지, 숫자 그 자체가 삶의 내용을 설명해 주지 않는다는 점에 유의할 필요가 있다. 그러므로 질적 성과 평가를 통해 실제 당사자에게 어떤 삶의 변화가 나타났는지, 그 삶의 변화가 자신에게 어떤 의미로 다가오는지 등에 대한 내용을 이끌어내어 제3자에게 보여줄 필요가 있는 것이다.

② 양적 성과 평가가 어려운 경우

점수로 나타내거나 '예, 아니오'로 대변되는 양적 성과 평가 방식으로는 사업의 성과를 정확하게 보여주기 어려울 때는 질적인 방법으로 성과를 평가하기도 한다. 예를 들어, 중학생에 대한 진로탐색 지원 프로그램을 운영한 후 진로를 설정했는지에 대한 여부를 물어볼 때 10명 중 2명만 진로를 설정하고 8명은 아직 진로를 설정하지 못했으면 이 프로그램은 실패한 프로그램인가? 라는 문제를 제기할 수 있다. 즉, 진로설정 여부에 따른 진로설정 청소년 수를 따진다면 그리 성공적이라고 보기 어렵다. 하지만 나머지 8명이 어떤 상태에 있는지를 질적으로 평가한다면 그 평가결과는 달라질 수 있다. 즉, 8명에 대해 자신의 상태변화를 가장 잘 나타낼 수 있는 전후 사진을 대조하고 이에 대한 자기설명을 덧붙이게 한 Photo Voice 방법을 동원한 질적 평가에서 많은 청소년들이 자신이 아직 진로를 설정하지는 않았지만 이 프로그램에 참여하기 전에는 자신이 무엇을 하고 살아야 하는지, 진로에 대해 전혀 생각이 없다가 이제는 이에 대한 고민이 그 어느 때보다도 치열하게 이루어지고 있는 과정에 있다면 이 프로그램이 성과가 없다고 단정적으로 이야기하기 어렵다는 것이다. 그러므로 질적 성과 평가에서는 양적으로 평가하기 어려운 대상(예를 들어 지적장애인)이나 사업내용(진로탐색)에 대해 질적으로 그 변화내용을 측정함으로써 보이지 않던 성과를 잡아내는 것을 말한다. 이러한 작업은 기존의 양적으로 나타나는 것만 전통적인 성과로 간주하는 편협한 시각에서 벗어나 성과를 보다 넓은 의미로 확장해석하려는 움직임과 그 맥을 같이 한다.

2) 질적 성과 평가 수행방법

① 인터뷰

사업 참여자에 대하여 인터뷰를 실시하여 프로그램 참여를 통해 실제 자신의 달라진 삶에 대해 이야기를 듣는 것이다.

② 참여관찰

프로그램이 진행되는 사회복지 실천현장에 참여관찰을 통해 보고자하는 바를 살펴 이를 종합적으로 드러내는 것이다.

③ Photo Voice (포토 보이스)

시각적 이미지를 통해 사업 참여자의 욕구와 어려움을 나타내고 집단토론을 통해 삶의 경험을 소통하도록 하는 방법을 말한다. 시각적 이미지를 사용하기 때문에 장애나 문화의 차이 등으로 소통이 어려워 소외되기 쉬운 집단이 사업과정에 대한 이야기를 드러내는데 참여할 수 있고 그동안 억눌렸던 목소리를 낼 수 있게 하여 역량강화의 기회를 제공하기도 한다.

출처: 사회복지공동모금회(2019). 2019 배분사업안내.

10
Chapter

실험설계를 통한 프로그램 평가

Key Word 중심 수업 목표

1. 측정도구: 수치 세기, 표준화 척도, 비표준화 척도
2. 실험설계의 유형: 순수실험설계, 유사실험설계, 전실험설계

실험설계는 프로그램 참여자가 프로그램을 통해 얼마나 변화했는지를 실험적 상황 속에서 평가하는 방법이다. 실험설계는 양적 평가와 질적 평가 중 양적 평가에서만 가능하며 측정도구를 통하여 성과를 객관적으로 입증하는 방법이다. 우선 평가도구로서 실험설계의 측정도구를 살펴보자.

1 실험설계의 측정 도구

1) 수치 세기

비교적 쉽게 측정할 수 있는 방법으로서 객관적 수치로 나타내는 정량적 실적을 측정하는 것을 의미한다. 예를 들어, 프로그램의 서비스 제공 횟수, 활동 횟수, 참여자 수, 참여 시간 등과 같이 프로그램의 산출(out)을 세는 것을 뜻한다.

2) 표준화 척도

주관적으로 나타나는 정성적 실적을 측정하기 위한 도구로서 연구자들이 이론적 근거를 바탕으로 문항을 개발한 다음 다수의 표본을 대상으로 검사하여 신뢰도와 타당도가 이미 검증된 측정도구이다. 표준화 척도의 예시로 국민노후보장패널에서 개발한 삶의 만족도 척도(Life satisfaction scale)를 예로 살펴보자. 이 척도는 12개 문항으로 구성되어 있고, 5점 리커트 척도를 사용해서 삶의 만족도를 측정한다. 총점이 높을수록 삶의 만족도 수준이 높다고 할 수 있다. 프로그램의 성과로서 클라이언트의 삶에 대한 만족도가 얼마나 변화되었는지를 측정하고자 한다면 이 측정도구를 활용해서 성과를 파악할 수 있다.

표 10-1 삶의 만족도 척도

측정변수	문항내용
삶의 만족도	① 현재 살고 있는 집의 주거상태나 주거환경에 만족한다. ② 현재 건강상태에 만족한다. ③ 현재 경제적 상태에 만족한다. ④ 현재 하고 있는 일에 만족한다. ⑤ 현재 여가 활동에 만족한다. ⑥ 현재 가족들과의 관계에 만족한다. ⑦ 현재 배우자와의 관계에 만족한다. ⑧ 현재 자녀와의 관계에 만족한다. ⑨ 현재 형제 · 자매와의 관계에 만족한다. ⑩ 현재 친구들과의 관계에 만족한다. ⑪ 현재 이웃들과의 관계에 만족한다. ⑫ 생활 전반에 대해 만족한다.

출처: 국민연금연구원(2015). 국민노후보장패널 조사표.

3) 비표준화 척도

주관적으로 나타나는 정성적 실적을 측정하기 위한 표준화되지 않은 척도로서 평정척도, 목표달성척도, 체크리스트 등과 같이 명명되기도 한다. 해당 사회복지 프로그램에 적합한 표준화 척도가 없는 경우 새로운 척도로서 비표준화 척도를 직접 만들어 사용할 수 있다. 비표준화 척도는 표준화 척도에 비해 신뢰도나 타당도가 낮은 단점이 있지만 모든 프로그램에 적합한 표준화 척도가 있는 것은 아니므로 활용의 필요성이 있다. 비표준화 척도로서 '교육과정 만족도'에 대한 사례를 살펴보면 다음과 같다.

표 10-2 교육과정 만족도 척도 A대학 사례

교육과정에 대한 측정 문항	전혀 그렇지 않다 ← → 매우 그렇다				
1. 전공 및 교양 교과목이 적절하게 편성되어 있다.	①	②	③	④	⑤
2. 이론 및 실험 · 실습 교과목이 적절하게 편성되어 있다.	①	②	③	④	⑤
3. 전공 및 교양 교과목의 시간 수 배정이 적절하다.	①	②	③	④	⑤
4. 이론 및 실험 · 실습 교과목의 시간 수 배정이 적절하다.	①	②	③	④	⑤
5. 전공 및 교양 교과목의 교육내용이 이해하기 쉽고 만족스럽다.	①	②	③	④	⑤
6. 이론 및 실험 · 실습 교과목의 교육내용이 이해하기 쉽고 만족스럽다.	①	②	③	④	⑤
7. 전체적으로 교수방법이 적절하였다.	①	②	③	④	⑤
8. 교수님은 성실하고 열성적인 자세로 강의하였다.	①	②	③	④	⑤
9. 현장실습에 적극적으로 참여하여 실무능력 향상에 도움이 되었다.	①	②	③	④	⑤
10. 현장실습 업체와 관계자는 호의적으로 지도해 주었다.	①	②	③	④	⑤

표 10-3 교육과정 만족도 척도 B대학 사례

우리대학이 제공하는 '교육과정'은...	전혀 그렇지 않다	그렇지 않은 편이다	보통이다	그런 편이다	매우 그렇다
1. 이론과 실습비율이 적절하여 만족한다.	1	2	3	4	5
2. 강의시수(주당 강의 시간 수)가 적절하여 만족한다.	1	2	3	4	5
3. 교양과목이 다양하게 개설되어 만족한다.	1	2	3	4	5
4. 전공과목이 적절하게 편성(시수, 내용 등)되어 만족한다.	1	2	3	4	5
5. 원하는 과목을 수강할 수 있어서 만족한다.	1	2	3	4	5
6. 실습과목이 충실하게 운영(시수, 실습내용 등)되어 만족한다.	1	2	3	4	5
7. 현장실습이 충실하게 운영(시수, 현장지도 등)되어 만족한다.	1	2	3	4	5

수업 활동 ❶

기존에 만들어져 있는 표준화 척도와 다르게 '학교생활 만족도' 척도를 창의적으로 10가지 작성하기

연번	분야	문항	불만족 ↔ 만족				
1			①	②	③	④	⑤
2							
3							
4							
5							
6							
7							
8							
9							
10							

2 실험설계의 유형

사회복지 프로그램의 효과성을 평가하기 위한 실험설계는 외생변수의 통제를 위해 실험실과 같은 상황에서 실시하는데 내적 타당도가 높으나 외적 타당도는 낮은 단점이 있다. 실험설계는 외생변수의 통제 정도와 독립변수의 조작, 대상선정의 무작위 정도에 따라 순수실험설계, 준실험설계, 전실험설계로 나눌 수 있다.

2-1. 순수실험설계

'진실험설계'라고도 하며, 엄격한 외생변수의 통제하에 실험변수를 조작함으로써 인과관계를 입증하기 위한 설계모형이다.

1) 통제집단 사전-사후검사설계

통제집단과 실험집단을 무작위로 배정하여 실험집단에만 개입(처치)한 후 두 집단을 대상으로 사전-사후검사를 실시하는 설계모형이다.

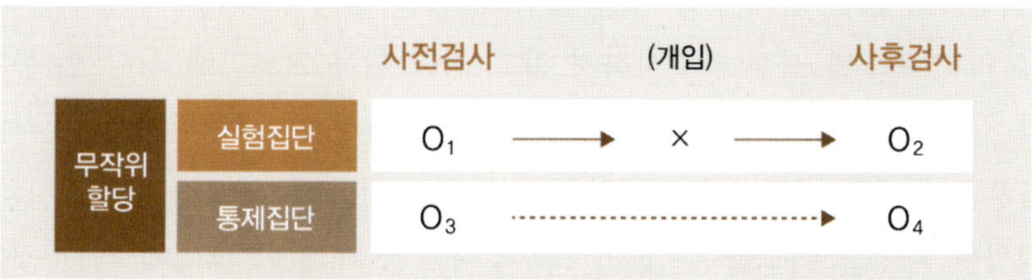

그림 10-1 통제집단 사전-사후검사설계

예를 들어, '노인복지관 이용 노인들을 대상으로 노인의 삶의 만족도 향상을 위한 집단 활동 프로그램'의 효과성을 검증하기 위해 실험설계를 한다고 가정해 보자. 노인복지관 이용 노인 중 40명을 무작위로 선정하여 실험집단과 통제집단에 20명씩 배정하여 두 집단에 대해 사전검사를 실시한 후 실험집단에만 일주일에 한 번씩 집단 활동 프로그램을 실시한다. 5주 후 양 집단에 대해 사후검사를 실시하여 실험집단과 통제집단의 삶의 만족도 점수를 비교하여 실험집단의 전후 점수가 통제집단에 비해 유의미하게 차이가 있다면 집단 활동 프로그램이 노인의 삶의 만족도를 높이는 데 효과가 있다고 입증할 수 있게 된다.

이 설계는 통제집단이 있으므로 개입에 의한 변화와 외생변수로 인한 변화를 따로 구분하여 인과관계를 파악할 수 있는 장점이 있다. 개입의 효과가 없다면 통제집단과 실험집단의 차이는 없을 것이다. 이 설계는 응답자의 기억에 의한 검사효과가 발생될 수 있으며, 측정 기간 사이에 역사적 사건과 성숙의 영향이 생길 수 있다는 단점이 있다.

또한 사회복지 실천 현장에서 적용하는 데 한계가 있다. 동일한 욕구를 갖는 클라이언트 집단을 무작위로 실험집단과 통제집단으로 나누는 것도 현실적으로 어려우며, 실험집단에만 처치를 위한 서비스를 제공하게 되어 차별적 서비스를 제공한다는 점에서 윤리적 문제가 제기될 수 있다(황성철, 2017).

2) 통제집단 사후검사설계

통제집단 사전-사후검사설계의 검사효과 단점을 보완하기 위해 사전검사를 실시하지 않는 설계이다. 예를 들어, 앞선 사례에서 노인복지관 이용 노인의 삶의 만족도를 사전에 검사하지 않고 집단 활동 프로그램 실시 후 통제집단과 실험집단의 점수만 비교하는 경우이다. 이 설계는 사전검사를 실시하지 않음으로써 내적 타당도를 저해하는 요인을 통제할 수 있으나 사전검사와 사후검사를 차이를 비교할 수 없어 사후검사의 결과 값이 개입에 의한 것인지 단정할 수 없는 단점이 있다. 그러나 사회복지현장에서는 현실적으로 실험집단과 통제집단의 사전검사 점수의 확보가 어렵기 때문에 비교적 널리 활용되고 있다.

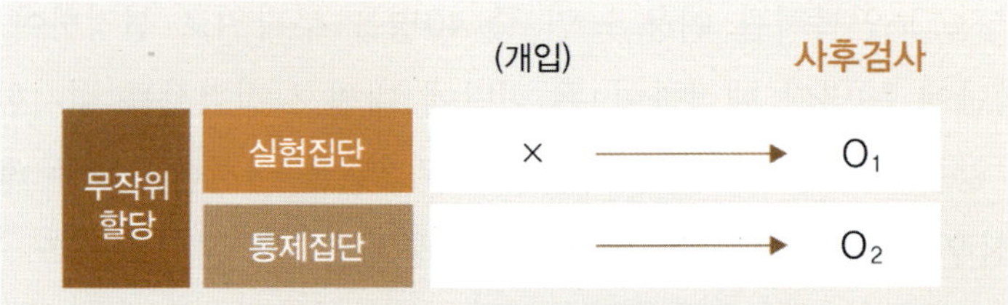

그림 10-2 통제집단 사후검사설계

3) 솔로몬 4집단설계

통제집단 사전-사후검사설계와 통제집단 사후검사설계가 지닌 장점을 살리기 위해 두 설계를 결합한 모형이다. 예를 들어, 앞선 사례에서 노인복지관 이용 노인 40명을 무작위로 선정하여 10명씩 4개 집단에 배정하고, A와 B집단에 대해서만 삶의 만족도를 사전검사한 후 A와 C집단에만 집단 활동 프로그램을 실시한다. 5주 후 4개 집단 모두 다시 삶의 만족도 사후검사를 실시하여 실험결과를 비교 · 분석한다.

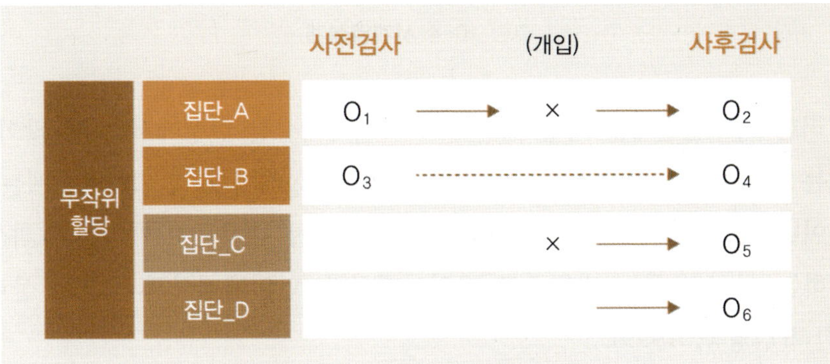

그림 10-3 솔로몬 4집단설계

이 설계는 통제집단 사전-사후검사설계와 통제집단 사후검사설계의 장점을 살릴 수 있어 가장 이상적이지만, 두 가지 설계를 동시에 진행해야 하기 때문에 설계가 복잡하고 시간과 비용이 많이 소요되는 단점이 있어 현실적으로 많이 이용되지는 않고 있다.

2-2. 유사실험설계

'준실험설계'라고도 하며 순수실험설계의 기본조건인 통제집단과 실험집단의 무작위할당, 처치(개입)의 조작, 사전-사후검사 중 한 개 이상의 요소가 결여된 부분적 실험설계를 의미한다. 그러므로 실험상황과 유사한 효과를 얻을 수 있다. 대표적으로 시계열설계(time-series design)가 있다. 이는 한 개인이나 집단을 대상으로 몇 차례의 사전검사를 실시한 후 개입 프로그램을 진행시키고 다시 몇 차례의 사후검사를 실시한 후 변수의 효과에 대해 검증하는 방법이다.

사전검사			(개입)	사후검사		
O_1	O_2	O_3	×	O_4	O_5	O_6

그림 10-4 시계열설계

이러한 시계열설계를 바탕으로 하여 사회복지실천 현장에서 가장 많이 이용되는 기법은 단일사례설계(single-subject design)이다. 단일사례설계는 한 개인이나 집단, 또는 프로그램이라는 단일 사례를 대상으로 개입의 효과성을 측정하는 데 사용하는 방법으로 단일사례실험, 단일체계설계 등으로 불리기도 한다(김영종, 1999).

개인 및 가족, 소집단 등을 대상으로 문제를 해결하기 위한 개입의 효과를 과학적으로 입증하는 조사방법으로 변수 간의 관계규명을 위한 것이라기보다 사회사업가의 의도적인 개입이 표적행동에 바라는 대로의 효과를 나타내었는가를 평가하기 위해 적용하는 설계이다. 단일사례설계는 독립변수(개입)와 종속변수(결과) 사이의 인과관계를 설정하기 위해서 통제된 환경하에서 하나 또는 복수의 유기체들에 대해서 개입(치료)하기 전과 후의 변화를 반복해서 측정하는 평가방법이다.

1) 단일사례설계의 특성

첫째, 일종의 시계열설계로서 개입의 효과를 평가하기 위한 설계이다. 클라이언트의 행동, 태도, 감정 등을 반복적으로 측정하여 개입 전과 후의 클라이언트의 변화를 파악할 수 있다.

둘째, 실제 한 집단 이상을 구성하기 힘든 사회복지실천현장의 현실을 감안하여 집단을 대상으로 하는 실험설계의 대안으로 집단을 구성해야 하는 문제로부터 자유로우며 다양한 배경의 클라이언트와 그들의 다양한 문제를 다룰 수 있다는 장점이 있다.

셋째, 사회복지사의 주관적인 평가와 더불어 객관적이고 과학적인 방법으로 클라이언트의 변화 또는 진전을 평가할 수 있다. 사회복지실천에서 객관적이고 과학적인 방법으로 평가하는 것은 사회복지사의 전문성을 향상시킬 수 있는 중요한 활동이다.

2) 단일사례설계의 구조

(1) 기초선 단계

개입 후의 변화와 비교할 수 있는 개입 전의 상황을 의미한다. 즉, 연구자가 개입 활동을 실시하기 전에 표적행동의 상태를 관찰하는 기간을 말하며 개입 전의 국면이며 A로 표시한다. 타당도를 얻기 위해 안정적인 기초선 확보가 필요하다.

(2) 개입 단계

표적행동에 대한 개입 활동이 이루어지는 기간으로 B로 표시한다. 조사대상자의 표적행동을 변화시키기 위한 특정 사건, 실험적 자극, 특정 프로그램, 환경의 변화 등을 의미하며, 독립변수에 해당한다.

(3) 표적행동

개입을 통해 변화시키려는 행동을 의미하는 것으로 종속변수에 해당한다. 목표가 성취되었는지의 여부를 가장 적절하게 대변할 수 있는 것이어야 하며, 명확히 측정 가능한 것이어야 한다.

3) 단일사례설계의 유형

(1) AB설계

AB설계는 하나의 기초선(A) 단계와 개입(B) 단계로 이루어진 가장 기본적인 단일사례설계 유형이다. A단계에서는 아무런 개입이 없는 상태에서의 행동자료를 수집하여 기록이 이루어지고, B단계는 개입이 이루어진 이후의 표적행동자료를 수집하고 기록하여 기초선 단계와 개입단계를 비교함으로써, 개입의 효과를 추측하고 개입의 지속 여부와 변화 혹은 개입소거에 대한 결정이 이루어진다. 즉, A단계는 실험설계에서 사전검사의 역할을 하고, B단계는 사후검사의 역할을 한다고 할 수 있다. AB설계는 수행 전과 수행 후에 나타나는 클라이언트의 행동비교 같은 단순한 효과검증이 용이하나 표적행동과 관련된 다양한 변수의 영향이나 동시에 일어날 수 있는 행동 등에는 사용이 부적절하며 개입의 효과성이나 인과관계를 추정하기 어렵다.

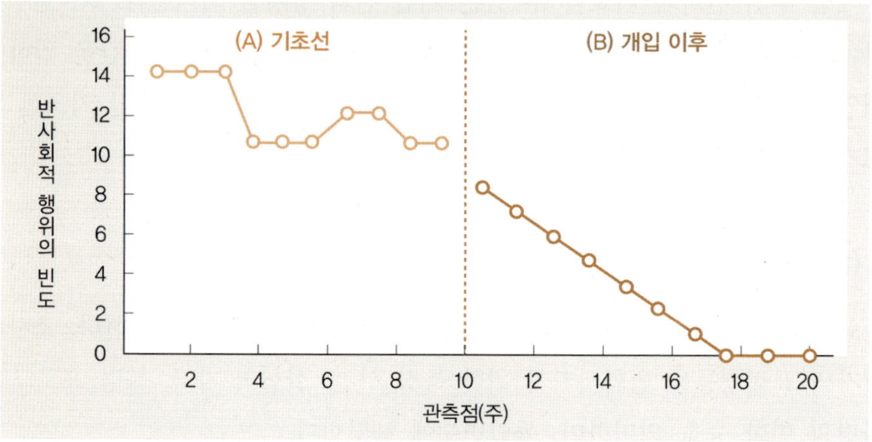

그림 10-5 AB설계

(2) ABA설계

ABA설계는 가장 기본적인 설계인 AB설계에 개입을 중단하는 제3국면 A를 추가하여 변화의 개입효과성을 확인할 수 있게 만든 설계로서 개입을 시작한 이후에 개입을 중단하고 다시 기초선 단계에서 참여자들의 변화를 측정하는 방법이다. 개입하지 않은 상태에서 문제상황의 정도, 빈도 등을 파악하고(A), 필요한 개입을 하면서 변화 상태를 측정피고(B), 다시 개입을 멈추고 상태가 다시 나빠지는지 아니면 변화가 없는지 등(A)을 살피는 것이다. 만약 B의 개입 효과가 있었다고 했을 때 논리상 개입을 멈추면 상태가 나빠질 수 있다. 개입이 효과가 없었다면 클라이언트의 상태가 더 좋아지거나 변화가 없을 것이다. 이 경우 개입이 효과적이었다는 것을 입증하기 위해 개입을 중단하는 것은 비윤리적일 수 있다는 단점이 있다(김진숙, 2014).

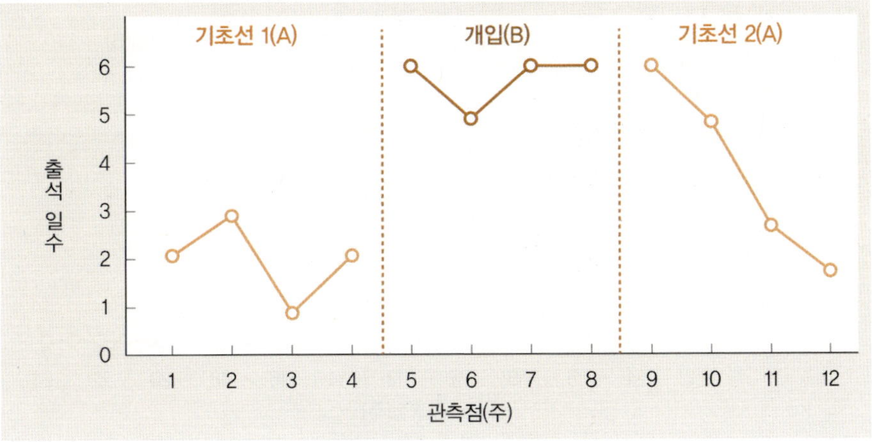

그림 10-6 ABA설계

(3) ABAB설계

ABAB설계는 AB설계를 확장한 유형으로 개입의 효과를 더 정확히 증명하기 위해 기초선 단계와 개입단계가 각각 2개로 구성되며, '철회설계'나 '반전설계'라고도 한다.

기초선 측정 후 첫 번째 개입단계에서 행동수정기법이 수행되며, 이때 개입은 표적행동이 바람직한 방향으로 변화되는 경향을 확인할 수 있을 때까지 지속된다. 두 번째 기초선 단계에서는 개입단계 동안 사용된 기법이 철회되어 실험 전 상태, 즉 평상시 상태로 되돌아가는 행동변화를 주시하는데, 이때 처음 기초선을 관찰할 때와 똑같은 상태로 되돌아가는 것을 반전이라고 한다. 두 번째 기초선을 설정하여 개입단계에서 표적행동에 변화가 있을 경우 그 변화가 개입에 의한 것인가를 실증적으로 검증할 수 있어 클라이언트의 변화가 개입의 효과인지를 보다 분명히 알 수 있다. 하지만 독립변인과 종속변인의 관계를 확인하기 위해 효과적 개입을 중간에 철회해야 한다는 문제점이 있다.

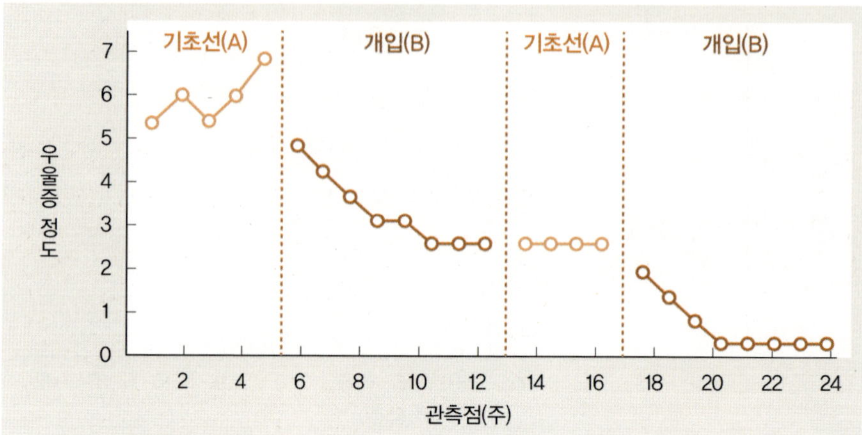

그림 10-7 ABAB설계

(4) 복수기초선설계

복수기초선설계는 클라이언트가 두 명 이상 또는 한 명의 클라이언트가 두 개 이상의 문제가 있을 경우 개입하는 방법이다. 기초선이 인원 또는 문제의 수만큼 이루어지고 개입은 순차적으로 이루어지는 방식이다. 복수기초선설계는 인위적인 개입중단이라는 문제점을 개선하면서 개입방법(AB설계)을 복수의 문제(표적행동), 복수의 상황, 복수의 대상자들에게 반복적으로 적용하여 같은 효과를 얻음으로써 표적행동에 대한 개입효과를 보다 명확하게 파악할 수 있다. 하지만 종속변인을 위해 장기간 동안 기초자료의 수집을 요한다는 문제점과 실제적이지 않을 수 있는 대상자에게 개입을 적용하는 비효율성이 존재한다(이기량 외, 2017).

2-3. 전실험설계

실험설계는 내적 타당도가 높아 개입의 효과성을 엄격히 측정할 수 있으나 실험실과 같은 요건을 사회복지현장에서 갖추기는 쉽지 않다. 그만큼 활용도는 낮다고 할 수 있다. 전실험설계는 현실적으로 통제집단을 설정하기 어려운 경우 단일집단만을 대상으로 사전검사와 사후검사를 실시하여 프로그램의 효과성을 검증하는 설계이다. 즉, 프로그램의 시작 전에 측정(O_1)하고, 프로그램 종결 후에 다시 측정(O_2)하여 O_1과 O_2의 차이를 통해 변화를 분석하는 방법이다.

사전검사	(개입)	사후검사
O_1	×	O_2

그림 10-8 전실험설계

예를 들어, 노인의 삶의 만족도 향상 프로그램의 효과를 평가하기 위해 다음과 같은 결과를 분석하고자 한다. 삶의 만족도 사전점수 평균은 47.2점이고, 사후점수 평균은 51.4점으로 나타나 프로그램 실시 후 4.2점이 상승했다. 따라서 프로그램을 통해 참여자들의 삶의 만족도가 향상되었음을 알 수 있다.

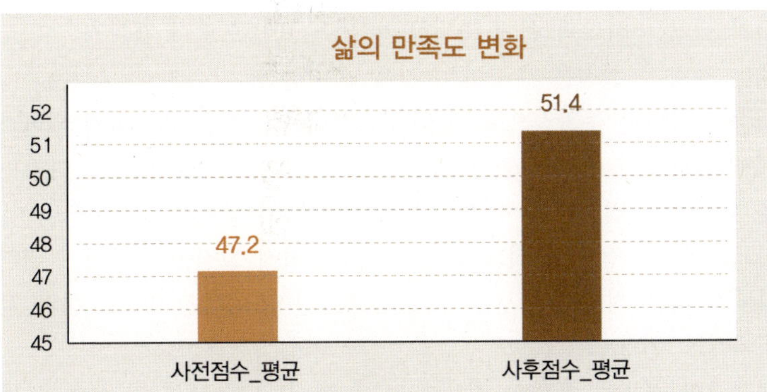

그림 10-9 사전 · 사후 점수 비교

그러나 이러한 단순 평균 비교로 이 정도의 점수 차이가 프로그램의 실시로 나타난 효과인지 아니면 우연히 나타난 변화인지는 단정할 수 없다는 한계가 있다.[1)]

---

1) 이러한 기술통계의 한계를 극복하기 위해 추리통계를 이용하면 사전점수와 사후점수 간에 의미 있는 변화가 있는지를 판별할 수 있다. 관련 내용은 사회복지조사론이나 자료분석론 강의를 통해 확인하길 권장한다.

정리 및 요약_확인학습

1. 실험설계와 비실험설계에 대한 설명으로 옳지 않은 것은?
   ① 실험설계는 프로그램 참여자가 프로그램을 통해 얼마나 변화했는지를 통제된 실험 조건 속에서 평가하는 방법이다.
   ② 실험설계 이외의 방법은 비실험설계라고 하는데 목표 대비 실적 평가, 만족도 설문조사, 면접, 관찰 등이 있다.
   ③ 실제 사회복지현장에서는 간편하게 활용할 수 있는 목표대비 실적 평가나 만족도 설문조사 등의 비실험설계가 널리 사용된다.
   ④ 실험설계는 양적 평가와 질적 평가 모두 가능하며 측정도구를 통하여 성과를 객관적으로 입증하는 방법이다.

2. 실험설계의 측정도구에 대한 설명으로 틀린 것은?
   ① 수치 세기는 비교적 쉽게 측정할 수 있는 방법으로서 객관적 수치로 나타내는 정량적 실적을 측정하는 것을 의미한다.
   ② 표준화 척도는 주관적으로 나타나는 정성적 실적을 측정하기 위한 도구로서 연구자들이 이론적 근거를 바탕으로 문항을 개발한 다음 다수의 표본을 대상으로 검사하여 신뢰도와 타당도가 이미 검증된 측정도구이다.
   ③ 비표준화 척도는 주관적으로 나타나는 정성적 실적을 측정하기 위한 표준화되지 않은 척도로서 평정척도, 목표달성척도, 체크리스트 등과 같이 명명되기도 한다.
   ④ 비표준화 척도는 표준화 척도에 비해 신뢰도나 타당도가 높아 모든 프로그램에 적합한 표준화 척도이다.

3. 다음 표가 제시하는 설계 유형은?

		사전검사		(개입)		사후검사
무작위 할당	실험집단	O_1	→	X	→	O_2
	통제집단	O_3		------→		O_4

① 통제집단 사전-사후검사설계 ② 통제집단 사후검사설계
③ 솔로몬 4집단설계 ④ 유사실험설계

4. 다음 보기가 설명하는 설계 유형은?

이 설계는 사전검사를 실시하지 않음으로써 내적 타당도를 저해하는 요인을 통제할 수 있으나 사전검사와 사후검사를 차이를 비교할 수 없어 사후검사의 결과 값이 개입에 의한 것인지 단정할 수 없는 단점 있다.

① 통제집단 사전-사후검사설계 ② 통제집단 사후검사설계
③ 솔로몬 4집단설계 ④ 유사실험설계

5. 단일사례설계의 유형 중 개입을 시작한 이후에 개입을 중단하고 다시 기초선 단계에서 참여자들의 변화를 측정하는 것은?

① AB설계 ② ABA설계
③ ABAB설계 ④ BAB설계

6. 현실적으로 통제집단을 설정하기 어려운 경우 단일집단만을 대상으로 사전검사와 사후검사를 실시하여 프로그램의 효과성을 검증하는 설계유형은?

① 진실험설계 ② 순수실험설계
③ 유사실험설계 ④ 전실험설계

강의 집중 노트

1. (　　　　　)는 프로그램 참여자가 프로그램을 통해 얼마나 변화했는지를 통제된 실험 조건 속에서 평가하는 방법이다.

2. 실험설계의 측정도구로서 (　　　　　)는 객관적 수치로 나타내는 정량적 실적을 측정하는 것을 의미한다.

3. 연구자들이 이론적 근거를 바탕으로 문항을 개발한 다음 다수의 표본을 대상으로 검사하여 신뢰도와 타당도가 이미 검증된 측정도구는 (　　　　　)이다.

4. (　　　　　)는 '진실험설계'라고도 하며, 엄격한 외생변수의 통제하에 실험변수를 조작함으로써 인과관계를 입증하기 위한 설계 모형이다.

5. (　　　　　)설계는 통제집단과 실험집단을 무작위로 배정하여 실험집단에만 개입(처치)한 후 두 집단을 대상으로 사전–사후검사를 실시하는 모형이다.

6. (　　　　　)설계는 통제집단 사전–사후검사설계의 검사효과 단점을 보완하기 위해 사전검사를 실시하지 않는 설계이다.

7. (　　　　　)설계는 통제집단 사전–사후검사설계와 통제집단 사후검사설계가 지닌 장점을 살리기 위해 두 설계를 결합한 모형이다.

8. 유사실험설계 중 시계열설계를 바탕으로 하여 사회복지실천 현장에서 가장 많이 이용되는 기법은 (　　　　　)설계이다.

9. (　　　　　)설계는 가장 기본적인 단일사례설계유형으로 하나의 기초선(A) 단계와 개입(B) 단계로 구성된다.

10. (　　　　　)설계는 현실적으로 통제집단을 설정하기 어려운 경우 단일집단만을 대상으로 사전검사와 사후검사를 실시하여 프로그램의 효과성을 검증하는 설계이다.

11 Chapter

비실험설계를 통한 프로그램 평가

Key Word 중심 수업 목표

1. 비실험설계
2. 목표대비 실적 평가, 효율성 평가, 서비스 만족도 조사
3. 질적 평가: 면접, 관찰, 문서, 사진

비실험설계는 사회복지 실천현장에서 실험적 조건을 충족시켜 프로그램의 효과를 평가할 수 없는 경우 사용되는 평가방법이다. 실험설계처럼 프로그램의 효과를 엄격하게 분석할 수는 없지만 실험적 조건을 형성하기 힘든 사회복지현장의 특성상 현실적으로 많이 사용된다고 할 수 있다. 비실험설계는 양적 평가와 질적 평가를 통해 모두 가능하다. 우선 양적 평가를 통한 비실험설계를 살펴보자.

1 비실험설계를 통한 양적 평가

1-1. 목표 대비 실적 평가: 효과성 평가

목표 대비 실적 평가는 복잡한 실험설계를 거치지 않고 사회복지 실천현장에서 가장 수월하게 성과를 평가할 수 있는 방법으로서 대표적인 효과성 평

가이다. 이는 경영학의 '목표에 의한 관리(Management by Objectives)'[1]에서 도입된 것으로 목표 대비 실적의 비율을 측정하는 것이다. 예를 들어, 프로그램의 산출목표 서비스 횟수가 10회이고, 실제 진행한 횟수가 9회라고 하면 90%의 성과를 나타냈다고 할 수 있다. 또는 프로그램의 산출목표 참여 인원이 20명인데 실제로 25명이 참여했다면 125%의 성과를 거둔 것이다.

$$◑\ 성과 = \frac{실적}{산출목표} = \frac{9회}{10회} \times 100 = 90\%$$

$$◑\ 성과 = \frac{실적}{산출목표} = \frac{25명}{20명} \times 100 = 125\%$$

목표 대비 실적은 보통 참여인원, 실시 횟수, 제공시간 등과 같이 정량지표를 활용한 산출목표의 경우 편리하게 사용할 수 있으나 클라이언트나 지역사회의 변화를 정성적으로 나타내는 성과목표를 측정할 때도 사용할 수 있다. 예를 들어, 프로그램의 성과목표가 80점이고 실제 프로그램 실시 후 점수는 74점이라고 한다면 92.5%의 성과를 나타냈다고 할 수 있다.

$$성과 = \frac{실적}{성과목표} = \frac{74점}{80점} \times 100 = 92.5\%$$

1) 목표관리, 목표관리법이라고도 한다. 피터 드러커(Peter Ferdinand Drucker)가 1954년에 자신의 저서 《경영의 실제(the practice of management)》에서 제안한 경영기법으로서, 상사와 부하가 공동으로 목표를 설정한 후 목표가 달성된 정도를 측정하고 평가함으로써 경영의 효율성을 증진시키기 위한 전사적 차원의 조직관리 체계를 말한다. 1960년대부터는 성과 평가 기법으로 정착되기 시작했으며 예산 운영 및 관리의 수단으로도 활용되고 있다. 목표에 의한 관리 또는 영문 머리글자를 따서 'MBO'라고도 약칭한다(두산백과).

1-2. 효율성 평가

효과성(effectiveness)은 목표의 성취도만 따지는 것이고, 효율성(efficiency)은 투입대비 실적(산출)을 따지는 개념이다. 그림 11-1과 같이 투입과 산출에 관심을 둔다. 그러나 효율성은 산출을 위해 얼마나 자원(투입)을 절약했는지에 초점을 두기 때문에 과정 평가에 해당한다.

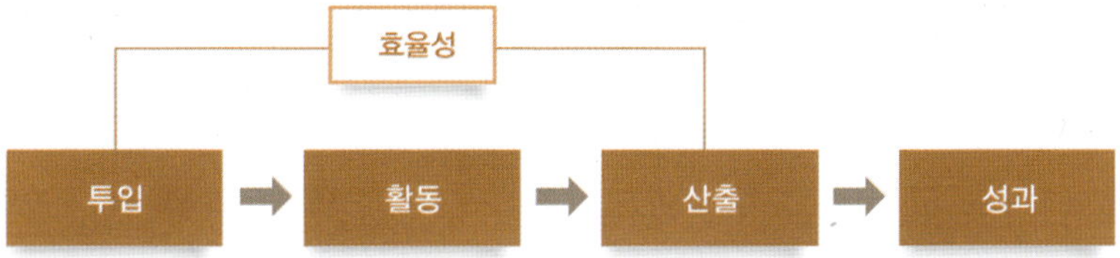

그림 11-1 효율성의 개념

이를 공식으로 나타내면 효율성 = $\frac{\text{산출}}{\text{투입}}$과 같다. 일상 생활에서도 효율성의 개념을 활용한 사례가 있다. 전기 에너지 효율등급이다. 예를 들어, 전기 에너지 효율 1등급 에어컨은 2등급 에어컨보다 같은 냉방 에너지(산출)를 생산하는 데 좀 더 적은 전기(투입)를 소모한다. 마찬가지로 사회복지 프로그램에서도 참여자 수(산출)가 같다면 예산(투입)을 더 적게 집행한 프로그램의 효율성이 더 높다고 할 수 있다. 다음의 사례를 보자. 분자인 산출(참여자 수 10명)이 같다면 분모인 투입(집행 예산)이 더 적을수록 효율성이 높다고 할 수 있다. 또한 서비스 단가($\frac{\text{집행 예산}}{\text{참여자 수}}$)를 비교하더라도 프로그램 B가 더 효율적임을 알 수 있다.

표 11-1 프로그램 효율성 비교

	프로그램 A	프로그램 B
집행 예산	100만원	80만원
참여자 수	10명	10명
서비스 단가	$\frac{\text{100만원}}{\text{10명}}$ = 10만원	$\frac{\text{80만원}}{\text{10명}}$ = 8만원

1-3. 서비스 만족도 조사

1) 개념 및 장·단점

서비스 만족도 조사는 클라이언트의 다양한 기대가 어느 정도 충족되고 있는지에 관해서 소비자의 관점에서 서비스의 질을 평가하는 방법이다. 서비스의 질은 주관적 개념에 속하여 정성적 평가에 속하지만 리커트 척도와 같은 정량적 도구를 활용하여 측정한다. 즉, 질적 평가와 양적 평가를 혼합한 형태로 정성적 평가 내용을 정량적 평가 방식으로 측정하는 방법이라 할 수 있다. 이러한 서비스 만족도 조사의 장점은 다음과 같다(조성우 외, 2018).

첫째, 서비스 만족도 조사는 프로그램을 얼마나 잘 운영했는지, 그로 인해 실제로 클라이언트에게 도움이 되었는지를 알려 준다.

둘째, 외부의 이해 관계자들에게 성과를 입증하는 데 간편하게 활용할 수 있으며, 매우 단순한 조사로 누구나 결과를 쉽게 이해할 수 있다.

셋째, 사회복지서비스 철학에 적합한 평가방법이다. 이용자 중심 실천에 있어 클라이언트 입장에서 프로그램을 통해 얼마나 만족했는지를 질문하는 것은 클라이언트에 대한 존중을 표현하는 매우 유용한 방법이다.

그러나 서비스 만족도 조사는 참여한 클라이언트들의 심리사회적 요인에 의해 대체로 만족한다는 긍정적 평가를 관대하게 할 우려가 있으며, 응답자의 기억력, 사회적으로 바람직한 형태로 응답되는 경향성, 평가의 내용과 차원에서 선별성 등 객관적이고 과학적인 조사설계를 위한 신뢰도와 타당도 확보에 어려움이 있을 수 있다(박경일 외, 2016).

2) 서비스 만족도 요소

서비스 만족도의 요소는 논리모델의 투입, 과정, 산출, 성과 체계 전체에 걸쳐 나타난다. 우선 투입, 과정에 해당하는 과정 평가는 SERVQUAL모델[2)]에

---

2) 보증성: 서비스 제공자가 보유한 지식, 예의 신뢰와 확신
유형성: 시설, 장비 등 서비스의 외형적 품질
신뢰성: 고객과 약속된 서비스를 제공할 수 있는 서비스 기관의 능력
공감성: 고객을 배려하고 개별적인 관심을 보이는 태도
대응성: 신속한 서비스 제공 및 고객을 도우려는 자세

따라 서비스 품질에 초점을 맞추고, 산출, 성과에 해당하는 성과 평가는 클라이언트의 변화에 초점을 둔다.

<table>
<tr><th>체계</th><th>서비스 만족도 요소</th><th colspan="2">초점</th><th>평가</th></tr>
<tr><td>투입</td><td>인적 자원(전문성)
물적 자원(시설, 장비)
정보자원(교재), 시간자원(프로그램 시간)</td><td>보증성
유형성
신뢰성</td><td rowspan="2">서비스
품질</td><td rowspan="2">과정
평가</td></tr>
<tr><td>과정</td><td>전문가의 대응, 공감</td><td>공감성
대응성</td></tr>
<tr><td>산출</td><td>참여자 수, 서비스 이용 횟수</td><td colspan="2" rowspan="2">클라이언트 변화</td><td rowspan="2">성과
평가</td></tr>
<tr><td>성과</td><td>• 인지, 행동, 환경의 변화
• 전반적 만족</td></tr>
</table>

출처: 조성우 외(2018). 재구성.

다음 사례는 이러한 서비스 품질과 클라이언트의 변화를 반영한 서비스 만족도 조사 설문지이다. 1~4번은 과정 평가용 문항이고, 5~6번은 성과 평가용 문항이다.

❖ 사례: 프로그램 서비스 만족도 조사

본 설문지는 이번에 참여한 노인의 사회적 지지 향상 프로그램 서비스 만족도를 조사하기 위한 목적으로 작성되었습니다. 귀하의 응답 내용은 조사목적을 위한 통계자료로만 사용되어 그 외의 목적으로 사용되지 않을 것입니다. 조사는 익명으로 처리되오니 솔직한 응답을 바랍니다. 감사합니다.
담당 : ○○복지관 노인복지_프로그램팀 ○○○ 사회복지사

항목	구분	매우 그렇다	다소 그렇다	보통이다	그렇지 않다	매우 그렇지 않다
내용 (신뢰성)	1-1. 내용은 유익하였는가?	⑤	④	③	②	①
	1-2. 내용은 참여 목적에 맞게 운영되었는가?	⑤	④	③	②	①
	1-3. 시간과 기간은 적절하였는가?	⑤	④	③	②	①
	1-4. 프로그램 자료는 적절하였는가?	⑤	④	③	②	①
강사 (보증성)	2-1. 강사의 프로그램 진행 방법은 적절하였는가?	⑤	④	③	②	①
	2-2. 강사는 열정적으로 프로그램에 임하였는가?	⑤	④	③	②	①
	2-3. 강사는 해당 분야의 전문적인 기술과 지식을 갖추었는가?	⑤	④	③	②	①
시설 장비 (유형성)	3-1. 기관의 시설상태는 전반적으로 만족스러웠는가?	⑤	④	③	②	①
	3-2. 프로그램에 필요한 기자재는 충분히 준비되어 있었는가?	⑤	④	③	②	①
지원 (공감성, 대응성)	4-1. 참여자 상담 및 출석관리는 잘 이루어졌는가?	⑤	④	③	②	①
	4-2. 프로그램 운영에 있어 학습자들의 불편사항을 반영해 주었는가?	⑤	④	③	②	①
	4-3. 참여자들의 지속적인 참여를 위한 지원이 이루어졌는가?	⑤	④	③	②	①
참여 활동 (산출, 성과)	5-1. 프로그램에 결석 없이 참여했다.	⑤	④	③	②	①
	5-2. 과제를 성실하게 제출했다.	⑤	④	③	②	①
	5-3. 프로그램을 통해 사회적 지지의 중요성을 알게 되었다.	⑤	④	③	②	①
	5-4. 프로그램을 통해 사회적 지지를 향상할 수 있게 되었다.	⑤	④	③	②	①
전반적 만족도 (성과)	6-1. 프로그램 내용, 강사, 환경 및 지원사항을 고려할 때, 참여한 프로그램이 전반적으로 만족스러웠는가?	⑤	④	③	②	①

2 비실험설계를 통한 질적 평가

2-1. 질적 평가의 이해

1) 양적 평가와 질적 평가의 비교

대학에서 학생들에 대한 평가는 성적으로 표시할 수 있는데, 예를 들어 중간고사와 기말고사의 비중을 각각 30%, 출석을 20% 정도로 하고 나머지 20%는 학생들의 수업태도와 같은 부분으로 할 수 있다. 여기서 중간 · 기말고사와 출석점수는 대체로 양적 자료를 바탕으로 객관적인 수치로 나타나게 된다. 그런데 수업태도는 어떠한가? 보통 강의 오리엔테이션 시간에 강의자들은 성적 평가에 대해 설명할 때 이 부분에 대해 공지하게 될 것이다. 수업태도는 강의자들의 주관적인 판단에 따르게 된다. 수업시간에 핸드폰 이용, 떠드는 행위, 자는 행위, 무단 자리이탈 등과 같은 행위를 하게 된다면 수업태도의 질적인 평가에서 좋은 점수를 받을 수 없을 것이지만 수업시간에 집중하여 강의자를 주시(eye-contact)하고, 적극적인 태도를 보인다면 좋은 평가를 받을 것이다. 이처럼 양적 평가는 객관적 부분에 관심을 갖지만, 질적 평가는 주관적 부분에 초점을 둔다. 양적 평가와 질적 평가를 비교하면 **표 11-2**와 같다.

표 11-2 양적 평가와 질적 평가의 비교

구분	양적 평가	질적 평가
특성	• 설명적 • 규모가 큰 표본에 실시	• 탐색적 • 규모가 작은 표본에 실시
방법	• 실험, 설문지	• 관찰, 면접
장점	• 객관적이고 일반화 가능 • 자료 해석과 구축이 편함	• 심층적이고 풍부한 의미 파악 • 적은 인원 평가 가능
단점	• 풍부한 의미 파악의 어려움 • 많은 인원 확보 필요	• 주관적이고 일반화 어려움 • 자료 해석과 자료 구축의 어려움

2) 질적 평가의 의의

성과 평가는 다양한 세부 프로그램을 실시하는 과정에서 설정한 과정 목표를 달성함으로써 종국적으로 프로그램 참여자 또는 개입 대상의 바람직한 변화가 어느 정도 일어났는지에 대한 성과치를 측정하는 것이다. 흔히 양적 평가에서는 참여자의 자아 존중감, 사회적 지지 수준 등이 몇 퍼센트 증가하였는지 등으로 표현된다. 여기에서의 문제의식은 프로그램 참여자는 자신의 변화 또는 생각, 인식을 이야기할 수 있는 기회를 제공받기보다는 주어진 설문지의 내용적 범주와 틀에 따라 수동적으로 응답할 뿐이라는 것이다. 자신이 어떤 생각으로 프로그램에 참여하게 되었는지, 프로그램 시행 초기에 어떤 생각을 하였는지, 방관자 또는 단순 참여자의 입장에서 언제 어떤 계기로 적극적인 참여자가 되었는지, 기관 또는 프로그램 진행자에 대해 어떤 생각을 하였고 그 생각이 어떻게 변화되었는지, 프로그램의 내용에 대해 또 그 프로그램에 참여하면서 자신이 어떻게 변화하였는지 등에 대한 목소리를 어느 누구도 귀담아 들어주지 않은 것이 우리의 현실이었다. 때로는 장애인의 경우 본인의 의사표현이 어렵거나 불가능하다는 이유 때문에 번번이 자원봉사자나 가족이 장애인의 의사를 대변하기도 하였다. 그 결과 프로그램 참여자는 자신의 생각을 의미 있게 전해 줄 수 있는 장이 없었고, 프로그램 담당자는 그들의 목소리를 담아내기보다는 오로지 어떤 성과가 있었는지 집착하게 되는 모습을 보였다. 거기에는 프로그램을 진행하면 일정한 성과가 있어야만 의미가 있다고 생각하는 사회복지 시설 평가 패러다임이나 양적 평가에 경도된 전반적인 학문적 분위기 등이 일조했다고 본다.

그렇다고 양적 평가가 필요 없다는 것은 아니다. 균형 잡힌 평가 방법의 도입이 필요하다는 것이다. 그런 의미에서 프로그램에 참여하면서도 자신의 목소리에 의미 있게 귀 기울여주는 기회를 제공하지 않았던 과거의 행태에서 벗어나 프로그램에 참여한 경험이 어떠한 의미가 있는지, 자신의 삶은 또 얼마나 변화하였는지, 긍정적인 변화가 없었다면 왜 그렇게 되었다고 생각하는지 등에 대해 당사자의 목소리를 통해 의미를 찾고 성찰의 기회를 가지는 것이 중요하다는 점에서 질적 평가의 의의를 찾을 수 있다(삼성복지재단, 2015).

3) 질적 평가의 활용

양적 평가는 프로그램의 성과를 측정하기 위해 숫자로 제시된 자료를 통해 분석하는 방법으로서 객관성이 높아 신뢰도가 높다. 반면 질적 평가는 면접, 관찰, 문서, 사진 등의 질적 자료를 활용하여 내재된 의미를 분석하는 방법으로서 다음과 같이 활용된다(조성우 외, 2018).

(1) 양적 평가의 단점 보완

성과 평가를 수행할 때 프로그램 목표 달성을 입증하는 용도로 활용할 수 있다. 질적 평가의 가장 큰 효과는 인간 변화에 대한 풍부한 해석을 제공해 준다는 점이다. 예를 들어, 대학생과 노인의 세대통합 프로그램을 진행했다면 양적 평가는 '노인과 대학생 간에 친밀감이 10% 향상되었다'는 형태의 결론만 수치로 제시할 수 있을 뿐이다. 그러나 여기에 질적 평가를 활용해서 '할아버지의 푸푸한 정을 느끼게 되었다', '할아버지의 열정에 놀랐다', '할머니의 어려움을 이해하고, 할머니의 입장에서 세상을 바라보게 되었다' 등 참여자의 생각을 추가할 수 있어 질적 평가는 양적 평가를 통해 찾은 객관적 성과를 현실감 있는 이야기로 더욱 풍성하게 만들어 주는 효과가 있다.

(2) 서비스 품질 개선

과정 평가를 수행할 때 서비스 품질을 평가하고 개선점을 상세히 찾는 데 도움이 된다. 이 경우 주로 직원회의 등을 통해 질적 자료가 생성된다. 직원들은 프로그램 운영에 나타난 긍정적 · 부정적 측면에 대해 대화를 나눈다. 이 회의에서 나온 풍부한 대화 내용들이 바로 질적 자료가 된다. 이러한 질적 자료로 프로그램 과정에 대한 문제점과 개선점을 도출할 수 있다.

2-2. 질적 평가의 방법

1) 면접

면접(interview)의 사전적 의미는 영어 단어를 통해 살펴볼 수 있는데, 'inter(안으로, 안에 들어가) + view(보다)', 즉 응답자의 '내면적 상황을 보다'라는 뜻이다. 면접은 질적 평가에서 가장 많이 사용되는 방법 중의 하나이다. 훈련된 면접자가 피면접자와 상호작용을 통해 필요한 자료를 수집하여 기록하는 것이다. 일정 조건 속에서 언어를 매개로 질문과 응답을 통해 자료를 얻는 방법이다. 면접은 사회적 상호작용이므로 신뢰관계 형성이 매우 중요하다.

면접은 간단히 말해서 양적인 조사를 질적인 조사의 형식으로 변형한 형태로서 양적인 서비스 만족도 조사의 경우 응답자가 정해진 틀(매우 만족 ~ 매우 불만족)에 한정해서 대답해야 하는 것을 형식에 제한 없이 의사 표시를 하는 방법이라 할 수 있다. 이는 이용자 중심 평가방식이라고 할 수 있다. 양적 조사의 경우 프로그램 담당자 위주로 필요한 내용만을 물어본다면 질적 조사 방식의 면접은 클라이언트가 하고 싶은 이야기를 자유롭게 할 수 있는 방식이라고 할 수 있기 때문이다. 다음의 예를 통해 보자.

❖ 사례: 면접 질문

○○ 프로그램 평가를 위한 면접 질문

1. 프로그램의 과정
   - 프로그램에 참여하면서 가장 기억에 남은 일은 무엇인가요?
   - 참여기간 중 불편했던 사항은 없었는지요?
   - 강사나 담당 직원들에 대해 어떻게 생각하시나요?

2. 프로그램 결과
   - 프로그램에 참여에 대해 만족하시나요? 그 이유는 무엇인가요?
   - 프로그램 참여를 통해 얻은 유익한 점은 무엇이라고 생각하시나요?
   - 프로그램 참여 전과 비교하여 달라진 점은 무엇이라고 생각하시나요?
   - 프로그램의 목표가 ○○인데, 달성되었다고 생각하시나요?

3. 기타
   - 프로그램에 대한 기타 건의사항이나 개선점이 있다면 말씀해 주시기 바랍니다.

물론 이용자 중심의 평가방식인 면접도 장점에 따른 단점이 있다. 면접의 장점과 단점은 다음 표와 같다.

표 11-3 면접의 장점과 단점 비교

장점	• 언어소통 가능자를 대상으로 다양한 의견 수렴 가능 • 제3자의 영향을 배제시킬 수 있음 • 복잡한 내용이나 융통성 있는 질문을 할 수 있음
단점	• 자료 수집과 정리에 많은 시간과 비용이 요구됨 • 면접자에 의한 면접 내용에 편의(bias)가 발생할 수 있음 • 익명성이 결여되어 개인적 정보 밝히기를 꺼릴 수 있음

2) 관찰

관찰(observation)은 주위에서 발생하는 일들에 대해 시각, 청각과 같은 감각기관을 통해 현상을 인지하는 방법이다. 관찰은 설문지나 면접조사에서 얻기 힘든 자료를 수집할 수 있으며, 다른 조사에서 획득한 자료를 보완하는 데도 사용된다. 관찰은 참여관찰과 비참여관찰로 나눌 수 있다. 참여관찰[3]은 관찰대상 집단의 내부에 들어가 구성원의 일부가 되어 공동생활에 참여하면서 관찰하는 방법이다. 관찰대상의 자연적인 상태에서 파악할 수 있다는 장점이 있지만 구성원으로서 가장하고 역할을 수행하기 어렵다는 점, 관찰에 있어 객관성을 잃을 수 있다는 점 등의 단점이 있다. 이에 비해 비참여관찰은 제3자의 입장에서 객관적으로 관찰하는 방법이다. 비참여관찰은 참여관찰의 단점을 보완할 수 있지만 반대로 참여관찰의 장점을 살릴 수 없다는 한계가 있다.

3) 참여관찰은 프로그램이 진행되는 동안 때로는 참여자로서, 때로는 관찰자로서 벌어지고 있는 상황들에 대해 기록하는 것을 말한다. 프로그램 진행자는 대부분 관찰자의 입장에 있지만 때로는 프로그램 참여자와 어울려서 참여하기도 한다. 참여관찰에서 쟁점이 되는 것은 누구의 관점에서 기록할 것인가이다. 즉, 프로그램의 참여자가 사용하는 언어, 상황 등을 객관적으로 담아내는 데 초점을 둘 것인지, 관찰된 내용을 기록하는 사람, 즉 '직원의 입장에서 적을 것인지'이다. 이에 대하여 되도록 당사자의 입장에서 내용을 정리하되, 정리된 내용이 어떤 의미를 가지는지에 대해서는 참여 관찰자가 재해석(reinterpretation)할 필요가 있다(삼성복지재단, 2015).

❖ 관찰의 사례

서○○(42세)은 보호관찰 2년형을 받은 대상자로 특별한 기술이 없고 뚜렷한 목표도 없어 보였다. 보호관찰을 받으면서 범죄자라는 신분을 의식하여 여러 차례 대화를 회피하였으나 본 프로그램을 통해 바리스타 및 제과제빵에 참여하였으며, 관련 자격증을 취득하면서 자신감이 높아 보였다. 본 사업 참여를 통해 제2의 인생을 사는 기분이며 사십이 넘은 나이에 꿈을 꿀 수 있는 사람으로 다시 태어난 것 같아 남은 삶을 의미 있고 행복하게 살 수 있을 것 같다고 하며 현재까지 열심히 취업 활동하고 있다. 본 사업을 통해 재범의 요소를 제거하고 자립의지가 생겨 다시는 과거의 실수를 답하지 않고 열심히 살겠다는 의지를 보였다.

출처: 사회복지공동모금회(2017). 2016 사회복지공동모금회 배분사례집, 여성출소자 및 위기청소년의 사회복귀를 위한 '허그(hug) 일자리 지원 프로그램' 재구성.

3) 기타 질적 평가 방법

(1) 문서

프로그램의 질적 평가를 위해 현장에서 비교적 쉽게 구할 수 있는 자료는 문서이다. 프로그램 소감문, 상담기록, 후기 등이 이에 해당한다. 특히 소감문의 경우 참여자가 면담에 비해 자신의 생각을 글로 정리할 수 있기 때문에 유용하게 사용할 수 있는 질적 자료에 해당한다. 문서를 평가 자료로 사용하기 위해서는 문서 안에 담겨 있는 참여자의 의미를 조명할 수 있어야 한다.

❖ 사례: 소감문 양식

○○상담 프로그램 소감문

나는 상담이라는 것을 인터넷을 통해 처음 알게 되었다. 그때는 그냥 '그런 게 있나 보다'라고 생각하였다. 하지만 ○○상담 프로그램을 받은 지금 나는 나처럼 그냥 보고 지나친 학생들에게 정말 이 프로그램을 권하고 싶다. 영상을 통해 지루하지 않도록 수업을 했고 이론적인 부분도 토론, 발표, 역할극, 상황극 등을 통해 체득하도록 했다. 프로그램 사이사이에 어색한 마음들을 풀어주기 위하여 풍선 터뜨리기, 안으로 들어오기 같은 작은 모둠 활동을 했는데 활동하는 사이 우리는 어느새 서로 한마음이 되어 즐기고 있었고 알고 보면 다 뜻이 있는 것들이라서 신기했다.

출처: 영암군청소년상담복지센터(http://ya1388.or.kr). 재구성.

(2) 사진

사진도 유용한 질적 자료가 될 수 있다. 사진은 프로그램 실행에 대한 증빙 자료의 기능을 함은 물론 프로그램의 생동감을 전달해 줄 수 있다는 점에서 딱딱해 보이는 보고서에 감초와 같은 기능을 할 수 있다.

❖ 사진 활용 사례

초고령 지역 내 청소년들이 재능모아 펼치는 종합자원봉사 활동 적재적소

'적재적소' 프로그램은 초고령 지역인 제주시 한경면에 거주하는 독거 어르신들이 직면한 문제와 욕구를 바탕으로, 청소년들의 빛나는 재능을 '적재적소'에서 펼치는 종합자원봉사 활동 프로그램입니다. 주요 사업은 독거 어르신들에게 이·미용서비스를 제공하는 뷰티반장, 어르신 가정환경개선과 미션 활동(어르신과 함께 수행하는 즐거운 활동)을 진행하는 '클린하우징', 낡고 손상된 방충망을 교체해드리는 '닥터하우징' 등 3가지 영역의 자원봉사 활동입니다.

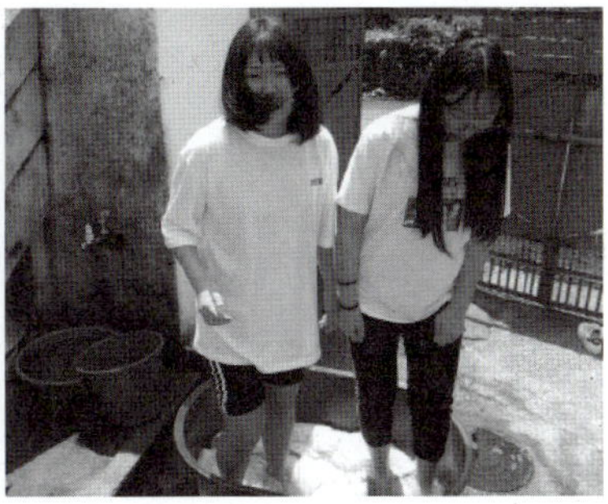

출처: 사회복지공동모금회(2018). 2017 사회복지공동모금회 배분사례집.

수업 활동 ❶

사회복지실습이나 자원봉사 활동 경험을 떠올려 소감문 작성하기
(사진 자료 첨부 가능)

수업 활동 ❷

아래와 같은 순서로 조별활동하기:

① 3~4명으로 조 구성하기

② 조별로 전지와 색연필, 사인펜, 포스트 잇 등 분배하기

③ 한 학기 동안 배운 사회복지 프로그램 개발과 평가의 주요 내용을 토대로 아래 두 가지 중 한 가지 작성하기

- 3연 내외의 "시"를 작성하고 그림 등 디자인하기
- 좋아하는 노래(가요 포함)에 작사하고 그림 등 디자인하기

④ 조별로 발표하고, 평가요소(참신성, 공감성, 활용성, 표현력 등)에 따라 평가하기

정리 및 요약_확인학습

1. 비실험설계를 통한 프로그램 평가에 대한 설명으로 옳지 않은 것은?
   ① 사회복지 실천현장에서 실험적 조건을 충족시켜 프로그램의 효과를 평가할 수 없는 경우 사용되는 평가방법이다.
   ② 실험설계처럼 프로그램의 효과를 엄격하게 분석할 수는 없지만 실험적 조건을 형성하기 힘든 사회복지현장의 특성상 현실적으로 많이 사용된다고 할 수 있다.
   ③ 비설험설계는 질적 평가에서만 가능하다.
   ④ 목표 대비 실적 평가, 효율성 평가 등이 해당한다.

2. 목표 대비 실적 평가에 대한 설명 중 틀린 것은?
   ① 목표 대비 실적 평가는 복잡한 실험설계를 거치지 않고 사회복지 실천현장에서 가장 수월하게 성과를 평가할 수 있는 방법으로서 대표적인 효율성 평가이다.
   ② 이는 경영학의 '목표에 의한 관리(Management by Objectives)'에서 도입된 것으로 목표 대비 실적의 비율을 측정하는 것이다.
   ③ 프로그램의 산출목표 서비스 횟수가 10회이고, 실제 진행한 횟수가 9회라고 하면 90%의 성과를 나타냈다고 할 수 있다.
   ④ 프로그램의 산출목표 참여 인원이 20명인데 실제로 25명이 참여했다면 125%의 성과를 거둔 것이다.

3. 비실험설계를 통한 질적 평가에 해당하는 것은?
   ① 목표 대비 실적 평가
   ② 효율성 평가
   ③ 서비스 만족도 조사
   ④ 면접

4. 양적 평가와 질적 평가를 비교한 내용 중 틀린 것은?

구분	양적 평가	질적 평가
① 특성	• 탐색적 • 규모가 작은 표본에 실시	• 설명적 • 규모가 큰 표본에 실시
② 방법	• 실험, 설문지	• 관찰, 면접
③ 장점	• 객관적이고 일반화 가능 • 자료 해석과 구축이 편함	• 심층적이고 풍부한 의미 파악 • 적은 인원 평가 가능
④ 단점	• 풍부한 의미 파악의 어려움 • 많은 인원 확보 필요	• 주관적이고 일반화 어려움 • 자료 해석과 자료 구축의 어려움

5. 질적 평가의 방법 중 다음 보기가 설명하는 것은?

> 일정 조건 속에서 언어를 매개로 질문과 응답을 통해 자료를 얻는 방법이다. ○○은/는 사회적 상호작용이므로 신뢰관계 형성이 매우 중요하다.
> ○○은/는 간단히 말해서 양적인 조사를 질적인 조사의 형식으로 변형한 형태로서 양적인 서비스 만족도 조사의 경우 응답자가 정해진 틀(매우 만족 ~ 매우 불만족)에 한정해서 대답해야 하는 것을 형식에 제한 없이 의사 표시를 하는 방법이라 할 수 있다. 이는 이용자 중심 평가방식이라고 할 수 있다.

① 관찰　　② 면접
③ 문서　　④ 사진

강의 집중 노트

1. ( )은 참여인원, 실시 횟수, 제공시간 등과 같이 정량지표를 활용한 산출목표의 경우 편리하게 사용할 수 있다.

2. 효과성(effectiveness)은 목표의 성취도만 따지는 것이고, 효율성(efficiency)은 ( )대비 실적(산출)을 따지는 개념이다.

3. ( )는 클라이언트의 다양한 기대가 어느 정도 충족되고 있는지에 관해서 소비자의 관점에서 서비스의 질을 평가하는 방법이다.

4. 실험, 설문지는 ( )평가이고, 관찰, 면접은 ( )평가이다.

5. 질적 평가는 양적 평가의 단점을 보완하고, ( )으로 활용된다.

6. 일정 조건 속에서 언어를 매개로 질문과 응답을 통해 자료를 얻는 방법으로 ( )은 양적인 조사를 질적인 조사의 형식으로 변형한 형태이다.

7. 관찰은 ( ) 관찰과 ( ) 관찰로 나눌 수 있다.

8. 프로그램의 질적 평가를 위해 현장에서 비교적 쉽게 구할 수 있는 자료는 ( )이다. 프로그램 소감문, 상담기록, 후기 등이 이에 해당한다.

9. ( )은 프로그램 실행에 대한 증빙자료의 기능을 함을 물론 프로그램의 생동감을 전달해 줄 수 있다는 점에서 딱딱해 보이는 보고서에 감초와 같은 기능을 할 수 있다.

10. SERVQUAL모델은 보증성, 유형성, ( ), 공감성, 대응성으로 구성된다.

제 4 부

사회복지 프로그램의 분야별 실제

12 Chapter 분야별 사회복지 프로그램

1 아동 · 청소년복지 프로그램

1-1. 학령기 아동의 건강한 성장 및 또래관계 증진을 위한 야간보호사업 <괭이밥 배움터>[1]

1) 프로그램 개요

(1) 요약

'빛나는 마음'이라는 뜻을 가진 괭이밥 배움터는 아동 방임예방을 위한 초등대상 야간보호 프로그램으로 야간 돌봄 및 건강한 성장을 지원하고 있다. 야간 돌봄과 식사 제공을 통해 아동 방임위험 감소 및 건강한 성장을 돕고 있으며, 정서적 지원 프로그램 및 문화·예술지원사업을 통해 정서적 건강 및 친사회적 행동 증진을 도모한다. 또한 보건예방교육 및 학습지도를 통해 올바른 생활습관, 아동의 학습태도 및 학업 성취도의 향상을 돕는다.

1) 출처: 사회복지공동모금회(2018). 2017 사회복지공동모금회 배분사례집.

(2) 필요성(문제 및 원인 포함)

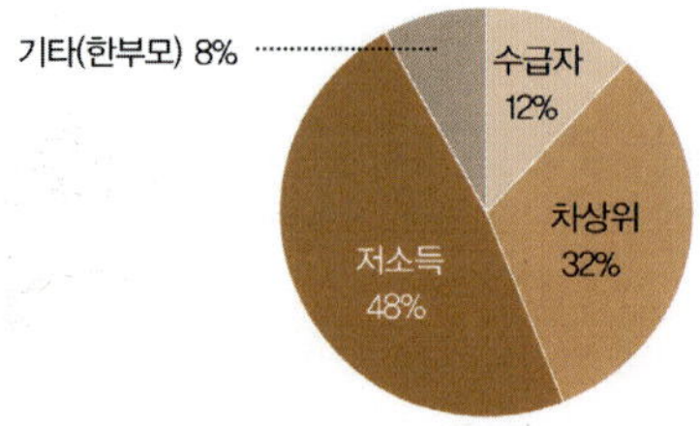

보호유형

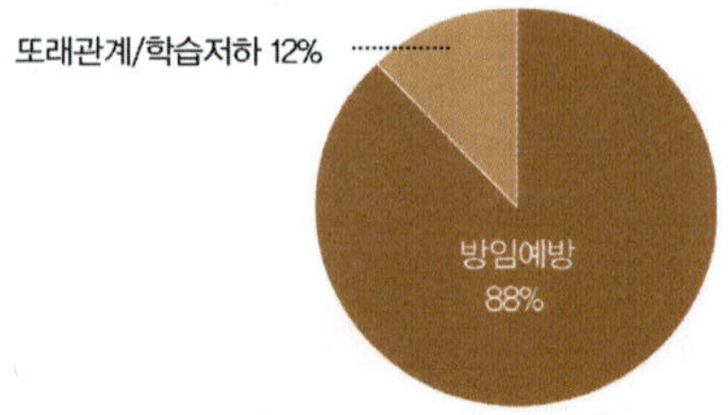

의뢰사유

본 기관은 2016년부터 현재까지 복권기금 아동 · 청소년 야간보호사업을 진행한 후, 분석 결과를 보면 2017년 현재 야간보호사업 이용 아동의 보호유형이 수급자 12%, 차상위 32%, 저소득(중위소득 80% 이하) 48%, 기타(한부모) 8%로 나타나고 있다.

또한 아동 의뢰사유는 방임예방이 88%, 또래관계 및 학습저하 12%로 나타났다. 이는 저소득층 가구 내 아동의 방과 후 야간방임은 안전문제뿐만 아니라 과도한 미디어 사용, 불균형한 식사 등으로 공격적인 행동, 산만함, 학습결손, 운동부족으로 인한 비만 등 복합적인 문제가 노출되어 아동의 성장을 저해하는 요인이 되고 있다는 연구 결과(이경림 외, 2010)와 일치한다.

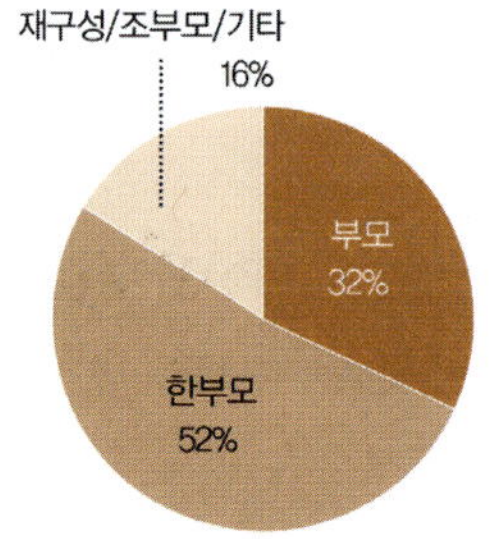

가족구성

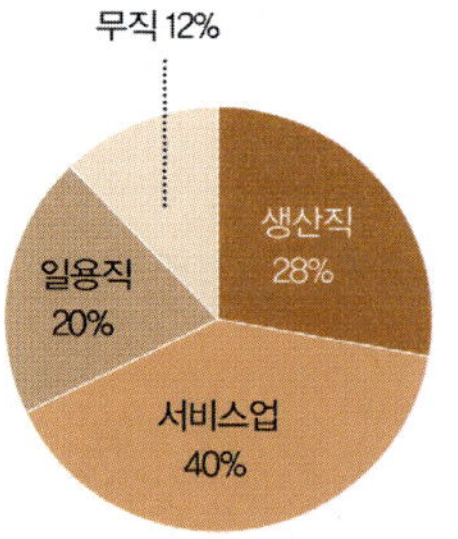

양육자 직업군

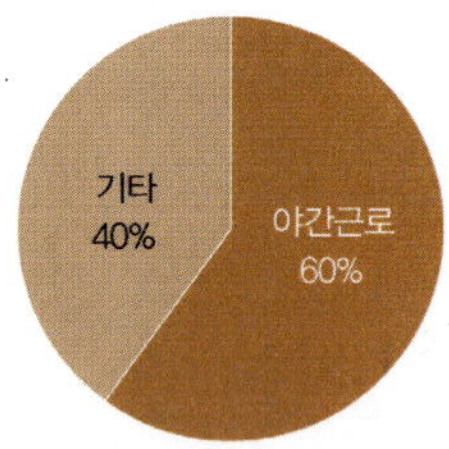

주양육자-야간근로

야간보호 참여아동의 가족구성으로는 한부모가 52%, 부모(맞벌이) 32%로 나타났으며, 양육자의 직업군은 주로 서비스업, 생산직에 종사하여 야간근로하는 양육자가 60% 이상으로 아동의 방임예방을 위한 야간보호가 필요한 상황이다.

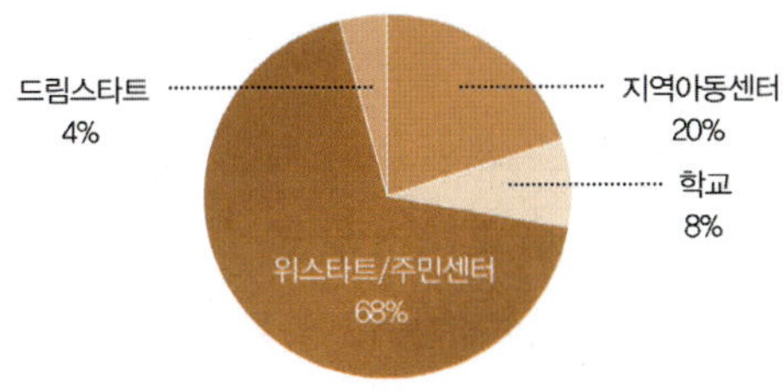

의뢰처

기관이 위치해 있는 원주시 태장동에는 3개의 초등학교와 2개의 지역아동센터가 운영 중에 있다. 그러나 지역아동센터는 청소년 중심으로 진행되어 센터이용 아동 총 40명 중에 초등학생은 5명 내외에 불과하다.

또한 지역아동센터는 초등학생 때 이용한 아동들이 청소년이 되어 현재까지 지역아동센터를 이용하고 있어, 매년 초등학교 입학하는 저학년 아동의 경우 지역에서 이용할 수 있는 사회적 돌봄 서비스가 매우 부족한 상황이다.

현재까지의 아동 의뢰처를 분석해 보면 위스타트와 주민센터 의뢰가 68%, 지역아동센터 20%, 학교 8%, 드림스타트 4%로 나타났다. 교육청 자료에 의하면 교육 복지실 및 돌봄교실 이후 아동 돌봄이 필요한 아동수가 계속해서 증가하고 있어, 아동의 야간보호에 대한 지역적 욕구는 더욱 늘어날 것으로 보인다.

(3) 목적 및 목표

목적	산출목표	성과목표
방임위험 아동에 대한 야간보호 및 건강한 성장지원	• 저녁식사제공 : 주 5회 총 244회(20명) • 집단미술치료 : 주 1회 총 52회(20명) • 보건예방교육 : 월 1회 총 12회(20명)	정서적 · 신체적 건강 증진 및 올바른 생활습관 태도 형성
놀이를 통한 아동의 또래관계 능력 증진	• 전래놀이 : 주 1회 총 52회(20명) • 집단놀이 : 주 1회 총 52회(20명) • 미술놀이 : 주 1회 총 52회(20명) • 영화감상 : 주 1회 총 52회(20명)	놀이를 통한 아동의 또래관계 및 친사회적 행동 증진
야간보호아동의 교과과정 학습지도	• 학습지도 : 주 2회 총 104회	학업성취도의 향상

(4) 대상

대상구분	서비스대상자 산출근거	단위수
① 일반대상	원주시내 거주 아동 수	47,984명
② 위기대상	본 센터에 등록하여 이용하고 있는 아동 수	282명
③ 표적대상	위기대상 중 태장2동, 장양리에 거주하고 있는 아동 수	183명
④ 클라이언트 수	표적대상 중 본 기관의 야간보호가 필요한 아동 수(수용적정 인원)	20명

2) 프로그램 수행현황

(1) 프로그램 수행기간

2017년 1월 ~ 2017년 12월(12개월)

(2) 프로그램 수행내용

성과목표	프로그램	활동(수행방법)	사업실적 (인원/횟수)	시행시기	투입 인력
정서적 · 신체적 건강 증진 및 올바른 생활습관 태도 형성	저녁식사 제공	• 참여아동의 균형잡힌 저녁식사를 제공함	20/244	1~12월	사회복지사 1명, 자원봉사자 1명
	집단미술 치료	• 심리치료센터와 협약하여 소그룹별 집단 미술치료 진행(정서적 지지)	20/48	3~12월	미술치료사 6명
	보건예방 교육	• 개인 위생관리 및 영양 교육 • 놀이 및 안전 교육 • 학대 (방임) 예방교육 • 워크북을 이용하여 강릉원주대 · 상지대 · 송호대 간호학과 연계하여 진행	20/18	2~12월	사회복지사 1명, 간호학과 학생 28명
놀이를 통한 아동의 또래관계 및 친사회적 행동 증진	집단놀이	• 동아리 연계하여 집단 자유놀이 활동 진행	20/51	1~12월	사회복지사 1명, 자원봉사자 3명
	전래놀이	• 동아리 연계하여 전래놀이 활동 진행	20/40	1~12월	사회복지사 1명, 자원봉사자 3명
	인성교육	• 요리, 사진, 매거진, 가면 소재별 인성교육 진행	20/27	1~12월	사회복지사 2명, 자원봉사자 2명

성과목표	프로그램	활동(수행방법)	사업실적 (인원/횟수)	시행시기	투입 인력
	영화감상	• 아동 욕구에 맞는 영화 선정 후 시청	20/52	1~12월	사회복지사 1명, 자원봉사자 1명
	종이접기	• 전문 강사를 섭외하여 종이접기 프로그램 진행	20/48	1~12월	사회복지사 1명, 자원봉사자 1명
	독서 활동	• 독서 후 독후 활동 지도	20/44	1~12월	사회복지사 1명, 자원봉사자 1명
학업성취도의 향상	기초학습 지도	• 기관 자원봉사자를 활용한 학년별 기초학습 및 과제 지도	20/66	1~12월	사회복지사 1명, 자원봉사자 4명

3) 프로그램 성과 및 향후 과제

(1) 프로그램 성과

① 프로그램 전체 평가

성과목표	성과지표	평가결과
정서적 · 신체적 건강 증진 및 올바른 생활습관 태도 형성	저녁식사 제공횟수	• 계획대비 시행횟수 99% 달성 • 균형잡힌 식단을 통해 영양가 있는 저녁식사를 제공함
	집단미술치료 출석률	• 출석률 75% 이상 달성 • 소그룹별 미술치료를 통해 정서적 지원에 도움이 되었음
	보건교육 운영효과 사전 · 사후 설문지	• 손 씻기, 구강건강, 교통안전, 겨울철 안전, 여름철 안전 5가지 항목 평균 점수가 79점에서 83점으로 4점 향상하여 올바른 생활습관 태도 변화에 도움이 되었음
놀이를 통한 아동의 또래관계 및 친사회적 행동 증진	강점/난점 설문지[2]	• 교사, 양육자, 아동을 대상으로 설문을 진행하였음 • '사회지향행동' 강점 평균 0.3점 증가 • '과잉행동', '정서증상', '품행문제', '또래문제'의 지표 난점 평균이 1.5점 감소하여 친사회적 행동이 증진되었음을 확인함
학업성취도의 향상	학습지도 운영효과 사전 · 사후 설문지	• 학습동기, 학습태도, 진로인식변화 측정결과 평균점수 75점에서 78점으로 3점 향상하였음. 이를 통해 학업성취도의 향상을 엿볼 수 있었음

2) 강점·난점 설문지(Strengths and Difficulties Questionnaire; SDQ-Kr, Robert Goodman, 1997)

② 대상자에게 미친 영향 또는 변화

○ 강점/난점사전 · 사후 결과(■ 사전 ■ 사후)

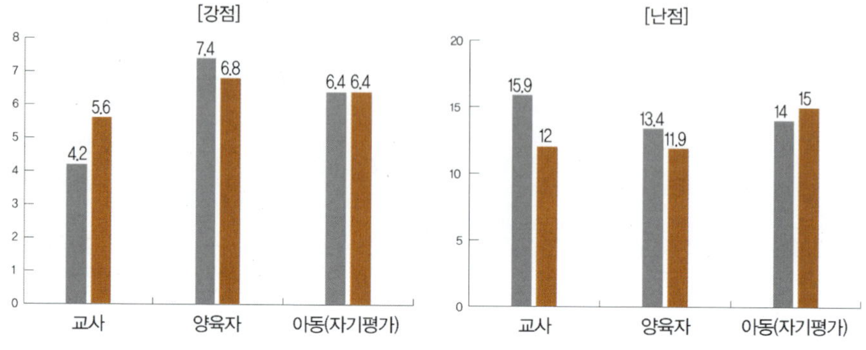

2017년 야간보호사업 '괭이밥 배움터'는 방임 및 방치 예방과 다양한 프로그램 제공, 친사회적 행동의 증진에 중점을 두고 진행하였다. 평가 방법은 강점/난점 사전 · 사후 평가지표를 이용하였다.

교사를 통한 설문지에서 사회지향행동인 강점이 향상된 것은 참여아동의 대부분이 다른 사람의 감정을 배려하고 일을 끝까지 마치며 집중력이 높아지는 등 사회지향행동이 증가되었음을 알 수 있다.

과잉행동, 정서증상, 품행문제, 또래문제의 지표인 난점이 낮아진 것은 야간보호사업에서 진행한 인성교육, 예절교육, 놀이 활동 내에서의 규칙 준수 등으로 인한 결과라고 예상된다.

양육자를 통한 설문지에서 난점이 낮아진 것으로 볼 때, 이는 프로그램의 효과가 야간보호배움터뿐만 아니라 가정에서도 지속되는 것으로 볼 수 있다.

참여아동을 통한 설문지에서 강점 및 난점이 큰 차이가 없는 것으로 나타났다. 이는 다른 아동과의 교류가 없었던 아동들이 야간보호사업에 참여하면서 새로운 친구와의 상호작용이 증가하고, 이로 인해서 새로운 또래관계문제가 발생했기 때문이라고 예상할 수 있다. 이러한 이유로 인한 문제는 아이들의 관계가 안정되고 친밀감이 높아짐으로 해결될 것이라 예상한다. 또한 야

는 아동청소년의 정신건강 문제를 선별하는 도구로 부모 · 교사형, 청소년용으로 구분되며 총 25문항으로 구성된 척도 '사회지향행동', '과잉행동', '정서증상', '품행문제', '또래문제' 5개 척도로 구성되어 아동청소년의 다양한 증상과 강점 측정이 가능하다.

간보호배움터를 통해서 또래문제 해결방법 등을 습득하여 장기적으로는 난점 지표가 감소될 것이라 예상한다.

○ 영향력 및 기여도(클라이언트의 개인적 상황, 지역사회에 대한 기여)

- 아동의 교우관계와 위생상태가 개선되고 야간방임위험이 감소하였다.
- 인근 초등학교 및 지역아동센터와 교류하고 실무자 역량강화 교육과 통합사례회의 등을 통해서 아동이 건강하게 성장할 수 있도록 지역사회와 함께 노력하고 있다.

○ 사업목표에 부합하는 변화 사례

- 또래관계 능력이 부족하여 주 사례 담당선생님의 추천으로 들어온 정○○ 아동의 경우 사회성이 증가함을 발견할 수 있었다. 이 아동은 2016년 야간보호사업에 참여했음에도 불구하고 2017년 사업 초기 다른 아동들과 상호작용이 거의 없었으나, 2017년 12월 현재 친구들과의 소통이 늘었고 주말에도 함께 놀이터에 나가 노는 등 눈에 띄는 사회성 향상을 보였다.
- 한부모가정으로 야간돌봄이 필요하여 들어온 김○○ 아동의 경우, 모(母)가 야간근무를 할 수 있게 됨으로써 일반가정으로 탈수급하게 되었다. 아동 또한 정서적으로 안정되었고, 또래관계 향상 및 발표력도 향상되었다.

③ 대상자 만족도 수준

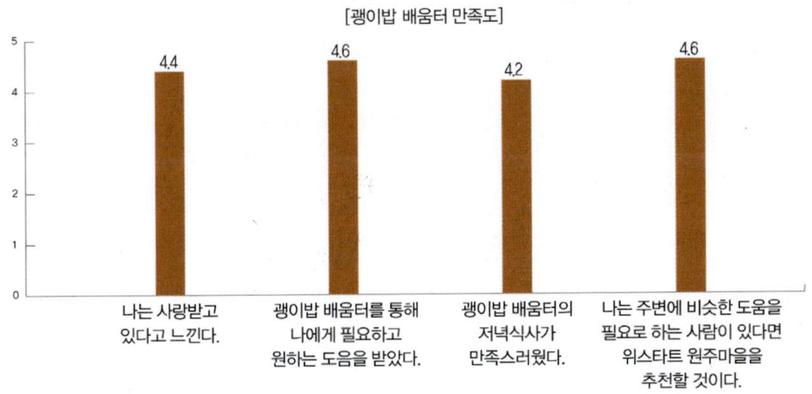

대상자의 만족도 평균이 약 4.5점으로 높았다. 아동에게 필요하고 원하는 도움을 받고 있는지 물어보는 문항은 4.6점의 높은 점수가 나왔다. 저녁식사 부분에서 만족도가 4.2점으로 다소 낮았다. 저녁식사 및 간식의 개선이 필요한 것으로 보인다. 본 기관을 타인에게 추천하겠는지에 대한 점수도 4.6점의 높은 점수를 기록한 것으로 미루어 볼 때 대상자의 만족도는 높다고 할 수 있다.

(2) 프로그램 제한점(목표달성 저해요인 및 개선방안)

○ 양육자와 교사 간 아동을 바라보는 관점의 차이

- 야간보호에 참여하는 아동의 양육자 중 서비스업, 생산직에 종사하여 야간근로하는 양육자가 60% 이상에 속한다. 아동과 가장 오랜 시간을 보내는 교사는 아동의 변화를 쉽게 파악할 수 있으나, 양육자의 경우 아동과 함께하는 시간이 적어 아동의 변화를 쉽게 파악하기 어려운 점이 있다. 또한 대부분의 양육자의 경우 강점보다는 난점으로 아동을 바라보는 경향이 있다.

  이를 개선하기 위해, 아동을 바라보는 부모의 긍정적인 관점의 변화 및 양육에 대한 관심도 향상을 위해 주기적인 양육자 상담 및 양육자 교육을 진행하고 있다.

(3) 프로그램 향후 전망 및 제언

복권기금 아동·청소년 야간보호사업 '괭이밥 배움터'는 저소득층 아동의 학습저하, 방임 예방과 건강한 성장 지원을 목적으로 하고 있어 후원자의 욕구에 맞는 질적인 서비스 제공이 용이하다.

본 기관 서비스를 이용하는 아동들에게 신체성장과 정서적인 안정, 또래관계 개선을 통한 집단의식을 재구성해 사회성이 증가하는 것을 지향하고 있다.

아동들의 강점을 높이고, 난점을 해소하기 위해 다양한 야간보호 프로그램을 진행하고 있다. 이 프로그램을 통해 아동들의 사회성이 증가되면 학령기 아동은 학교에서도 잘 적응하는 것을 알 수 있다.

기관에서 아이들의 돌봄 활동을 지원하여 양육자 홀로 자녀를 돌보는 어려움에서 벗어나, 가정 내 경제적·정서적 어려움을 해소할 수 있었다. 또한 하교 후 아동의 안전한 돌봄이 가능하였다.

지역의 유관기관과 협력을 통해 아동들이 안전하게 생활할 수 있도록 지역사회 네트워크 돌봄을 강화하고자 한다. 특히 초등학교와 중학교 교육복지사, 지역아동센터, 주민센터 등 민·관 통합사례회의를 지속해 사각지대의 방임아동을 발굴하고 지역의 아동들이 건강하게 성장할 수 있도록 돕고자 한다.

유관기관과 연계를 통해 아동의 지속적 사후관리 체계를 만들어 네트워크 중심의 복권기금 저소득층 아동 야간보호사업 진행과 사업을 지역에 지속적으로 홍보할 계획이다.

1-2. 아동양육시설 보호 아동들의 삶의 상처 회복 그리고 관계 속에서 자라나는 행복 느끼기 프로그램 '우리들의 행복한 세상 II'[3)]

1) 프로그램 개요

(1) 요약

아동양육시설에서 생활하는 아동들을 대상으로 스스로 부정적 정서를 해소할 수 있는 힘을 키울 수 있는 프로그램과 건강한 성인상을 만들어주는 프로그램을 진행하여 건강하고 행복한 성인으로 성장하는 것을 돕기 위해 본 프로그램을 진행하게 되었다.

(2) 필요성

국내에는 매년 5,000명의 아동들이 부나 모의 사망, 이혼, 세대 간 갈등의 증폭, 가정 내 폭력의 증가, 존속살해, 자녀유기, 미혼모 증가, 근친상간의 빈번한 발생, 자살, 약물중독 등 수많은 문제들이 가정에서 비롯하여 보호를 필요로 하는 아동이 늘고 있다(김성경, 그룹홈 거주 청소년의 심리사회적 적응에 관한 연구, 2001). 현대 사회에서 불우아동의 문제는 부모가 없는 순수고아의 문제가 아니라, 부모가 있으면서도 그 부모에게 문제가 있어 가정에서 벗어날 수밖에 없는 아동이 주류를 이루고 있다는 것이다. 이렇게 아동은 지지기반이 약하기는 하였으나 익숙한 가정에서 분리되어 시설의 단체생활이라는 낯선 환경에 적응하기까지 많은 심리적 어려움을 안고 생활하고 있다. 아동양육시설에서는 주양육자(생활지도원)가 심리적 부모역할을 하지만 주양육자 1명당 최소 10명 이상의 아동을 돌봐야 되는 상황에서 아동별 양육 및 훈육방법을 적용시키기에는 어려움이 있다. 아동의 발달주기에 있어서 정서를 공감해 주고 현재 행동을 이해하는 것이 가장 우선되어야 하기 때문에 부모교육을 통해 생활지도원에게 지속적으로 그 중요성을 인지시키는 것이 중요

3) 출처: 사회복지공동모금회(2017). 2016 사회복지공동모금회 배분사례집.

하다. 또한 원가족과 시설의 단체생활에서 충족되지 못한 것들을 멘토연계를 통해 충족시킬 필요가 있으며, 아동대상 집단상담 프로그램을 실시하여 아동 스스로도 부정적 정서를 해소하는 방법을 찾을 수 있도록 돕고자 한다.

(3) 목적 및 목표

<table>
<tr><th>목적</th><th>산출목표</th><th>성과목표</th></tr>
<tr><td rowspan="5">아동양육시설에서 생활하는 아동들을 대상으로 부정적 정서해소 및 건강한 성인 역할 모델 프로그램을 통해 건강하고 행복한 성인으로 성장하는 것을 목적으로 한다.</td><td>감소 및 자아존중감 향상
연령대별 두 집단(총 10명) 각 8회기 정서 조절 집단 프로그램 실시</td><td rowspan="5">아동의 부정적 정서(공격성, 우울, 불안) 감소 및 자아존중감 향상</td></tr>
<tr><td>1 : 1 멘토 연계</td></tr>
<tr><td>월별 지원된 활동비로 월 2회 활동 실시</td></tr>
<tr><td>상 · 하반기 회의 실시
(멘토, 담당생활지도원, 자립전담요원)</td></tr>
<tr><td>직원 대상 부모교육 총 10회 실시</td></tr>
</table>

(4) 대상

대상구분	서비스대상자 산출근거	단위수
① 일반대상	대구광역시 아동양육시설 아동	788명
② 위기대상	대구광역시 남구 아동양육시설 아동	230명
③ 표적대상	대구광역시 남구 아동양육시설 영생애육원 아동	41명
④ 클라이언트수	영생애육원 아동 중 프로그램 참여 희망 아동 17명 – 멘토연계 프로그램 멘티 7명 – 집단상담 프로그램 10명	17명

2) 프로그램 수행현황

(1) 프로그램 수행기간

2016년 1월 ~ 2016년 12월(12개월)

(2) 프로그램 수행내용

성과목표	프로그램	활동(수행방법)	사업실적 (인원/횟수)	시행 시기	투입인력
아동의 부정적 정서(공격성, 우울, 불안) 감소 및 자아존중감 향상	정서조절 집단 프로그램	• 연령 및 수준별 세 집단으로 구분 • 집단별 7명 내외 • 집단별 8회(1회 2시간) 진행	22명/ 24회	1월~ 3월	상담사 4명 복지사 1명
	멘토연계	• 멘토 회의 실시 • 멘티, 멘토 1대1 연계 • 월 2회 활동(1월~12월) • 개인상담, 진로상담, 문화활동 등 • 활동비 월 3만원 지원	10명/ 156회	1월~ 12월	멘토 11명 복지사 4명
	부모교육	• 직원 대상 주 1회 교육 실시 • 아동 양육 및 훈육에 대한 방법 습득 • 총 10회기(1회기 2시간) 진행	12명/ 10회	9월~ 12월	상담사 1명 복지사 1명

3) 프로그램 성과 및 향후 과제

(1) 프로그램 성과

① 프로그램 전체 평가

성과목표	성과지표	평가결과
아동의 부정적 정서(공격성, 우울, 불안) 감소 및 자아존중감 향상	• 공격성, 우울, 불안척도검사에서 유의미한 차이 정도 / ※ 변화량 • 자아존중감 척도검사에서 유의미한 차이 정도 / ※ 변화량	• 공격성(BDHI) 평균 2.8점 감소 • 우울(BDI/CDI) 평균 5.3점 감소 • 불안(RCMAS) 평균 1.5점 감소 • 자아존중감 평균 6.5점 향상

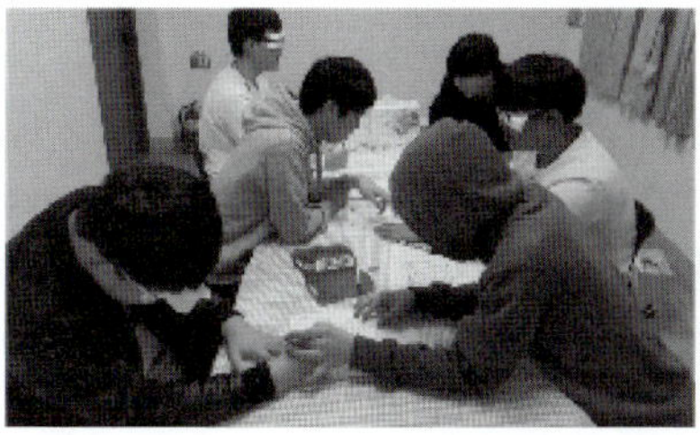

BDHI(공격성) 감소량

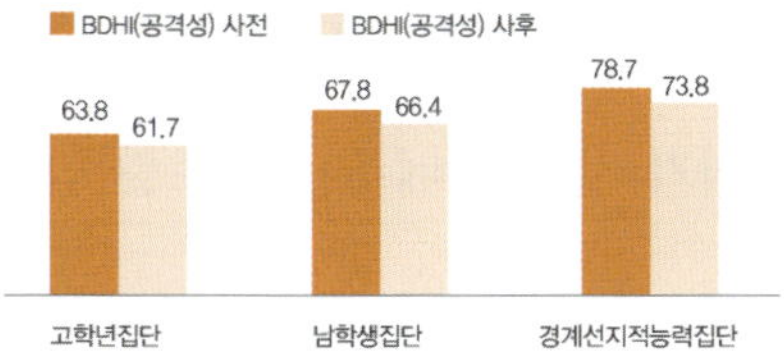

BDI(우울) 감소량

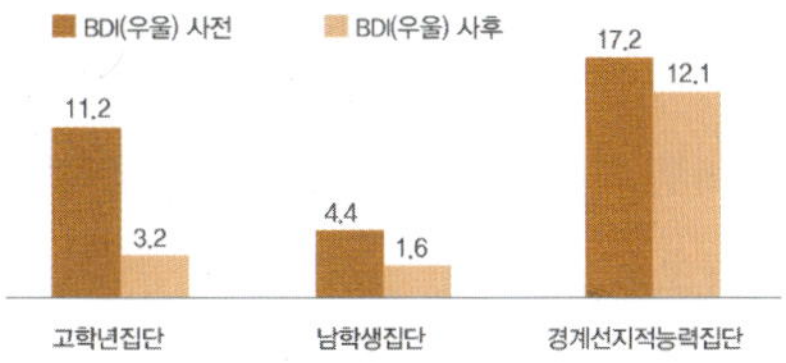

BDI(우울) 감소량

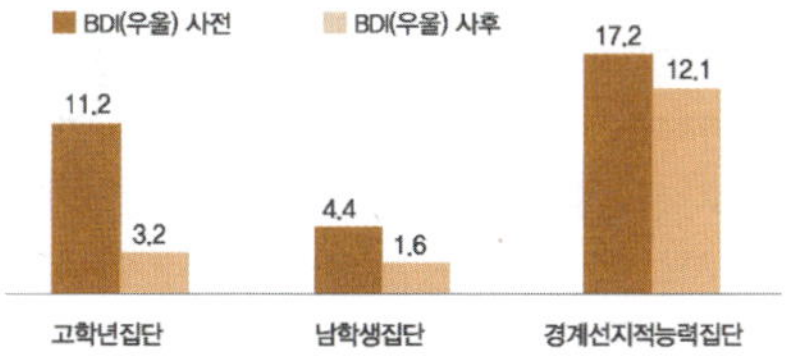

자아존중감 증가량

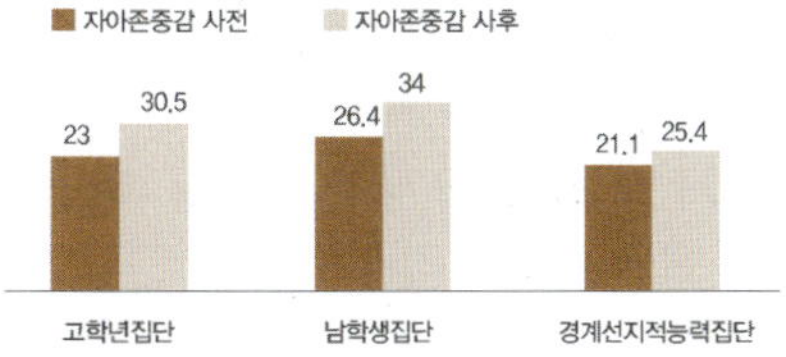

② 대상자에게 미친 영향 또는 변화

- 정서조절집단 프로그램

○ 자신에게 소중한 것이 무엇인지 깨달은 백○○(고1, 남)

힘의 중심이 사람과의 관계 위주가 아니라 사물 위주였으나 집단상담을 통해 사람을 우선시하는 자신의 모습을 발견함 → 7회기째 '마법의 소망카드'에서 자신에게 소중한 것 10개를 작성한 후 하나씩 제거하는 과정에서 최종적으로 남긴 카드는 상담센터소장님이었는데 이유를 물으니 '자신이 힘들 때 곁에서 이야기를 들어주고 언제나 지지를 해주었으며 꾸미지 않는 자신의 있는 그대로를 존중받은 경험'이라고 답함. 자신이 사람을 소중하게 생각하는지 몰랐다며 놀라워 하는 모습을 보임

- 멘토연계

○ 우울증으로 무기력한 삶에서 취업에 성공한 김○○(고3, 남)

> 원래 우울이 심해 무기력한 상태였으며 자살의 의험도 있었던 아동임. 2015년 7월부터 생활의 활력을 위해 제과제빵 학원을 다니게 되었는데 2016년도에 들어 자신의 진로를 제과제빵 분야로 정하고 자격증 취득을 위해 노력함. 이 과정에서 학원 원장님이 멘토가 되어 아동을 이끌어 주었으며 취업까지 연계해 주는 등 많은 도움을 주셨음. 아동의 심리정서 상태를 알기 때문에 한 번의 취업 연계로 관계가 끝나는 것이 아니라 퇴사하더라도 반복적으로 취업처를 소개해 줄 것을 아동과 약속하며 지속적으로 관계를 유지할 계획임

○ 대변처리를 못해 항상 외톨이었던 아이가 사랑을 베푸는 멘토를 만나다! 박○○(초6, 남)

> 지적장애 3급 판정을 받은 아동으로 초등학교 4학년(본 시설 입소당시) 때까지 부모의 학대(방임)로 대변처리 훈련이 되지 않아 또래에게 따돌림을 받아오고 있었음. 본 시설에 입소 후에도 신변처리가 되지 않아 주변의 부정적인 관심을 받아 항상 사랑받고자 하는 욕구가 강한 아동이었는데 2015년부터 초등특수교사가 멘토로 연계되면서 학습지도와 문화 활동을 함. 월 2~3회 자신만을 위한 사람이 있다는 것에 멘토 활동 시간을 기다렸으며, 멘토가 특수교육교사로 장애 아동을 위한 봉사 활동에 큰 가치를 두고 있어 2017년에도 좋은 관계가 계속 유지될 수 있을 것이라 생각됨

- 부모교육

주양육자가 먼저 자신에 대한 성찰과 자존감이 높아야 건강한 양육자가 될 수 있음을 자각하는 기회가 되었다. 또한 어린시절의 애착형성의 중요성과 그 대상이 되는 생활지도원 각자의 영향력이 얼마나 큰 것인지 알 수 있었으며, 온화하고 일관된 양육태도가 이루어질 수 있도록 자아상태의 기능을 적절하게 사용해야 됨을 인식하게 되면서 이러한 것들이 아동과의 관계에 긍정적인 영향을 미친다는 만족도 조사내용이 있었다.

③ 대상자 만족도 수준(요약 내용)

프로그램에 참여한 경험이 어떤 의미가 있습니까?

- 솔직한 감정으로 임하고 다른 친구들의 이야기도 들어보고 좋은 시간이

된 것 같다.

- 자신이 무엇을 소중하게 생각하는지 알게 되었다.
- 새로운 것을 배우고 한다는 게 너무 좋았던 거 같고 한편으로 마음에 안정이 되었다.
- 나의 솔직한 마음을 다른 사람에게 말 할 수 있는 좋은 경험이었다.
- 서로의 입장을 바꾸어 상황을 연출했었던 것
- 다른 사람의 마음을 공감한 것

프로그램을 통해 자신의 삶은 얼마나 변화하였습니까?

- 부정적인 생각을 많이 하는 내가 긍정적으로 변하였다.
- 내 삶에 안정이 된 거 같고 불안함이 조금 사라진 거 같다.
- 남에게 나의 마음을 당당하게 털어놓을 수 있게 되었다.
- 집단상담하고 난 뒤로 '이 상황에서 얘는 어떻게 생각하고 있을까?' 이런 생각을 많이 한다.
- 긍정적이고 남에게 조언이나 좋은 말을 잘해 줄 수 있게 되었다.
- 상대방이 말할 때 눈을 바라본다.
- 자신감이 붙었고 남을 배려할 수 있게 되었다.

(2) 프로그램 제한점(목표달성 저해요인 및 개선방안)

아동들 만족도 조사 결과를 보면 '정서조절집단 프로그램'이 집단별 8회(1회 2시간) 진행되었는데, 짧다는 의견이 대부분으로 보다 장기적으로 진행하여 아동들의 욕구를 충족시키고자 한다. 멘토 연계 역시 차기 사업에도 활동하고 있으며 지속적으로 아동과 관계를 발전시켜 나갈 예정이다.

(3) 프로그램 향후전망 및 제언

아동을 대상으로 하는 정서조절집단 프로그램, 멘토연계는 아동들의 만족도가 높고 지속적으로 참여하고자 하는 욕구가 있어 2017년도에 3차년도 사업으로 진행 중에 있으며 사업 종료 후에도 기존 인력을 활용하여 프로그램을 진행할 예정이다.

2 장애인복지 프로그램

2-1. 성인장애인의 재활훈련 및 자존감 회복을 위한 맞춤형 건강코칭 프로그램 <이제는 건강이다>[4]

1) 프로그램 개요

(1) 요약

비만 및 만성질환으로 건강관리가 필요한 성인장애인들을 대상으로 개인의 신체 특성을 고려한 맞춤형 건강코칭 프로그램(건강관리교육, 라이딩, 건강밥상, 맞춤운동, 음악치료)을 실시함으로써 기초체력증진 및 비만도를 경감시키고, 자아존중감을 향상시키고자 실시하게 되었다.

---

4) 출처: 사회복지공동모금회(2018). 2017 사회복지공동모금회 배분사례집.

(2) 필요성(문제 및 원인 포함)

① 반복된 일상생활과 운동부족으로 인한 비만율 및 만성질환 장애인 급증현상

2011년 보건복지부 통계에 의하면 장애인의 수는 고령화, 만성질환증가, 사고 및 재해 등의 이유로 계속 증가하고 있으며(우리나라 인구 5%), 2008년 장애인 실태조사에서 3개월 이상 계속되는 만성질환 유병률은 장애인 75.9%로 비장애인 42.7%에 비해 높게 나타났다. 그뿐 아니라 비장애인에 비해 고혈압 2.3배, 심혈관질환 6.5배, 당뇨병 3.9배, 만성통증 16.2배 더 높은 유병률을 가지며 비만 발생률은 1.2~3.9배 높다고 한다.

본원은 성인지체장애인 시설로 선천적 뇌손상으로 인한 장애 외에 후천적(교통사고, 산업재해, 뇌출혈 등) 장애로 입소한 장애인(89명 중 37명)들이 42%를 넘어서고 있다.

또한 장애부위별로 편마비, 하체마비, 팔·다리 절단 등 신체적 장애를 가진 지체 및 뇌병변 장애를 가진 장애인과 선천적 또는 후천적 사고의 뇌손상으로 인해 지적능력이 낮은 지적장애인, 지체와 지적장애의 중복장애인 등 장애분류상 다양한 장애(지체, 뇌병변, 지적, 시각, 언어, 간질, 정신장애)를 가진 식구들이 함께 생활하고 있다.

시설에 거주하는 장애인들의 하루 일과를 살펴보면 직업재활훈련, 특수학급에 참가하는 거주인 외 장애인들은 특별한 프로그램이 없는 날에 TV를 시청하거나, 누워서 낮잠을 자고 음악을 듣거나, 많은 움직임이 없이 보내는 경우가 대부분이며, 신체 활동량이 적은데 반해 고열량 음식을 섭취하거나 잦은 간식 섭취로 비만의 원인이 되고 있다.

그로 인해 고혈압, 당뇨, 욕창 등 만성대사성질환으로 인한 고혈압, 당뇨약 복용 장애인 수는 물론 더위와 체중증가로 인한 간질 횟수도 증가하고 있음을 관찰할 수 있다.

② 비만으로 인한 자아존중감 결여

2014년 12월 18일 유럽사법재판소(ECJ)가 비만인 사람을 장애인으로 볼 수 있다는 판결을 한 적이 있다. 장애인들은 신체적 · 정신적 장애 외에 비만이라는 질환을 동반하여 온몸에 시한폭탄을 달고 다니는 것과 같다고 할 수 있다.

흔히 일반사람들은 비만한 사람을 보면서 자기관리를 하지 않는 게으른 사람이라는 편견을 가지고 있으며, 더욱이 비만 장애인들을 보면서 게으름은 물론 위생 · 청결상태에 대해 부정적으로 보는 경향이 있다. 그로 인해 신체상 열등감으로 인한 우울증에 시달리거나 대인기피증, 심리적 · 정서적 발달에 부정적인 영향을 미치기도 한다.

장애인들은 비장애인에 비해 비만관련 인식과 지식부족, 건강관리의 필요성, 목적, 동기부여가 되지 않아 운동 프로그램에 참여하더라도 지속되지 못하고 만족할만한 결과를 얻지 못해 중도에 포기하는 경우가 많다.

대부분 비만 장애인들은 내향적이고 자발성, 적극성이 부족하여 의사소통이 잘 이루어지지 않아 자기 표현력이 부족하고 자존감이 낮아 대인관계와 사회성이 결여되는 모습을 보인다. 이로 인해 욕구불만, 좌절감, 스트레스를 폭언, 폭행, 자해 등 부정적인 방법으로 해결하는 경우가 종종 발생된다.

이처럼 비만상태에 따른 신체상 만족도와 자아존중감은 상관성이 있음을 쉽게 알 수 있다.

③ 장애유형에 맞는 특화 비만 프로그램 개발의 시급함

본원에서는 산책 및 걷기운동 프로그램을 진행하고 있으나, 매일 반복되는 활동으로 장애인들이 지루함을 느껴 10분 이상 지속하지 못하고, 왜 걸어야 하는지, 걷기운동이 자신의 건강에 어떠한 영향을 미치는지에 대한 인식이 부족하여 지속적으로 하고자 하는 의지가 부족하다.

일반적으로 장애인 비만의 원인은 장애 정도와 장애부위, 장애 종류에 따라 다양하지만 장애유형에 적합한 장애 특화 비만 프로그램이 부족한 것이 현실이다.

따라서 프로그램 대상자(장애인)가 장애가 아닌 비만이라는 질환에서 벗어나 건강관리를 할 수 있는 장애 유형별 특화 프로그램 개발 및 도입이 절실히 요구된다.

(3) 목적 및 목표

목적	산출목표	성과목표
건강 및 영양교육을 통한 건강관리능력 향상	1-1. 연 5회 건강 관리교육 프로그램 시행 1-2. 월 1회 건강밥상 프로그램 참여	식습관 변화율 5% 이상 향상
그룹별 다양한 활동을 통한 기초체력 증진 및 비만도 경감(만성질환 개선)	2-1. 주 2회 비만예방 프로그램 시행 2-2. 월 1회 지역 내 라이딩&트래킹 완주 2-3. 월 1회 건강체크	혈압, 혈당 수치 감소
장애유형별 맞춤형 특화 프로그램을 통한 자아존중감 향상	3-1. 악기를 이용한 음악치료를 통해 자아 존중감 향상	자아존중감 5% 이상 향상

(4) 대상

대상구분	서비스대상자 산출근거	단위수
① 일반대상	경북 안동지역 지체 및 뇌병변 장애인 등록 수	13,961명
② 위기대상	안동시온재단에 입소된 장애인 수	163명
③ 표적대상	안동재활원에 입소된 장애인 수	87명
④ 클라이언트수	표적대상중 본 사업 참여에 적합한 장애인 수	5명

2) 프로그램 수행현황

(1) 프로그램 수행기간

2017년 1월 ~ 2017년 12월(12개월)

(2) 프로그램 수행내용

성과목표	프로그램		활동(수행방법)	사업실적 (인원/횟수)	시행 시기	투입인력
식습관 변화율 5% 이상 향상	건강지킴이	사업 설명회	1) 대상: 사업 참가 장애인 2) 장소: 집단 활동실 및 회의실 3) 방법: 안동시 보건소와 연계하여 사업의 목적, 내용, 일정 등 정보를 공유하고 협조사항에 대한 안내를 통해 사업인식도 및 참여도 증진	5명/1회	2월	사회복지사 5명
		건강관리 교육	1) 대상: 사업 참가 장애인 2) 장소: 집단 활동실 및 회의실/보건소 3) 방법: 안동시 보건소 연계를 통한 식습관, 영양관리, 식품구성탑, 비만예방법 등에 대한 교육을 통해 건강관리 능력 향상	5명/5회	3월~ 12월	사회복지사 5명
		건강 밥상	1) 대상: 사업 참가 장애인 2) 장소: 집단 활동실 3) 방법: 5대 영양소가 들어 있는 건강 음식 레시피를 직접 만들어 요리하기	5명/10회	3월~ 12월	사회복지사 5명
		평가회	1) 대상: 사업 참가 장애인 2) 장소: 집단 활동실 및 회의실 3) 방법: 프로그램 만족도 조사 및 평가	5명/2회	6월, 12월	사회복지사 5명
혈압, 혈당 수치 감소	체력증진	맞춤 운동	1) 대상: 사업 참가 장애인 2) 장소: 문화관 및 지역 내 운동시설 3) 방법 • 신체적 장애로 근력이 약한 중증장애인들에게 아령, 짐볼, 밴드를 이용하여 근력강화 운동 시행 • 휠체어 에어로빅 등 유산소운동 시행	5명/80회	3월~ 12월	사회복지사 5명

(계속)

성과목표	프로그램		활동(수행방법)	사업실적 (인원/횟수)	시행 시기	투입인력
		휠체어 라이딩 & 트래킹	1) 대상: 사업 참가 장애인 2) 장소: 지역 내 둘레길, 자전거 도로 3) 방법: 교통안전교육을 시행하고 휠체어를 이용한 특수자전거 탑승 방법을 익혀 월 1회 지역 내 둘레길과 자전거 도로에서 직접 라이딩과 트래킹 체험	5명/10회	3월~12월	사회복지사 5명
자아존중감 5%이상 향상	자존감 향상	음악치료	1) 대상: 사업 참가 장애인 2) 장소: 집단 활동실 3) 방법: 집단 상담 및 다양한 악기를 통한 음악치료 프로그램을 통해 자신의 생각을 표현하고 긍정적인 자아형성에 도움을 주어 정서적·심리적 안정을 도모	5명/12회	3월~5월	음악치료사 1명, 사회복지사 1명

3) 프로그램 성과 및 향후 과제

(1) 프로그램 성과

① 프로그램 전체 평가

성과목표	성과지표	평가결과
식습관 변화율 5% 이상 향상	• 프로그램 참여도 • 식습관 및 인식 변화율	• 프로그램 참여율(출석률) – 94.6% • 건강관리 교육 및 건강밥상 프로그램 진행 후 사전·사후대비 식습관 변화율 6.4% 향상 – 사전 : 81.2점 – 사후 : 86.4점
혈압, 혈당 수치 감소	• 허리둘레 수치 • 만성질환 개선도	• 맞춤형 운동 프로그램 개입 후 허리둘레 수치 감소 및 만성질환 개선을 통해 혈압, 혈당 수치 정상화
자아존중감 5% 이상 향상	• 자아존중감 척도	• 음악치료 프로그램 개입 후 자아존중감 향상 척도 38% 증가 – 사전 : 45점 – 사후 : 62.2점

② 대상자에게 미친 영향 또는 변화

• 영향력 및 기여도

시설에 거주하는 장애인들은 스스로 자신의 건강을 관리하는 데 여러 가지 제약이 있으며, 이러한 장애인들은 평소 잘못된 습관으로 인해 비만 및 만성질환(혈압, 당뇨)에 노출되어 있어 2차 장애를 유발하는 요인들이 많았다. 갑작스런 사고와 질환으로 신체적 장애를 입어 입소된 장애인들이 건강코칭 프로그램을 통해 다양한 교육과 실습으로 자신의 건강상태 및 관리방법을 알게 되어 건강의 중요성을 깨닫는 기회가 되었다.

본 프로그램을 통해 장애인도 건강할 권리가 있으며 자신의 소중함을 인식시켜 스스로 건강을 지키고 실천함으로써 만성질환(고혈압, 당뇨)을 극복하고 체중감량으로 외모에 대한 자신감도 회복하였다.

프로그램에 참여하지 못한 시설 장애인들도 동료의 변화에 스스로 운동하려는 의지를 나타냈고, 2017년도에는 안동재활원에 건강 붐이 일어나 전체 거주인들이 식사 후 함께 운동하고, 흰쌀밥을 선호하는 식구들이 줄어들었으며, 잔반도 줄어드는 등 전반적으로 식습관 개선에도 많은 기여를 하였다.

본원은 장애인 거주시설의 반복된 일상생활에 대해 무기력감을 느끼고, 운동부족으로 인한 비만 및 만성질환을 가진 장애인이 급증하고 있었다. 이로 인해 신체적 건강뿐만 아니라 자아존중감 결여 등 정서적인 어려움이 많이 발생하여 건강코칭 프로그램이 꼭 필요한 상황이었다.

본 프로그램을 통해 장애 유형별 맞춤 특화 프로그램을 개발하여, 스스로 건강관리를 할 수 있는 능력을 향상시키고, 이론 교육, 실습, 음악치료, 지역 내 라이딩 및 걷기 등 다양한 프로그램 참여로 신체적 건강과 자존감이 향상되는 긍정적인 결과를 얻을 수 있었다.

또한 지역주민들과 함께하는 자전거대회와 걷기대회에 참여하여 완주함으로써 장애인-비장애인이 서로 응원하고 지지함으로써 장애인에 대한 편견을 없애고 지역사회에 본 사업의 필요성과 효과성을 알릴 수 있었다.

• 변화사례

본 사업에 참여하였던 최○○ 씨는 평소에 표정이 어둡고, 다른 사람들과 어울리지 못해 일상생활 대부분을 혼자 생활하는 등 대인관계능력이 부족하고, 폭력적인 성향도 보였으며, 비만으로 인해 혈압이 높아 40대 초반임에도 월경을 하지 않는 등 신체적으로도 문제점이 많은 편이었다. 1차년도 사업에 참여하면서 참가자 중 체중 변화가 가장 컸으며, 특히 음악치료에 매우 적극적으로 참여하는 모습이 관찰되었다.

교통사고로 인한 좌측 편마비로 골반이 틀어져 걷기운동을 매우 힘들어했으며, 신체적으로 지친 모습을 보였으나, 2차년도 본사업에서 자전거 운동을 시도한 결과 걷기운동과는 달리 더 오랜 시간 운동에 참여하였다. 프로그램 시간을 늘리자고 제안할 만큼 즐거워함은 물론, 자신에게 맞는 운동을 찾았다고 정해진 프로그램 외에 스스로 운동하는 등 매우 긍정적인 변화 모습이 관찰되었다.

사업에 참여하면서 제일 큰 변화는 분노와 폭력성이 개선되었으며, 게으른 성향은 사라지고 스스로 운동과 청소에 참여하는 자발적인 모습으로 변했으며, 혈압 개선, 간수치 정상화, 체중감량으로 인한 허리 통증 감소는 물론 10년 넘도록 하지 않는 월경이 다시 시작되는 등 건강이 개선된 모습을 보였다.

지금은 같이 생활하는 거주인과 더불어 직원들에게도 운동을 해야 건강해지고, 행복해진다고 이야기하며 자신의 변화된 모습을 자랑하고 운동을 권하는 운동전도사로서의 역할을 하고 있다.

③ 대상자 만족도 수준

조사대상	프로그램 대상 장애인 5명
방법	프로그램 참여자 5명을 대상으로 본 프로그램의 목표설정, 참여도, 자원의 적절성, 프로그램의 선호도, 만족도, 프로그램의 효과, 지속적인 참여 및 추천 여부 등에 대한 설문내용을 구성하여 조사(조사기간: 2017. 12. 28)
결과	• 35점 만점 기준, 28.4점(만족)으로 나타남 • 진행 프로그램 중 자존감향상 프로그램인 음악치료와 건강밥상 프로그램에 대한 만족도가 가장 높게 나타남

(2) 프로그램 제한점(목표달성 저해요인 및 개선방안)

참여자 모두 자전거를 이용하여 프로그램을 진행하였으며, 안전교육과 자전거 탑승 시 주의사항(정면보기, 속도 줄이는 방법, 브레이크 작동법 등)을 매일 교육하고 있지만 운전에 미숙하여 안전사고를 예방하기 위해 외부 라이딩 시 1대1로 진행해야 하는 어려움이 있었다.

라이딩은 외부 활동 프로그램이라 기후와 아주 밀접한 관계가 있어 우천 시, 무더운 여름, 추운 겨울에는 라이딩을 실시할 수 없어 실내에서 근력 및 유산소 운동을 실시하는 것으로 대체하였다.

(3) 프로그램 향후 전망 및 제언

현재 100세 시대에 살고 있는 많은 사람들은 오래 사는 것보다 건강을 유지하면서 자신의 삶을 즐기며 살기를 원하는 사람들이 대부분이다. 매스컴이나 인터넷을 통해서도 건강을 위한 프로그램과 이슈들을 많이 접할 수 있으며, 자기 자신을 사랑하는 방법 중 하나가 건강을 위해 노력하는 것임을 알 수 있다. 시설에 거주하는 장애인들은 비장애인과 달리 정보가 부족하고, 신체적 · 정신적 장애뿐만 아니라 물질적 · 환경적 영향으로 의지가 부족한 것이 현실이다.

건강코칭 프로그램을 진행하면서 건강관리에 대한 필요성은 물론 사업을 통한 효과성을 눈으로 확인함으로써 여가 활동처럼 즐기면서 건강을 찾을 수 있는 프로그램에 대한 관심이 높아졌다.

이 사업을 시작으로 본원에서는 장애유형별 건강을 지원하기 위한 다양한 프로그램을 개발하고 시행함으로써, 장애인이 장애로 인해 좌절하지 않고 신체적 핸디캡을 극복하여 지역 내 행사 등에도 적극적으로 참여하도록 도움으로써 장애인에 대한 인식을 개선시킴은 물론 장애인들이 지역사회에서 적극적으로 활동할 수 있도록 지속적으로 지원할 것이다.

2-2. 치어리딩 - 풋쳐핸섭!!

(치어리딩을 통한 장애청소년의 자신감 향상과 성장발달 프로그램)[5)]

1) 프로그램 개요

(1) 요약

담양 지역에 있는 고등학교 특수 학급 장애청소년을 대상으로 "치어리딩" (건강스트레칭, 체조) + 자신감(구호) + 즐거운(댄스)이라는 매개체를 통해 신체운동학적 기능(유연성, 평형성, 협응력 등)과 단체 활동을 통한 정서적 안정, 대인관계, 협동심 향상 독립심과 자신감을 높일 수 있는 프로그램이다.

(2) 필요성(문제 및 원인 포함)

본 사업은 주대상자인 담양지역에 있는 중 · 고등학교 특수학급 장애청소년을 대상으로 비장애 청소년에 비해 신체적 활동량이 적어 운동부족 및 영양과잉 등으로 비만 현상이 많이 나타나고 있으며, 자기조절능력이 떨어지는 특성이 있다. 또한 농촌지역인 담양에 있는 장애 청소년들은 신체적인 여가 활동은 대부분 교내에서만 이루어지고 그 외 별도로 즐길 수 있는 활동의 공간이 부족하다. 이에 본 사업은 치어리딩이라는 생활체육을 접할 기회를 통해 다양한 감정표출의 통로를 제공하고 스트레스 해소와 공연 참여를 통한 사회적 인식을 개선하며, 나아가 대상자의 신체 활동증진, 독립심과 자신감 배양을 위해 필요하다.

---

5) 사회복지공동모금회(2016). 2015 사회복지공동모금회 배분사례집.

(3) 목적 및 목표

<table>
<tr><th>목적</th><th>산출목표</th><th>성과목표</th></tr>
<tr><td rowspan="3">치어리딩 프로그램을 통해 협동심과 자신감을 배양한다.</td><td>담양 관내 장애청소년(특수학급) 중·고등학교 10명 치어리딩 지도 실시</td><td rowspan="2">장애청소년의 치어리딩 기술 습득</td></tr>
<tr><td>매주 1회 2시간(목) 강습</td></tr>
<tr><td>치어리딩 율동 습득 및 공연 가능연출 2작품 이상 완성</td><td>신체 활동을 통한 기초체력 증진</td></tr>
<tr><td rowspan="2">치어리딩 과정을 통해 신체적·정신적인 성장발달을 도모한다.</td><td>경기(야구, 배구)관람을 통한 전문공연단 관람</td><td rowspan="2">치어리딩 공연을 통해 수혜자에서 공연을 주도하는 시혜자로서의 자존감 향상</td></tr>
<tr><td>연 3회 이상 공연 시행
(담양관 내 학교 체육대회 응원 공연 및 경기장 관계자 협의를 통해 무대공연/부모님 초청공연 실시)</td></tr>
</table>

(4) 대상

대상구분	서비스대상자 산출근거	단위수
① 일반대상	담양지역 전체 인구 수	48,191명
② 위기대상	담양지역 15세~19세 청소년	2,459명
③ 표적대상	담양지역에 중·고등학교 11개 중 특수학급 장애청소년	55명
④ 클라이언트수	담양지역 중·고등학교 특수학급 장애 청소년 중 프로그램 참여 욕구가 있으며 보호자동의를 구한 장애청소년	10명

2) 프로그램 수행현황

(1) 프로그램 수행기간

2015년 1월 ~ 2015년 12월(12개월)

(2) 프로그램 수행내용

성과목표	프로그램	활동(수행방법)	사업실적 (인원/횟수)	시행 시기	투입인력
장애청소년의 치어리딩 기술 습득	치어리딩 교육	• 대상자들의 능력에 맞는 기초연습 외부 강사 연계 이론, 실기교육 • 매주 목요일 2시 30분 ~4시 30분까지 강습(강당에서 프로그램 실시) • 기본자세 및 스트레칭, 기본 스탭 지도 • 첸트(구호), 모션, 펌(수술)을 이용한 댄스 치어리딩 배우기 • 공연 관련 음악레퍼토리의 동작 연출 완성에 대한 지도 • 프로그램 사전, 사후 기초체력 향상 정도	실인원 10명 연인원 457명/48회기	4월~ 12월	사회복지사 2명, 전문강사 1명, 자원봉사자 2명
신체 활동을 통한 기초체력증진	경기관람	• 연 4회 경기 공연 관람(야구, 치어리딩 대회 관람)	실인원 10명 연인원 39명/4회기	5, 6, 8, 10월	사회복지사 2명, 자원봉사자 3명
치어리딩 공연을 통해 수혜자에서 공연을 주도하는 시혜자로서의 자존감 향상	공연 활동	• 연 3회 이상 공연 시행(담양관 내 학교 체육대회 응원 공연 및 경기장 관계자 협의를 통해 무대공연/부모님 초청공연 실시)	실인원 10명 연인원 50명/5회기	11월~ 12월	사회복지사 2명, 전문강사 1명, 자원봉사자 2명

3) 프로그램 성과 및 향후 과제

(1) 프로그램 성과

① 프로그램 전체 평가

성과목표	성과지표	평가결과
신체 활동을 통한 기초 체력 증진	프로그램 사전, 사후 기초체력 향상 정도 (사전사후, 기초체력 측정)	• 5월 · 12월(연 2회) 기초체력검사 측정 실시(참여대상자 10명) 순발력, 민첩성, 근지구력, 평형성 심폐지구력, 협응력을 사전, 사후 검사진행함. 근지구력에서는 참여대상자별로 모두 사전검사보다 3~4점 정도가 상승 • 기초체력검사 전 인바디를 보건소에서 각 대상자별로 진행하였으며(영양, 체충, 비만, 신체균형, 신체강도), 개별 검사에서 골격근량, 신체적 균형, 신체적 발달 부분이 표준 0.23~1 정도 증가
장애청소년의 치어리딩 기술습득	참여율 80% 이상 유지하고 프로그램 활동 (프로그램 종료 후 참여률, 기술습득 정도 자체조사)	• 프로그램 48회기 진행 – 실제 참여 연인원 457명/실인원 10명으로 평균 9.5명으로 참여율이 높게 유지하였음 – 자체 만족도 조사에서 프로그램 100점 기준 86점(만족, 매우만족)으로 나타남
치어리딩 공연을 통해 기관의 수혜자에서 공연을 통한 사회의 시혜자로 인식개선 및 자존감 향상	자아존중감 척도 (사전 · 후 자존중감척도 검사지)	• 자아존중감 검사(자존감테스트) 사전 · 후 검사 실시 – 20문항 실시 – 70점 이상 : A타입(자존감이 높은 사람 4) – 50~69점 : B타입(자존감지수 3) – 30~49점 : C타입(자존감지수 2) – 30점 미만 : D타입(자존감지수 1) • 사전 검사 : C타입 7명 B타입 3명 • 사후 검사 : B타입 5명 C타입 5명 향상됨

② 대상자에게 미친 영향 또는 변화

안○○ 청각장애 3급, 정○○ 청각장애 1급으로 다른 또래보다 1~2년 정도 나이가 많은 상태에서 같은 학년 친구들과는 어울리지도, 함께하는 모습이 부족했던 친구들이었다.

학교 담당 교사와 부모님의 추천으로 치어리딩 수업을 함께 하면서 처음에는 반항과 도망 다닌 행동이 있어 융합되지 못했지만 본격적으로 수업이 진행되면서 한 번, 두 번 함께 동작을 맞추며, 본인들이 흥미를 느끼고 즐거움을 그 안에서 스스로 찾아 내면서 기대 이상의 동작과 자신감, 동료 친구들과 단합하는 행동이 보이며, 현재는 고난이도의 스턴트 치어리딩의 동작을 나타낼 수 있도록 발전하였다.

이러한 변화되는 모습을 지켜보던 담당특수학급 선생님과 부모님께서는 감사의 마음을 전하셨으며, 지속적으로 프로그램이 유지되었으면 하는 마음을 바라셨다.

③ 대상자 만족도 수준

사업 참여 평균 9.5명으로 참여율이 높게 유지되었으며, 자체 만족도 조사에서 프로그램 100점 기준 86점(만족, 매우만족)으로 높은 편으로 나타났다.

(2) 프로그램 제한점(목표달성 저해요인 및 개선방안)

사업 진행 관련하여 대상자 선정을 학교와 연계하여 2~3월에 진행 계획이었으나, 학사 일정과 조율하는 과정 속에서 초기 계획에 비해 진행 일정이 늦어져 계획대비 사업진행이 늦어졌다. 또한 그해 메르스라는 중동호흡기증후군 유행여파로 5월 이후 단체 활동 자체가 취소되면서 경기관람 등에 어려운 점이 발생함에 따라 진행에 대해 여러 방안이 필요하다.

(3) 프로그램 향후 전망 및 제언

1년 동안 지원을 받아 시행 결과, 진행과정에서 장애청소년의 프로그램 만족도 및 출석률이 90%로 높은 흥미를 갖고 있으며 신체적 활동기능의 향상과 자기표현력 및 사회성 등의 향상 정도가 관찰되고 있는 등 프로그램의 효과성이 기대되어 종료 이후에도 2016년도 자체예산을 편성하여 프로그램을 지속할 계획이다.

3 노인복지 프로그램

3-1. 독거노인 고독사 예방을 위한 지역사회 네트워크 활용맞춤 프로그램 '고독사 노(老)! NO! 프로젝트: 노(老)트워크'[6]

1) 프로그램 개요

(1) 요약

본 사업은 지역사회 내 저소득 독거노인을 대상으로 안부전화 서비스를 지원하고, 찾아가는 가정 방문 서비스를 통해 복지 사각지대 독거노인의 고독사 예방과 자발적 자원봉사자 발굴 및 양성을 목표로 하고 있다. 고독사에 대한 상시적인 관리체계를 강화하며, 독거노인의 정서지원 및 맞춤형 서비스 제공으로 지역사회의 사회적 고립감과 고독사를 예방하는 사업이다.

(2) 필요성(문제 및 원인 포함)

고독사는 주변과의 연락단절, 사회복지서비스 차단 및 관심부족 등에서 원인을 찾을 수 있는데, 독거노인의 경우 상대적으로 교육수준이 낮고 경제적 상황의 약화 등 다른 가족과의 연계가 없는 경우 심리 · 정서적 고립감이 더욱 문제가 되는 것으로 나타난다. 독거노인은 가족과 함께 동거하는 노인세대보다 가족 · 친구 · 이웃 · 단체 등의 접촉률 등 사회적 지지체계가 약하고 열악한 상황에 놓여 있기 때문에 사회적 고독감이 크고, 독거노인의 고독감 극복에 대안방안으로 사회적 지지 마련과 독거노인 스스로 고독감 경감을 위해 노력할 수 있도록 사회적 지지 체계가 필요하다. 대전 서구의 경우 65세 이상 노인 인구는 40,171명이며 복지관이 위치한 월평2동의 노인인구 2,285명 중 독거노인은 928명으로 대전시의 38%를 월평동이 차지하고 있어 관심과 보호가 절실히 필요하다고 볼 수 있다.

6) 출처: 사회복지공동모금회(2017). 2016 사회복지공동모금회 배분사례집.

(3) 목적 및 목표

목적	산출목표	성과목표
1. 전화 안부 상담을 통해 대상자 안부확인과 정서적 지지관계 형성으로 사회적 고립감 해소	1-1. 독거노인 200명에게 주 1회 안부전화 상담 실시 1-2. 전화상담 대상자 50case 이상 무작위 노인 우울감 사전·사후 검사 실시 1-3. 전화상담 자원봉사자와 월 1회 월례회의 실시	전화상담을 통해 대상자 안부확인 및 심리적 안정감 향상
2. 가정방문 활동을 통해 직접적인 복지서비스를 실시하여 지역사회 독거노인 고독사 예방	2-1. 대상자 100명에게 월 1회 이상 가정방문 실시 2-2. 대상자 통합사례점검 회의 월 1회 이상 실시 2-3. 대상자의 복지욕구 발생 시 서비스 연계 연 10회 이상 실시	가정방문을 통한 대상자와 자원봉사자 간 관계 향상 및 위기상황 예방
3. 지역사회 주민의 참여와 협력을 통해 지역 복지 문제를 예방하기 위한 자원봉사자 확보 및 양성	3-1. 지역사회 자생단체 2곳 이상 확보 및 연 1회 통합 발대식 실시 3-2. 전문자원봉사자교육 및 워크숍 연 4회 실시 3-3. 월 1회 1시간 자원봉사자 월례회의 및 연 2회 단합대회 실시	지역사회 지역주민 참여 활성화를 통한 지역공동체 의식 확대

(4) 대상

대상구분	서비스대상자 산출근거	단위수
① 일반대상	대전 서구 월평 1,2,3동 거주 65세 이상 노인	4,576명
② 위기대상	대전 서구 월평2동 거주 65세 이상 노인	2,285명
③ 표적대상	대전 서구 월평 2동 거주 65세 이상 독거노인	928명
④ 클라이언트수	표적대상 중 서비스를 제공할 수 있는 적정인원	200명

2) 프로그램 수행현황

(1) 프로그램 수행기간

2016년 1월 ~ 2016년 12월(12개월)

(2) 프로그램 수행내용

<table>
<tr><th>성과목표</th><th>프로그램</th><th>활동(수행방법)</th><th>사업실적
(인원/횟수)</th><th>시행
시기</th><th>투입인력</th></tr>
<tr><td rowspan="3">전화상담을 통해 대상자 안부확인 및 심리적 안정감 향상</td><td rowspan="3">전화상담
서비스</td><td>• 200명의 대상자에게 주 1회 안부전화를 통한 대상자 개별상담 실시</td><td>5,267명/
202회</td><td>1월~
12월</td><td>사회복지사 1명,
자원봉사자 20명</td></tr>
<tr><td>• 전화상담 대상자 중 무작위 50case를 선정하여 노인우울척도 사전·사후검사 실시</td><td>104명/
2회</td><td>4월,
12월</td><td>사회복지사 2명,
자원봉사자 40명</td></tr>
<tr><td>• 자원봉사자를 대상으로 월 1회 월례회의 실시</td><td>217명/
12회</td><td>1월~
12월</td><td>사회복지사 1명,
자원봉사자 20명</td></tr>
<tr><td rowspan="4">가정방문을 통한 대상자와 자원봉사자 간 관계향상 및 위기상황 예방</td><td>가정방문
서비스</td><td>• 전화상담 대상자를 중심으로 독거노인 100명에게 자원봉사자 40명이 2인 1조로 월 1회 이상 가정방문 실시</td><td>2,319명/
757회</td><td>3월~
12월</td><td>사회복지사 2명,
자원봉사자 40명</td></tr>
<tr><td>사례관리</td><td>• 3가지 유형(고위험군, 관계 위축, 저소득 대상자)으로 case를 구분하여 사례관리 실시</td><td>10명/
2회</td><td>1월~
12월</td><td>사회복지사 3명</td></tr>
<tr><td rowspan="2">서비스
연계</td><td>• 월 1회 사례점검회의 및 대상자 욕구별 서비스 연계(회의) 실시</td><td>342명/
10회</td><td>3월~
12월</td><td>사회복지사 2명,
자원봉사자 40명</td></tr>
<tr><td>• 대상자별 욕구파악을 통한 테마별 맞춤형서비스 연계 연 10회 이상 실시</td><td>197명/
11회</td><td>10월~
12월</td><td>사회복지사 2명,
자원봉사자 40명</td></tr>
<tr><td rowspan="3">지역사회 지역주민참여 활성화를 통한 지역 공동체 의식 확대</td><td>통합발대식</td><td>• 지역사회 자생단체 및 인근 대학교와 협력하여 전문자원봉사자 40명 모집/발대식 연 1회 실시</td><td>63명/
1회</td><td>3월</td><td>사회복지사 2명,
자원봉사자 60명</td></tr>
<tr><td>자원봉사자
교육</td><td>• 연 4회 자원봉사자 교육 및 워크숍을 통한 이론, 실천 등 정보제공 실시</td><td>234명/
8회</td><td>4월~
12월</td><td>사회복지사 1명,
강사 1명,
자원봉사자 60명</td></tr>
<tr><td>자원봉사자
단합대회</td><td>• 월 1회 1시간 서비스 점검 월례회의 및 연 2회 단합대회 실시</td><td>60명/
2회</td><td>1월~
12월</td><td>사회복지사 1명,
자원봉사자 60명</td></tr>
</table>

3) 프로그램 성과 및 향후 과제

(1) 프로그램 성과

① 프로그램 전체 평가

성과목표	성과지표	평가결과
전화상담을 통해 대상자 안부확인 및 심리적 안정감 향상	• 주 200case 전화상담 실시 • 노인 우울 사전/사후 검사비교 • 전화상담 만족도 조사 비교	• 평균 주 150case 이상 전화상담 실시 • 전화상담 대상자 중 무작위로 52명을 선정하여 사전/사후 검사실시(사후검사 결과 경증의 우울한 상태에 있는 대상자 29명, 사전 검사 시 중증의 대상자 23명 중 사후검사 결과 4명으로 19명이 경증 대상자로 우울감 감소/중증집단의 사전·사후검사 결과 우울감이 84% 감소) • 전화상담 대상자 150명 중 전화상담 서비스를 계속 받으실 의향에 대해 그저 그렇다(1.3%), 그런 편이다(10%), 매우 그렇다(88.6%)로 긍정적인 답변이 많았음
가정방문을 통한 대상자와 자원봉사자 간 관계향상 및 위기상황 예방	• 가정방문 상담일지 점검 • 월 1회 사례회의 실시 여부 • 맞춤형 프로그램 횟수 달성률	• 월 1회 이상 자원봉사자 40명이 100명에 대한 정기적인 가정방문 실시 • 월 1회 월례회의 및 대상자 사례회의를 통한 슈퍼비전 제공 및 수시적인 사업점검 실시 • 맞춤형 프로그램 총 11회기 실시 및 참여인원 197명으로 계획 인원 대비 98% 달성함
지역사회 지역주민 참여 활성화를 통한 지역 공동체 의식 확대	• 자원봉사자 확보 달성 비교 • 자원봉사자 활동 만족도 조사	• 활동자원봉사자 60명 확보(전화상담 자원봉사자 20명, 사회복지 전공 대학생 가정방문 자원봉사자 40명) • 자원봉사 활동을 지속적으로 하겠다는 설문 비율에 55명(91.6%)이 내년도에도 봉사활동에 임하겠다고 답변함. 전반적인 만족도 설문에 그저 그렇다(7.6%), 그런 편이다(45.4%), 매우 그렇다(46.9%)로 대체적으로 긍정적인 답변이 많았음

② 대상자에게 미친 영향 또는 변화

본 사업에 참여하는 김○○(여, 78세)은 심한 우울증으로 외부 생활이 거의 없고, 취미로는 아파트 주변에 폐휴지를 주우며 우울감과 외로움을 혼자서 달래곤 했다. 전화상담에 대한 거부 반응은 없었고, 외부 활동은 폐휴지를 줍는 것 이외에는 없었으며 복지관 프로그램 참여도 거의 없었다. 정기적인 전화상담으로 개별 욕구파악 후 정기적인 후원물품 지원 등 맞춤형 프로그램에 참여하게 되면서 복지관과 소통하며 총 5회기의 프로그램에 참여하였고, 우울감 완화 및 정서적으로 매우 안정된 모습들을 보이고 있다.

본 사업에 참여하는 이○○(여, 80세)은 전화상담 대상자로, 전화상담 자원봉사자와 긍정적인 관계형성으로 늘 전화상담을 기다리게 된다며, 항상 감사함을 표하신다. 가정방문 서비스에 대한 안내 후 대학생 자원봉사자들이 방문하는 것에 "혼자서 늘 적적했는데, 말동무가 되어 주는 학생들이 있어 즐겁다"면서 고마운 마음을 보답하고자 본인이 직접 담근 김치를 자원봉사자들에 전달하였고, 앞으로도 지속적인 서비스를 받고 싶다는 의사를 밝혔다.

③ 대상자 만족도 수준

전체적인 사업의 만족도에서 전화상담, 가정방문 서비스를 계속 받으실 의향에 대해 150명의 설문대상자 중 133명(88.6%)이 매우 긍정적인 답변이 나왔고, 동일한 자원봉사자와의 친밀한 관계형성으로 정서지원과 동시에 맞춤형서비스에 대한 참여율도 매우 높게 나타났다.

(2) 프로그램 제한점(목표달성 저해요인 및 개선방안)

본 사업의 대상자는 65세 이상 독거노인으로 그 중 가정방문 서비스의 경우 75세 이상 고위험군 독거노인 가정에 사회복지 전공 대학생 40명이 2인 1조로 가정방문을 진행하고 있다. 주로 1~2학년의 대학생 자원봉사자들이 모집되어, 방문에 대한 두려움 및 상담 등에 대한 다양한 어려움이 있어 수시로 담당자와 사례에 대한 내용 공유 및 점검을 지원하고, 정기적인 자원봉사자 교육을 통해 본 사업에 대한 충분한 이해 및 대상자에 대한 이해도를 높이도록 지원하고 있다.

(3) 프로그램 향후 전망 및 제언

지역 특성상 독거노인의 비율이 높고, 90세 이상 고위험군 노인에 대한 관리도 지속적으로 복지관에서 진행하고 있다. 이 사업을 지속적으로 유지할 수 있는 가장 큰 장점은 기관 3층에 전화상담을 할 수 있는 별도의 공간이 마련되어 있다는 점이다. 대전 지역에서 유일하게 월평복지관만 진행하고 있고, 지역사회 잠재된 복지사각지대 요보호 대상자를 발굴함으로써 지속적인 전화상담 서비스를 통해 심리적 안정을 지원하고 있다.

지역사회 사업 홍보를 통해 인근 주민센터의 관심으로 대상자 사례회의 및 의뢰도 활발히 진행되고 있으며, 1·3단지 영구임대아파트 지역에 꼭 필요한 서비스로 자리매김하고 있다. 본 사업을 위해 투입된 인적 자원으로 기존 전화상담 자원봉사자 20명이 오전 · 오후 교대로 월~금까지 전화상담을 지속적으로 진행하고 있고, 주 5회 요보호 노인, 장애인 등 300명이 넘는 대상자를 관리하고 있다.

3-2. 지역사회 밥상공동체 형성을 위한 1·3세대 통합 프로그램 "식사하셨어요?"7)

1) 프로그램 개요

(1) 요약

본 사업은 65세 이상 수급자 및 차상위계층 독거 노인 10명과 시흥시 정왕동에 거주하는 청소년 10명을 대상으로 진행된 지역사회 밥상공동체 형성을 위한 1·3세대 통합 프로그램이다. 세대 간 이해와 노인고독감의 감소, 자기효능감의 향상을 목표로 요리 활동, 텃밭가꾸기, 음식나눔 활동 등을 진행하였다.

(2) 필요성(문제 및 원인 포함)

① 대상자의 욕구 및 문제점

홀로 사는 노인이 우울증에 걸리는 비율은 그렇지 않은 경우보다 20%가량

7) 출처: 사회복지공동모금회(2016). 2015 사회복지공동모금회 배분사례집.

높게 나타난다. 미국의 한 연구결과는 비만 노인보다 고독한 노인의 사망 위험이 2배 더 높게 나타난다고 밝혔다.

- 아이들이 식사와 관련하여 부모와 식사를 자주하면 우울증이 줄고 정서적으로 안정되어 음주, 흡연 등이 줄어든다는 조사결과도 있다.
- 이러한 사회적 이슈를 반영하여 독거 어르신과 청소년이 요리 활동은 물론 텃밭 활동을 통해서 독거노인들의 고독감을 해소하고 노인들과 청소년들이 함께하는 밥상 공동체 형성을 통해서 세대 간 화합할 수 있는 기회를 제공하고자 한다.

② 지역 환경적 특성

경기도 시흥시 정왕동은 공단 배후지역으로 다른 지역보다 집값이 저렴하여 경제적으로 어려운 사람들이 다수 집결하여 생활하고 있는 곳이다. 특히 경제적 어려움을 호소하는 노인들이 정왕동 지역에 많이 거주하는 편이다.

2014년 10월 시흥시 정왕동에 거주하는 65세 이상 노인인구는 10,837명으로 시흥시 전체 노인인구의 26.32%를 차지한다. 복지관에서 실시한 2014년도의 지역주민 욕구조사에 따르면 대상자 160명 중 92명(59.1%)이 식사 및 정서지원에 대한 욕구가 높은 것으로 나타났다.

(3) 목적 및 목표

목적	산출목표	성과목표
독거노인들의 고독감 해소를 위한 지역사회 지지체계 형성	1-1. 1·3세대 짝꿍 10팀 연계	독거 노인 고독감 감소
	1-2. 식도락여행 연간 2회 실시	
	1-3. 요리 활동 14회 및 요리대회 1회 실시	
독거노인들의 자존감 향상을 위한 프로그램 제공	2-1. 텃밭 활동 연간 14회 실시	독거노인 자기효능감 향상
	2-2. 음식 나눔 활동 분기별 1회 실시	
세대 간 이해 증진을 위한 집단 프로그램 실시	1-1, 1-2, 1-3, 2-1	세대 간 이해도 향상

(4) 대상

대상구분	서비스대상자 산출근거	단위수
① 일반대상	경기도 시흥시에 거주하는 노인인구	28,132명
② 위기대상	경기도 시흥시에 거주하는 독거노인인구	9,602명
③ 표적대상	사회적 지지체계가 낮은 독거노인 (본 복지관 급식서비스 이용자 수)	102명
④ 클라이언트수	표적대상 중 본 프로그램에 참여하기 원하는 독거노인	10명

2) 프로그램 수행현황

(1) 프로그램 수행기간

2015년 3월 ~ 2015년 12월(10개월)

(2) 프로그램 수행내용

성과목표	프로그램	활동(수행방법)	사업실적 (인원/횟수)	시행시기	투입인력
노인고독감 감소	1·3 세대 짝꿍 활동	• 발대식을 통해 '식사하셨어요?' 프로그램 소개 및 설명회를 진행함 • 프로그램 참여자 대상별 사전검사(노인고독감/자기효능감) 실시 • 어르신과 청소년의 1:1 짝꿍매칭 및 라포형성을 위한 다양한 레크리에이션 활동 진행함	33명/2회	5월/ 12월	사회복지사, 보조인력
	식도락 여행	• 상·하반기 각 1회씩 식도락 여행을 진행함으로써 짝꿍과의 관계형성 및 독거어르신의 고독감 감소를 돕고자 함 • 상반기 진행의 어려움으로 하반기 2회 식도락 여행 진행함 – 9월(중국음식문화기행–차이나타운, 공화춘, 짜장면박물관, 달동네박물관)	40명/2회	9월/ 12월	과장, 사회복지사, 보조인력

성과목표	프로그램	활동(수행방법)	사업실적 (인원/횟수)	시행 시기	투입인력
		- 12월(한국전통음식문화체험-꽃산병 만들기, 전통한복 및 의복착용)			
	요리 활동	• 월 2회 세대별 이해를 돕기 위한 짝꿍과 함께하는 요리 활동 진행함 • 선호하는 메뉴를 논의 후 결정하여 요리강사를 통해 레시피를 학습함 • 짝꿍과 함께 요리 활동을 진행하고, 각 팀별 완성된 결과물을 시식해보고 함께 저녁식사를 함	192명/13회	5~7월/9~12월	사회복지사, 보조인력, 요리강사
	요리 대회	• 팀별 요리 주제 선정 및 요리대회 선정 • 요리대회를 통해 팀원들 간의 단합을 돕고 심사위원 평가 및 시상식 실시함	15명/1회	12월	관장, 과장, 사회복지사, 보조인력
노인 자기효능감 향상	텃밭 활동	• 상반기에는 상추와 고추, 토마토, 깻잎 등 쌈채소와 봄철에 맞는 모종을 심어 가꿈 • 공식적인 텃밭 활동 참여시간 이외에도 학생 및 어르신들이 자발적으로 주 1회 이상 텃밭에 물을 주고 관리하는 활동을 진행함 • 하반기에는 무, 배추, 쪽파를 심어 가꾸었으나 화분의 흙은 퇴비를 충분히 주었음에도 흙이 굳어 복지관 앞 텃밭으로 옮겨 심고 텃밭 활동에 경험과 역량이 있는 전담 어르신 봉사자를 두어 관리함	107명/7회	5~7월/9월	사회복지사, 보조인력
	음식 나눔 활동	• 요리 활동을 통해 만든 음식을 지역사회(관공서 등)에 방문하여 나눔 활동을 진행함 • 활동 종료 후에 나눔 활동에 대한 소감을 나누며 마무리함	54명/4회	10~12월	사회복지사, 보조인력, 요리강사

3) 프로그램 성과 및 향후 과제

(1) 프로그램 성과

① 프로그램 전체 평가

<table>
<tr><th>성과목표</th><th colspan="2">성과지표</th><th>평가결과</th></tr>
<tr><td>노인고독감
감소</td><td colspan="2">참여인원 90% 이상
노인고독감 감소</td><td>사전·사후 응답자 8명 중 100%의 참여자가 점수변화의 폭은 크지 않지만 최소 2점에서 7점까지의 차이를 보이며 평균 4점 이상의 고독감 감소를 확인할 수 있음</td></tr>
<tr><td>노인 자기효능감
향상</td><td colspan="2">참여인원 90% 이상
자기효능감 향상</td><td>전체 응답자의 자기효능감이 사전보다 사후에 향상되었음을 확인할 수 있었고, 최소 2점에서 최대 28점까지 평균 11점 이상 자기효능감의 향상을 확인함</td></tr>
<tr><td rowspan="2">세대 간
이해도 향상</td><td>청소년</td><td>참여 청소년 90% 이상 노인에 대한 이해도 향상</td><td>• 검사 진행 시 청소년들이 노인을 생각하는 부분에서 가장 큰 변화를 보인 문항은 ‘노인과는 대화가 어렵다’의 문항이었으며 응답자 9명 중 7명이 ‘예→아니오’로 변화를 확인함
• 우리나라 노인문제의 심각성 정도에 대한 인지는 사전검사 시 ‘심각하지 않다→보통이다→심각하다’로 응답자 9명 중 3명의 청소년의 인식이 변동되었음</td></tr>
<tr><td>노인</td><td>청소년에 대한 이해도 향상</td><td>• 어르신의 경우 청소년들과의 대화의 양, 대화의 화제도 초반에 비해 많아지고 다양해짐을 볼 수 있었음
• 이와 같이 청소년과 어르신의 상호작용을 촉진시킬 수 있는 프로그램 참여만으로도 세대 간의 이해 정도가 향상될 수 있다는 것을 확인함</td></tr>
</table>

② 대상자에게 미친 영향 또는 변화

- 어르신 참여인원 10명 중 초기 사전검사를 시행했던 어르신 중 1명은 건강악화로 중도 포기, 1명은 사망으로 인하여 2명의 참가자가 종료됨
- 이에 사전/사후검사(5월, 12월)가 진행된 8명의 평가검사로 고독감 및 자기효능감 결과를 분석함

	자기효능감			고독감		
이름	사전	사후	변화도	사전	사후	변화도
강○○	62	85	△23	50	53	△3
이○포	71	76	△5	45	48	△3
전○○	67	80	△13	47	53	△6
이○자	86	88	△2	45	47	△2
강○○	86	96	△10	43	50	△7
송○○	69	97	△28	47	49	△2
정○○	67	76	△9	42	47	△5
최○○	77	81	△4	51	57	△6

③ 대상자 만족도 수준

사업에 대한 전반적인 만족도를 조사한 결과 '매우 만족 88%, 약간 만족 12%'의 응답이 나타났다. 활동 참여 후 생각의 변화에 대해 참여자들은 '프로그램이 흥미로웠다, 새롭게 배우는 재미와 젊은 친구들과 함께하니 시너지 효과를 받았다, 새로운 것을 해보니 자신감이 생긴다, 어르신과 함께 요리하니 참 좋다' 등의 소감을 제시하였다. 이에 프로그램 참여 후 긍정적인 경험과 즐거움을 경험한 것으로 평가된다.

(2) 프로그램 제한점(목표달성 저해요인 및 개선방안)

프로그램 운영상의 큰 어려움은 없었으나, 청소년 참여자의 경우 학업이 우선이어서 학원 및 학사일정으로 월 2회 진행되는 프로그램 참여율에 영향이 있었다. 어르신의 경우에도 날씨 또는 건강악화 등의 이유로 결석이 많아지다 보니 1:1로 매칭되어 진행되는 요리 활동에 짝꿍이 없어 출석한 참여자들 간 짝꿍이 변경되는 경우가 종종 발생되었다. 이에 2016년 지원사업에 2:2 짝꿍 매칭(조별 활동)을 하여 결석이 있더라도 짝꿍 변경 없이 안정적으로 진행될 수 있도록 계획하였다.

(3) 프로그램 향후 전망 및 제언

본 사업을 통해 어르신은 보다 식사를 많이 하는 모습, 청소년에게는 어르신들과의 관계개선에 긍정적인 영향이 나타났다. 더 많은 지역 내 어르신에게 고독감의 해소와 지속적인 사회참여의 기회를 제공하고 청소년들과의 1·3세대 통합의 모습을 기대하며 지속적인 사업운영을 하고자 한다. 이를 통해 독거어르신의 식생활 및 식문화 변화는 물론 관계망 확대와 사회참여 또한 촉진시킬 수 있을 것이라 여겨진다.

4 여성 · 다문화복지 프로그램

4-1. 농어촌 다문화가정 및 비다문화가정 아동들의 심리·정서 지원을 위한 문화확산 지원사업 '울림소리공연단 We'[8)]

1) 프로그램 개요

(1) 요약

다문화가정의 아동과 비다문화가정 아동이 또래 집단에서 겪게 되는 심리 · 정서적 문제를 음악 활동을 통해 해소하여 또래관계 문제해결 능력 향상 및 자존감 향상을 돕고자 한다.

또한 지리적 환경으로 문화적 혜택을 받지 못하는 농촌 아동들에게 공연단 활동 기회를 제공하여 문화적 격차를 해소하고자 한다.

8) 출처: 사회복지공동모금회(2018). 2017 사회복지공동모금회 배분사례집.

(2) 필요성(문제 및 원인 포함)

• 대상자의 욕구 및 문제점

다문화가정의 아동은 부모의 문화적 차이에서 오는 사회적인 편견과 주위의 시선 등으로 인한 상처를 받으며 소극적인 성향을 보이는 경우가 많다. 주 양육자인 어머니의 원활하지 못한 한국어 능력 때문에 의사소통이 어려워, 자신이 겪고 있는 심리적 갈등을 해결하지 못한 채 자아정체감의 혼란을 겪기도 한다. 이러한 혼란은 또래 관계 형성에도 영향을 끼쳐 사회적 부적응 행동, 비행·반사회적 행동을 보이기도 한다.

이러한 문제를 해결하기 위해 다문화가정 및 비다문화가정 아동의 문화적 격차를 해소 및 공감대를 형성하고 자아정체감을 확립할 수 있는 프로그램의 필요성이 제기되었다.

• 지역 환경적 특성

센터가 위치하고 있는 강진군은 약 15년 전부터 국제결혼이 시작된 농촌 지역이다. 강진군 내 거주하는 다문화 결혼이민자 240명 중에서 사무직, 업무 보조 등으로 국가기관이나 사회복지기관에서 일하는 자들은 10% 미만이며, 대다수가 일용직(식당 보조)이나 농업으로 생계를 이어가고 있다.

강진군은 관내에 종합사회복지관이 없으며, 노인복지회관, 노인복지센터, 아트홀(대관, 공연 중심)만 존재한다. 강진군의 면 단위 중, 군동, 옴천 지역과 위스타트가 위치한 성전의 경우 지역아동센터가 없어 맞벌이가정의 자녀들은 수 km 떨어진 읍내까지 이동해야 하는 어려움이 있다. 이외에 '다문화가족지원센터' 1곳이 있으나, 강진읍 지역을 중심으로 초기 입국자 및 성인 대상의 사업을 주로 수행하고 있어 다문화가정 아동의 욕구를 해소하기엔 역부족이다.

따라서 "WE START 강진글로벌아동센터"는 성전, 작천, 옴천, 병영면을 비롯하여 강진읍(14~16세 위스타트 관리대상 포함)을 제외한 강진의 유일한 다문화 가족 서비스 전달체계로서, 본 기관의 지역 환경적 역량과 대상자의 욕구를 반영하여 본 사업 '울림소리 공연단 We'를 기획하게 되었다.

(3) 목적 및 목표

목적	산출목표	성과목표
다문화가정 및 비다문화가정 아동의 공감대형성 및 정서적 문제해결	1. 주 1회 우쿨렐레교육 수업 시행 2. 연 2회 이상 무대공연 참여	무대공연의 기회로 자존감을 높이고 다문화가정 아동의 또래관계 문제해결 능력 향상

(4) 대상

대상구분	서비스대상자 산출근거	단위수
① 일반대상	WE START 강진글로벌아동센터 대상 다문화가정 아동 및 비다문화가정 아동	240명
② 위기대상	WE START 강진글로벌아동센터 대상 다문화 학령기 아동 및 비다문화 학령기 아동	138명
③ 표적대상	WE START 강진글로벌아동센터 대상 다문화 학령기 아동 및 비다문화 학령기 위기대상 아동	56명
④ 클라이언트수	WE START 강진글로벌아동센터 대상 다문화 학령기 아동 및 비다문화 학령기 아동 표적대상 중 프로그램을 희망한 아동	15명

2) 프로그램 수행현황

(1) 프로그램 수행기간

2017년 5월 ~ 2017년 12월(8개월)

(2) 프로그램 수행내용

성과목표	프로그램	활동(수행방법)	사업실적 (인원/횟수)	시행시기	투입인력
무대공연의 기회로 자존감을 높이고 다문화가정 아동의 또래관계 문제해결 능력 향상	울림소리 공연단 We	• 프로그램 홍보 및 모집 – SNS 및 위스타트 소식지 홍보 – 강진군 다문화자조모임회 자료 홍보 및 안내	2회	3월~4월	담당자 1명
		• 우쿨렐레 교육 프로그램 진행 – 전문 강사의 우쿨렐레 악기교습을 진행함(주 1회, 2시간) – 차량운행을 통해 농촌지역 아동의 이동의 편리성과 안정성을 확보함	15명/25회	5월~12월	강사 및 보조강사 2명, 담당자 1명
		• 지역사회연계지원 – 강진문화예술제 및 초청 공연, 위스타트 뮤직in 행사 등 무대 공연 참여	15명/2회	5월~12월	담당자 1명
		• 사전, 사후조사 실시 등 – 프로그램 담당자 평가회의	15명/2회	5월~12월	슈퍼비전 1명, 담당자 1명

3) 프로그램 성과 및 향후 과제

(1) 프로그램 성과

① 프로그램 전체 평가

성과목표	성과지표	평가결과
무대공연의 기회로 자존감을 높이고 다문화가정 아동의 또래관계 문제해결 능력 향상	Self-Esteem Inventory: Form B(자아존중감 척도)	사전조사 70점에서 사후조사 81점으로 11점 상승하였음

② 대상자에게 미친 영향 또는 변화

- 다문화가정 아동 및 비다문화가정 아동들이 함께 수업에 참여토록 하여 서로 간의 이해를 도모하며 선입견을 없애고 또래집단 관계 형성에 도움을 주었다.
- 협력을 통한 악기연주 활동으로 협동심을 향상시키고 자연스러운 다문화 수용성 교육을 진행할 수 있었다.

사례

올해 울림소리공연단에 참가하였던 단원 중 막내인 다문화가정의 2학년 ○○○는 또래보다 체구가 작아 저학년용 우쿨렐레 악기도 커 보일 정도다. ○○○는 체구가 작지만, 열정이 있어 수업시간에는 매우 적극적이다. 우쿨렐레 곡이 어려우면 은근슬쩍 노랫소리가 커진다. 12월 위스타트 행사 무대에 서는 날, 감기로 인해 병원에 입원하던 중에도 무대에 서기 위해 링거를 맞다가 링거를 빼고 공연 무대에 섰다. 다문화 가족의 부정적인 자녀교육에 대한 편견을 바꾸어 주신 열정과 자신이 맡은 역할에 대한 책임감을 느끼고 참여하는 ○○○가 함께하는 공동체를 배워가는 모습을 볼 수 있었다.

③ 대상자 만족도 수준

인근 지역의 학교와 연계하여 각 학교의 지지와 프로그램 참여도를 높였다.

울림소리공연단원들의 학습욕구 및 무대공연 참 여욕구가 높아 프로그램 활동에 적극적인 모습을 보였다.

차량운행을 통해 농촌지역 이동의 편리성과 안정성을 확보하여 참여아동과 부모님의 만족도가 높았다.

(2) 프로그램 제한점(목표달성 저해요인 및 개선방안)

농촌 지역의 특성상 지리적으로 열악한 환경 때문에 전문 강사 섭외가 어려웠다. 또한, 또래관계형성에 초점을 맞추어 아동과 부모의 관계형성에 대한 지원이 부족하였다. 많은 정보를 제공하는 것에 비해 다문화가정 부모의 국한된 정보 습득이 많아, 아동과 부모와의 상호작용이 원활히 이루어지지 못했다. 차후 사업 계획 시 해당사항에 대한 개선방안을 마련하여 부모와 자녀가 함께 소통하고 참여할 수 있는 프로그램을 개발할 것이다.

(3) 프로그램 향후 전망 및 제언

위스타트는 울림소리공연단 단원 아동들이 다니고 있는 성전초등학교와 군동초등학교, 옴천초등학교와 연계하여 교육과정 외 위스타트의 프로그램 활동에 적극적인 참여와 지지를 얻고 있다. 지역아동센터가 없는 귀 지역에서 다문화가정 아동 및 비다문화가정 아동이 서로에 대한 편견이나 선입견을 없애고, 1인 1악기 특기를 신장할 뿐만 아니라 정기적인 공연단 수업과 무대 공연을 통해 소속감을 키우고 자존감과 사회성이 향상될 수 있도록 지원하는 본 프로그램이 지속적으로 이루어지기 위해서는 물적 자원 마련과 함께 전문 강사의 인적 자원 마련이 필요하다.

4-2. 국제결혼가정 내 가정폭력, 성폭력 피해자의 심리적 안정과 회복을 위한 쉼터 지원사업 '쉼터 지원사업'[9)]

1) 프로그램 개요

(1) 요약

국제결혼을 통해 한국으로 이주한 여성들이 가족 구성원으로 인해 가정 내에서 당하는 각종 차별과 폭력으로 인한 신체적·정신적 어려움을 전문적으로 지원하는 프로그램이다. 피해자인 이주여성들이 구제 절차를 통해 안정을 얻고 문제가 해결되어 안정적 정착과 건강한 삶을 살도록 돕는 데 목적이 있다.

(2) 필요성(문제 및 원인 포함)

전남은 다문화 특구 지역으로 타 지역에 비해 많은 이주여성이 거주하고 있다. 전남의 특성은 크고 작은 섬들이 많아 교통 여건이나 정보의 부족 등으로 피해구제를 받을 수 있는 접근성이 열악하다. 이들은 새로운 삶을 개척하려는 강한 의지를 가지고 결혼 이민을 선택하였지만 결혼 과정이나 출입국 관련 법 등이 남편과의 종속적인 관계에 놓이게 된다. 이러한 제도적 장치나 사회적 요인 등으로 인하여 가정폭력이 자주 발생하며 위협적인 환경에 억눌려 잠재되어 있는 이들의 장점을 이끌어 내기 어렵다. 이에, 가정폭력 등으로 인권침해를 입은 이주여성을 보호할 수 있는 피신처의 제공은 물론 가정폭력 피해자들의 육체적·심리적 치유를 통해 전인적인 삶을 회복하도록 지원함이 필요하다. 더불어 쉼터에서 안정을 취함과 동시에 상담을 통하여 가정해체를 방지하고 자신의 삶을 주체적으로 살아갈 수 있도록 임파워링 하는 것은 매우 중요하다.

9) 출처: 사회복지공동모금회(2017). 2016 사회복지공동모금회 배분사례집.

(3) 목적 및 목표

목적	산출목표	성과목표
전문상담을 통하여 심리적 안정과 전인성을 회복하도록 돕는다.	• 전문가집단의 도움을 받아 미술치료, 음악치료, 춤테라피 등 실시 • 심리검사와 프로그램 실시	• 정서적, 심리적 안정 • 적절하고 효과적인 프로그램 개설 • 분노치료
의사소통과 사회생활을 원활히 하기 위해 한국어교육을 실시한다.	1일 1회 한국어교육 실시	적절한 교육 프로그램으로 적응 능력 향상
가정폭력 등 각종 폭력에 노출된 이주여성들에게 긴급피난처, 의료지원 및 숙식을 제공한다.	1. 숙식제공 2. 의료지원 3. 쉼터제공	• 안정적 보호와 쉼터 제공 • 관계 기관과 연계한 피해자 구제 • 의료지원 및 숙식지원 단, 장기적 보호를 통해 의식주 지원 및 생활적응도 향상

(4) 대상

대상구분	서비스대상자 산출근거	단위수
① 일반대상	전라남도 거주 여성결혼이민자와 가족	약 20,000여 명
② 위기대상	전라남도 거주 여성결혼이민자	6,600명
③ 표적대상	전라남도 거주 여성결혼이민자 중 폭력피해자	*산정할 수 없음
④ 클라이언트수	여성결혼이민자 중 가정폭력 등 지원이 필요한 자	월 평균 15명

2) 프로그램 수행현황

(1) 프로그램 수행기간

2016년 1월 ~ 2016년 12월(12개월)

(2) 프로그램 수행내용

성과목표	프로그램	활동 (수행방법)	사업실적 (인원/횟수)	시행시기	투입인력
전문상담을 통하여 심리적 안정과 전인성을 회복하도록 돕는다.	인성변화 치료 프로그램	미술치료, 음악치료, 댄스 테라피 실시	7명/ 월 2회	연간	2명
	인성심리검사 프로그램	인성심리검사 후 치료 프로그램 실시	5명/ 2개월 1회	연간	3명
의사소통의 어려움을 해소하기 위해 맞춤형 교육 프로그램과 한국어교육을 실시한다.	한국어교육	전문강사를 통해 한국어수업	5명/ 2개월 1회	연간	3명
폭력에 노출된 이주여성들에게 피난처, 의료지원 및 숙식을 제공한다.	쉼터제공	안락한 가정과 같은 피난처 제공	15명/ 주 3회	연간	3명

3) 프로그램 성과 및 향후 과제

(1) 프로그램 성과

① 프로그램 전체 평가

성과목표	성과지표	평가결과
전문상담을 통하여 심리적 안정과 전인성을 회복하고 빠른 사회적응과 안정적 정착을 돕는다.	• 프로그램 만족도 • 생활 적응능력 관찰, 결과물 토대로 변화분석, 참여일지 작성 • 전문가 의견서	• 프로그램 만족도 85% • 사전사후 변화 분석 및 검사지 긍정 평가
의사소통의 부재로 인한 불편을 해소하고 사회적응을 돕기 위해 한국어교육을 실시한다.	• 프로그램 개입 후 의사소통 정도 • 교육 참여 정도 • 프로그램 만족도	• 자기의사 전달 능력 80% 향상 • 교육 참여율 95% • 프로그램 참여 대상자 만족도 90%
폭력에 노출된 이주여성들에게 피난처, 의료지원 및 숙식을 제공한다.	• 쉼터 생활 적응 정도 • 공동체 생활 참여 정도 • 상담일지 • 대상자 일지	• 시설 만족도 85% • 생활적응 정도 긍정 80% • 시설 프로그램 참여율 95% • 사회적 · 경제적 자립도 80%

② 대상자에게 미친 영향 또는 변화

가정폭력, 성폭력 피해를 당한 이주여성들에게 안전한 피난처와 숙식을 제공함으로써 문제해결과 육체적 회복을 돕는 데 의미를 두고 있다. 이주여성들이 구타를 당해도 갈 곳이 없기 때문에 자포자기 상태로 폭력에 노출되어 살아가는 사례가 많으며 심리적 · 정서적으로 우울감과 불안감을 갖고 있는 경우가 많았다. 그러나 보호와 쉼터라는 안식처가 생김으로써 심리적 안정을 회복하였으며 지속적인 상담을 통해 문제를 조기에 해결하고 자립의 의지를 높였으며 안정적인 정착에 많은 도움이 되었다.

③ 대상자 만족도 수준

보호시설의 의무, 심리적 안정을 위한 체계적인 프로그램 운영, 안정적인 정착을 도모하는 상담지원, 문제개입에서 해결중심 가족치료까지 전반적인 과정을 지원하고 있다. 문제해결 후 표적대상 사례관리를 하기 때문에 클라이언트의 만족도가 높은 편이다.

사례 ①

안티△△(캄보디아, 34세)

저는 한국에 온 후 2달째부터 남편에게 많이 맞았어요.
친정엄마와 통화도 못하게 했고 한국어를 배우러 가고 싶은데 못 가게 했어요.
남편은 정상이 아니에요. 머리 안 좋아요. 우리남편 바보예요. 글씨도 몰라요.
매일 술 마셔요. 그날도 술 마시고 저한테 "캄보디아로 가버려" 소리 질러 했어요.
저는 무서워서 아무 말 못했는데 말 안 했다고 방에 있는 물건을 다 던졌어요.
저는 얼른 핸드폰으로 사진을 찍었는데 핸드폰도 깨버리고 발로 차고 뺨때리고…. 입술에서 피 많이 났어요. 제가 "도와주세요" 소리쳤는데 아무도 안 도와줬어요. 시어머니도 도와주지 않았어요. 저는 집에서 나오지 않았다면 죽었을 거예요. 많이 슬펐어요.
그런데 저를 도와주셔서 감사합니다. 저는 희망이 생겼어요. 제가 한국에서 살 수 있도록 도와 주셔서 감사합니다. 정말 감사합니다.

<문제해결>

남편의 폭력 근절의 의지가 없고 지속적인 폭력이 예상되어 클라이언트의 의사에 따라 법적 지원하였다. 남편과 상관없이 쉼터에서 출입국 사무소에 보완서류 제출하여 체류기간을 연장하여 안정적 정착을 도왔으며, 현재는 남편과 격리되어 심신의 안정을 찾고 자립기반을 모색하고 있다.

(2) 프로그램 제한점(목표달성 저해요인 및 개선방안)

상담에서 문제해결까지를 지원하는 상황에서 제한된 예산과 상담인원으로 쉼터의 기능을 보강하는 데 어려움이 있다. 특히 이주여성이라는 특성상 통역원이 있어야 체계적인 상담이 가능하지만 욕구를 충족하기에는 한계가 있다.

본 쉼터는 목포시 외국인콜센터와 업무협약을 체결하여 통·번역 도움을 받고 있으며 재능기부를 할 수 있는 외부강사들을 섭외하여 프로그램을 진행하고 있다. 그러나 인력 확충을 통한 전문적인 업무 분담과 아이들을 동반하는 입소자들의 상황을 고려하여 자녀들을 위한 프로그램 개설 등, 적절한 예산 확충이 시급하다.

(3) 프로그램 향후 전망 및 제언

본 쉼터는 가정폭력, 성폭력 그리고 가족 구성원과의 갈등, 문화적 충돌로 인한 어려움 등 이주 여성들의 다양한 형태의 상담이 이루어지고 있다. 특히, 가정폭력이나 갈등이 심화된 위기의 여성들에게 적절한 심리 상담과 피난처의 제공은 이주여성뿐만 아니라 가족, 나아가 사회의 건강성을 도모하는 데 꼭 필요한 사업이다. 폭력피해 이주여성들은 심리적인 불안감을 갖고 있을 뿐만 아니라 가족으로부터 고립감을 느끼며 체류문제 등으로 극심한 불안감에 노출되어 있다. 현재는 같은 처지에 놓인 이주여성들만의 전용쉼터가 개소되어 서로를 위로하며 그들에게 필요한 상담 및 교육을 실시하고 있다. 또한, 법률지원 등 One-Stop 서비스로 개입에서 종결까지 문제해결에 중점을 두고 있어 어려움에 처한 피해여성들을 구제하는 데 많은 도움이 되었으며 법리에 의한 전문성에 중점을 두고 체계적인 계획으로 진행되고 있기에 이들에 대한 피해를 최소화할 수 있었다. 제언으로는, 엄마와 함께 동반 입소하게 되는 어린 자녀들에 대한 안정적 지원도 고민해야 할 시점이다. 자녀들의 학습권 침해나 사회에서 소외되지 않도록 맞춤형 사회서비스의 확충이 필요하다.

5 지역복지 프로그램

5-1. 지역주민 공동체 의식 향상과 역량강화를 위한 주민조직화사업 사잇길[10)]

1) 프로그램 개요

(1) 요약

'사잇길'은 지역주거형태가 공동주택으로 변화되고, 선주민들과 이주민들과의 의견 마찰에서 오는 소통의 문제, 공동체 의식 등의 문제를 해소하기 위한 지역사회 주민조직화 마을 만들기 사업이다.

본 사업은 개인주의가 팽배해지고, 이웃 및 마을의 개념이 약화되어 그 기능을 상실해 가고 있는 현실에 대응하여 지역주민의 약해진 관계를 강화하고 관계형성을 통해 마을이 생동하고 인정이 자라나도록 주선하고자 한다.

(2) 필요성(문제 및 원인 포함)

다음 조사에서 보는 것과 같이, 지역사회의 자조능력 저하와 마을공동체 의식 및 소통의 부재로 인해 이웃에 대한 무관심과 관계의 단절, 공통적인 관심사 부재로 정보공유의 한계, 배려심과 이타심 부족 등 개인주의가 만연하게 일어나고 있어 마을에 대한 관심과 문제를 해결하고 발전시켜가는 데 어려움이 있는 것으로 나타났다.

이러한 지역의 문제를 마을공동체성 회복을 통하여 변화를 이루어낼 필요성이 있으며, 주민들의 관심사를 매개로 지역주민이 모이게 하고, 지역주민들이 스스로 마을의 주인이 되게 하는 노력이 필요하다.

10) 출처: 사회복지공동모금회(2018). 2017 사회복지공동모금회 배분사례집.

이웃 관계가 사라지는 한국사회

- "같은 동네 이웃에게 인사하지 않는다." 58%
- "현재 이웃관계는 지금 수준이면 충분하다." 68.1%
- "우리 옆집 누가 살더라." - 옆집얼굴도 모른다. 51.3%
- "이웃집인데요." 문을 두드리자… 불신 커진 사회(신뢰 낮은 사회) [서울시 마을생활 인식조사]

(3) 목적 및 목표

목적	산출목표	성과목표
지역 및 주민의 변화 필요성 인식하기	1-1. 마을 만들기(주민조직사업) 설명회/5회	마을주민의 욕구와 문제를 파악하여 공유
	1-2. 마을주민 만나기/12회	
지역 및 주민변화를 위한 의식화	2-1. 생활복지운동(캠페인)/10회	마을주민 공동체성 회복과 변화를 위한 의식향상
	2-2. 마을신문 만들기/1회	
지역 및 주민 참여기반 마련	3-1. 마을주민 공동행사/2회	마을주민 소통구조 마련과 역량강화
	3-2. 마을주민 소통방 모임/39회	
	3-3. 마을주민 가족 간 모임/3회	
	3-4. 마을주민 선진지 견학/1회	

(4) 대상

대상구분	서비스대상자 산출근거	단위수
① 일반대상	아산시 신창면에 거주 중인 지역주민	23,562명
② 위기대상	일반대상 중 남성리에 거주 중인 지역주민	12,913명
③ 표적대상	위기대상 중 남성10리~남성13리에 거주 중인 지역주민	9,677명
④ 클라이언트수	표적대상 중 직·간접적으로 참여를 원하는 자	630명

2) 프로그램 수행현황

(1) 프로그램 수행기간

2017년 1월 ~ 2017년 12월(12개월)

(2) 프로그램 수행내용

성과목표	프로그램	활동(수행방법)	사업실적 (인원/횟수)	시행 시기	투입인력
마을주민의 욕구와 문제를 파악하여 공유	마을 만들기 사업 설명회	• 사업설명회 – 마을에 직접 방문하여 마을 만들기(주민조직) 사업에 대한 설명회 진행 – 마을에 대한 욕구 파악과 변화 사례 의견수렴	5회/26명	연중	사회복지사 2명
	마을 주민 만나기	• 지역주민 만나기 – 마을 주민들과 만남을 통한 지속적 관계 형성 – 잠재 주민리더 발굴과 관계 연결 – 직원들이 참여하는 지역주민 만나기 함께 실시	12회/52명	연중	사회복지사 2명
마을주민 공동체성 회복과 변화를 위한 의식향상	생활복지 운동	• 생활복지운동(캠페인) – 마을, 학교, 어린이집 등을 대상으로 캠페인을 통해 마을 공동체성 회복과 변화를 알리고 공유할 수 있는 기회 마련 – '인사합시다', '안아주세요'를 주제로 마을주민과 함께하는 캠페인 진행(손팻말, 캐릭터인형, 홍보물품 사용 등) – 마을 지역주민의 의견 수렴과 역할부여를 통한 캠페인 진행	10회/ 1,030명	3월~ 12월	사회복지사 2명
	마을신문 만들기	• 마을신문 – 마을주민들을 중심으로 기자 교육 및 지역사회 교육을 진행함으로써 참여주민의 역량을 강화함 – 마을주민, 학생, 가족들과 우리 마을 이웃의 이야기가 담겨 있는 마을신문 만들기	1회/5명	11월 ~ 12월	사회복지사 1명
마을주민 소통구조 마련과 역량강화	마을주민 공동행사	• 공동행사 – 지역주민 참여 기반 구축(벼룩시장, 마을걷기대회, 마을축제 등) – 마을주민들이 주관하는 계획과 진행	2회/ 330명	9월, 12월	사회복지사 2명
	마을주민 소통방 모임	• 소통방 모임 – 5개 모임 구성(책모임 1기, 책모임 2기, 손뜨개질, 매듭공예, 제	39회/ 215명	3월~ 12월	사회복지사 1명, 강사 3명

성과목표	프로그램	활동(수행방법)	사업실적 (인원/횟수)	시행 시기	투입인력
		과제빵) – 1개 모임당 약 7~8명의 마을 주민 관심사에 대한 소통방 모임 운영 – 모임을 통한 리더 발굴과 조직 구성 – 욕구를 바탕으로 마을에서 함께 수행할 일을 고민함			
	마을주민 가족 간 모임	• 가족 간 모임 – 마을에 거주하고 있는 가족 간 작은 만남을 통해 관계 형성(아빠와 산책모임, 책 읽어주기, 나들이 모임 등) – 가족 간 모임 구성을 통해 마을의 변화를 이끌어 낼 수 있는 사업 구상	3회/21명	4월, 7월, 12월	사회복지사 1명
	선진지 견학	• 선진지 견학 – 홍성홍동마을 선진견학 – 지속 가능한 마을 만들기 사례 교육을 통해 마을의 활성화 방안 모색 – 마을주민의 역량강화와 마을의 사업 구상과 설계	1회/7명	12월	사회복지사 2명

3) 프로그램 성과 및 향후 과제

(1) 프로그램 성과

① 프로그램 전체 평가

(세부)목표	목표에 대한 평가방법 (평가지표 및 평가도구)		평가결과
마을주민의 욕구와 문제를 파악하여 공유	성과지표	• 사업설명회 참여율 • 지역주민의 마을에 대한 관심, 인식, 욕구 등의 변화 정도	• 사업설명회 5회 26명 실시 • 주민만나기 12회 52명 실시 • 지역주민 인터뷰/과정기록지 – 마을공동체 의식과 소통 부족으로 이웃 관계 단절, 마을에 대한 애착과 관심의 결여문제→ 지역주민 참여 및 공동체 형성의 필요 인식

(세부)목표	목표에 대한 평가방법 (평가지표 및 평가도구)		평가결과
	자료원	• 복지관 자체조사 • 프로그램 참여자	– 사전: 마을의 공동체와 인식 변화에 대해 무관심 – 사후: 지역의 문제에 대해 스스로 책임의식을 갖고 있음 누가 마을의 주체가 되어야 하며, 어떻게 해야 하는 것인가 등 개념을 다시 확인해 보는 기회가 되었음
	자료수집 방법	• 인터뷰 • 사업진행일지 • 지역주민만남 기록지	
	자료수집 시기	• 프로그램 사전·사후	
마을주민 공동체성 회복과 변화를 위한 의식향상	성과지표	• 마을공동체성 회복 필요성 인식 여부	• 지역주민 약 1,030명을 대상으로 10회 캠페인 활동 실시 • 지역주민 인터뷰/과정기록지 – 마을주민이 주체가 되어 캠페인 계획–진행 – 평가까지 실시함 – 마을 주민의 참여를 적극 이끌어 내고 마을 인식을 변화시킴 – 최소 구성단위인 가족부터 변화를 이끌어내는 운동을 펼침으로써 가족 간의 관계를 회복·유지하는 기회를 마련함
	자료원	• 복지관 자체조사	
	자료수집 방법	• 설문지 • 인터뷰 • 과정기록지	
	자료수집 시기	• 프로그램 사후	
마을주민 소통구조 마련과 역량강화	성과지표	• 주민조직유무 • 지역주민 간 관계형성 정도 • 주민참여율 • 만족도 조사	• 지역주민조직 – 5개모임 28명 조직 구성 – 참여율: 90% – 마을 문제해결 의사 참여 여부 : 매우 그렇다 80%, 약간 그렇다 20% – 참여 후 마을에 대한 관심 변화 여부 : 긍정적 95%, 매우 긍정적 15% • 지역주민 FGI/과정기록지 – 소통방 기반으로 모임의 파생 매듭공예 소통방 모임 종료 후에도 구성원 각자가 가진 재능을 마을주민들과 서로 나누고 공유하는 활동으로 파생되어 진행됨 – 지역주민의 교류가 증진됨으로써 지역주민의 욕구와 의견에 맞는 다양한 프로그램을 발굴하고 주민 스스로 만들어가는 모임을 마련함 – 주민들의 인식과 의식변화 누가 마을 만들기를 해야 하고, 어떻게 해야 하며, 누가 참여하고 변화해야 되는지에 대한 인식이 변화함
	자료원	• 프로그램 참여자	
	자료수집 방법	• 주민조직 명부 • 설문지/소감문 • 과정기록지 • FGI • 사업진행일지 • 마을신문결과물	
	자료수집 시기	• 프로그램 사후	

② 대상자에게 미친 영향 또는 변화

○ 소통방 모임 기반으로 모임의 파생 효과

- 마을주민이 이웃대상 재능 기부를 통해 신규 소통방 모임을 개설하고 지속성을 유지함
- 복지관이 제안한 모임 종료 이후에도 모임 구성원이 각자 가진 재능을 마을주민들과 서로 나누고 공유함으로써 이웃 간 관계를 유지함. 또한, 모임 구성원과 마을의 문제 및 욕구를 찾아 함께 수행할 만한 일들을 의논하고 공동으로 행사를 추진함

> 매듭공예가 차주에 종료되어 모두들 아쉬워하십니다. 이웃과 관계를 맺으면서 알지 못한 정보도 알고, 어려운 일을 묻기도 하며, 도움을 요청할 수 있는 기회가 되었다고 합니다.
> 복지관 지원이 종결되더라도 지속적인 모임, 관계를 이어 나가길 희망하였습니다. 모임이 지속적으로 유지해 나갈 수 있는 방법도 고민하였습니다. 천◯◯님은 제과제빵 자격증이 있다고 합니다. 김◯◯님은 손으로 만드는 다양한 작품 활동을 하실 수 있다고 합니다. 이◯◯님은 미술 활동이라면 재능을 나눌 수 있다고 합니다. 이웃들이 서로의 재능을 나누면서, 관계를 계속 이어 가기로 했으며, 재료비는 회비를 모아 지출하기로 했습니다.
>
> [소통방 매듭공예 활동 기록 중에서]

- 마을주민의 이웃대상 재능 기부를 통해 관계를 유지, 지역주민 주관 사업을 추진함

  마을주민의 이웃대상 재능 기부를 통해 자율적 모임이 구성되었고, 이웃들과 마을에서 함께할 수 있는 활동을 제안하며 함께 고민함. 마을이 가지고 있는 문제를 다양한 관점에서 인식하고 참여할 수 있는 방법도 의논하면서, 지역사회의 한 일원으로서 문제해결을 위해 자발적으로 나설 의사를 보였음. 마을주민이 주체가 되는 마을 행사를 직접 계획하고 진행함으로써 마을 구성원의 역할과 의미를 부여함

행사를 주관한 달란트소모임 천○○회장은 "개인주의가 팽배해져가는 시대에, 이러한 행사를 바탕으로 이웃과 관계 맺고 소통하는 기회가 되었으면 좋겠습니다. 나에겐 필요 없지만 다른 사람은 잘 쓸 수 있는 물건을 이웃과 나누는 즐거운 자리였고, 아이들에게는 절약과 배려를 배울 수 있는 계기였습니다."라고 전했습니다. 행사에 참여한 주민분은 그동안 못 본 이웃주민과 만날 수 있는 기회가 되었다며, 매우 흐뭇해 하셨습니다.
더욱 가치 있는 일은, 물품 판매 수익금 전액을 마을 어르신 돕기에 전액 사용하는 것으로 뜻을 모았습니다. 마을분들과 해볼 만한 일들을 여쭙고, 부탁하고, 함께 고민하니 의미 있고 뜻 있게 준비할 수 있습니다. 이러한 이웃과의 작은 만남을 통해 우리 마을이 행복한 마을, 누구나 정붙이고 살만한 마을이 되길 기대합니다.

[마을행사 1차 결과보고 기록 중에서]

- 마을 주민과의 관계 형성과 소통구조 마련

  마을 이웃과 자연스러운 만남을 유도하고 친밀감을 형성함으로써 단절되고 약해진 관계, 기존에 없던 관계를 만들어 나가는 기회가 되고 있음. 또한 주민들의 욕구와 마을에서 쉽게 해볼 만한 일을 함께 고민하면서 지역의 문제를 주민들의 참여로 해결하고자 하는 의지를 보임

박○○님은 이웃과 인사조차 나누기 어색한 요즘 책을 통해 격식 없이 만나 대화하고, 정보도 공유하며 이웃관계를 맺으니 행복하다고 합니다. 모임 후 변화된 것이 있다면, 데면데면했던 이웃 사이가 차와 음식을 나누며, 어떻게 하면 관계를 돈독하게 이어나갈지 고민하고 있다는 점입니다. 그뿐만 아니라, 정겹고 따뜻하게 품어줄 수 있는 이웃이 옆에 있음에 행복해 했습니다.

[소통방 책모임 1기 활동 기록 중에서]

> 소통방 모임이 근간이 되어 우리 마을이 정이 많고, 행복한, 건강한 마을이 되었으면 하는 희망 섞인 이야기를 나눴습니다.
> 고○○님은 소통방 활동을 통해 주변에 좋은 이웃들이 많음에 놀랐고, 감사하다고 합니다. 매회 즐겁고 유쾌한 만남을 이어가기를 희망하였습니다.
> [소통방 손뜨개질 활동 기록 중에서]

- 마을에 대한 의식 변화 → 주민의 사업에 대한 적극적 참여
  지역주민과의 만남, 설명회, 간담회를 통해서 우리가 함께 생활하는 지역의 문제에 대해 스스로 책임의식을 갖게 됨. 누가 마을 만들기의 주체가 되어야 하며, 어떻게 해야 하는 것인가 등 개념을 다시 확인해 보는 기회가 되고 있음. 마을주민이 계획–진행–평가까지 주체가 되는 마을 행사와 생활복지운동(캠페인) 실시하며 적극적인 참여모습을 보임
- 이웃과의 관계, 모임의 지속적 유지와 마을에 대한 애착심 형성
  이웃의 관계 형성이 복지관 중심이 된 강한 연결에서 주민들 스스로 관리·운영하도록 하여 권한과 책임을 주민에게 이양하고, 향후 주민 스스로 관계를 유지해 나갈 수 있도록 역량과 역할 부여하여 마을에 대한 애착심을 형성함

③ 대상자 만족도 수준

마을 만들기 참여에 대한 전체적 만족 여부에는 '매우 만족' 95%, '만족' 5%로 조사되었고, 마을 만들기에 참여하게 된 동기·이유에는 '이웃과의 사귐과 관계개선' 70%, '마을과 관련된 사업관심' 30%로 나타났다. 마을 만들기사업의 마을 활성화 도움 여부에는 '약간 도움됨' 55%, '매우 도움됨' 45%로 마을 만들기사업이 마을의 변화와 활성화에 도움이 되는 것으로 볼 수 있었다.

프로그램 참여 후 변화된 것이 있다면 1순위 '마을에 대한 관심 형성' 40%, '이웃과의 관계개선과 친밀감 형성' 35%, '새로운 정보 공유와 파악' 25% 임을 볼 수 있었으며, 프로그램 참여 후 '긍정적으로 변화' 95%, '매우 긍정적으로 변화' 5%로 조사되어, 마을 만들기사업이 전반적으로 마을의 관

심 형성과 변화에 기여함을 알 수 있었다.

(2) 프로그램 제한점(목표달성 저해요인 및 개선방안)

소통방 모임 구성원들을 중심으로 마을 활동가를 만들고, 교육·선진지 견학을 통해 마을 만들기의 기대치를 높여 마을에서 수행할만한 일을 꾸준히 제안 드리고 있지만, 약간의 부담감을 갖고 계셨다.

마을 활동에 있어 자신에게 얻어지는 이익과 효과를 얻기 위해서는 개인이익, 지역사회 이익 등 객관적 지표를 바탕으로 욕구 파악이 우선시 되어야 할 것이며, 만족하려고 하는 일들이 무엇인지, 의미는 무엇인지 세밀한 목표설정도 중요하다.

더하여, 선명한 목표설정을 기반으로 한 과정의 변화(예, 마을행사 수익금을 어려운 이웃의 장학금으로 지급)를 경험하고, 목표 달성 시 만족감이 있을 때 적극적인 참여가 이어질 것이다. 정기적인 간담회 및 교육 등을 통해 마을의 중요성을 인식하고 실천해 나가는 것도 마을 관심의 기대치를 높이는 계기가 될 것이다.

(3) 프로그램 향후 전망 및 제언

- 주민주도형 사업의 확장
  지역주민의 욕구와 의견에 맞는 활동들을 발굴하고, 주민 스스로 운영되고 만들어지는 조직체를 형성해 나간다.
- 지역주민과의 소통기회 마련의 확대
  소모임이 구성되고 활성화되어, 지역의 구심점 역할을 수행하며 마을에서 수행할 만한 활동을 제안하여 마을의 변화와 기능 회복을 유도해 나간다.
- 지역주민의 다양한 참여 방법 도입과 추진
  마을을 전반적으로 변화시키기 위해 캠페인·이벤트 등을 추진하고, 사업 및 활동내용에 관한 정보 공유로 지역주민의 관심과 참여를 이끌어 낸다.
- 공유경제의 발전방향 모색
  물건, 공간, 지식 등 유·무형의 서비스를 소유가 아닌 공유를 통해 가치의 효율을 높여, 마을과 마을, 주민과 주민을 잇는 소통을 통해 주민 스스로 학습하고 성장하는 계기를 마련한다.

5-2. 중구행복수놓기! "행복우체통 - 희망나누기"[11)]

1) 프로그램 개요

(1) 요약

'중구행복수놓기! 행복우체통 – 희망나누기' 사업은 중구종합사회복지관과 중구청이 협력하여 2013년 부산시 중구지역 11개 버스정류장 및 쉼터에 설치되었다. 다양한 사연에 대한 빠른 대응과 직접 찾아가는 복지서비스 제공을 통해 중구지역 복지사각지대 이웃들의 개별복지욕구를 해소하여 줌으로써 희망케어의 중심 역할을 수행하고 있다.

(2) 필요성(문제 및 원인 포함)

부산시 중구의 경우 총가구 23,309세대 중 7.04%에 해당하는 1,641가구가 기초생활수급 세대이며, 이 외에도 많은 주민들이 경제적 · 정서적 어려움을 겪고 있다.

현재 중구에는 중구종합사회복지관, 중구청을 비롯한 각 사회복지시설, 관공서, 각종 기업 및 단체가 다양한 방법으로 어려움을 겪고 있는 주민에게 도움을 주기 위해 애쓰고 있으나 아직까지도 이러한 도움에 발견되지 못한 복지 사각지대가 존재하고 있다.

이에 행복우체통사업을 통해 도움이 필요한 개인 스스로, 주변의 이웃을 통해, 복지시설 담당자를 통해 도움이 필요한 주민의 사연을 처리하고 다양한 복지서비스와 연계하여 지역주민 스스로 어려움을 해결할 수 있도록 도우며, 중구 지역 안에서 건강한 지역주민으로 자리매김할 수 있도록 돕고자 한다.

11) 출처: 사회복지공동모금회(2016). 2015 사회복지공동모금회 배분사례집.

(3) 목적 및 목표

목적	산출목표	성과목표
민관협력의 상시보호체계 마련으로 저소득 복지사각지대 소외계층의 개별 복지욕구를 해소하여줌으로써 희망케어의 중심역할 수행	1. 행복우체통 사연접수 및 희망나눔 50건 이상 달성	희망나눔을 통한 지역주민의 어려움 해결
	2. 복지서비스 연계 20건 이상 달성	서비스 연계를 통한 복지사각지대 지역주민 발굴

(4) 대상

대상구분	서비스대상자 산출근거	단위수
① 일반대상	부산광역시 중구에 거주하는 자	49,407명
② 위기대상	위기대상 일반대상 중 지역사회의 도움을 필요로 하는 자	추정불가
③ 표적대상	위기대상 중 행복우체통 사연을 접수한 자	추정불가
④ 클라이언트수	표적대상 중 선정기준을 통과한 자	50명

2) 프로그램 수행현황

(1) 프로그램 수행기간

2015년 1월 ~ 2015년 12월(12개월)

(2) 프로그램 수행내용

성과목표	프로그램	활동(수행방법)	사업실적 (인원/횟수)	시행시기	투입인력
희망나눔을 통한 지역 주민의 어려움 해결	행복 우체통 –희망 나누기	• 접수 및 사례회의 – 주 1회 우체통 엽서수거 및 사연접수 – 사연접수자 면담을 통한 서비스 제공 필요 여부 확인 – 사례회의를 통한 서비스 제공가능 여부 논의 및 외부단체 후원연계 등 해결방법 논의	92명/92회	1~12월	사회복지사 1명

(계속)

성과목표	프로그램	활동(수행방법)	사업실적 (인원/횟수)	시행시기	투입인력
		- 긴급사연의 경우 선조치 후 보고 원칙 적용			
		• 희망나눔 - 사연별 30만원 이내 금전 또는 물품 지원	63명/63회	3~12월 (수시)	사회복지사 1명
서비스 연계를 통한 복지 사각지대 지역주민 발굴		• 사후관리 - 지속적인 사례관리가 필요한 경우 지역유관단체 복지 서비스 연계하여 사후 관리 실시	19명/19회	3~12월 (수시)	사회복지사 1명

3) 프로그램 성과 및 향후 과제

(1) 프로그램 성과

① 프로그램 전체 평가

성과목표	성과지표	평가결과
희망나눔을 통한 지역주민의 어려움 해결	• 사연접수 현황 • 희망나눔 지원 수	• 1~12월 총 92건 사연접수됨 • 행복우체통(복지관 물품 포함) 희망나눔 지원 63건 달성 • 기타 행정 안내 및 서비스 연계 10건, 대상자 선정기준 탈락으로 인한 보류 19건으로 92개 접수사연 모두 처리 완료함
서비스 연계를 통한 복지 사각지대 지역주민 발굴	• 복지서비스 연계 수	• 중구종합사회복지관 외 복지서비스 연계 9건, 행정서비스 연계 10건 처리하였음 • 일시지원으로 해결 가능한 사연이 80%, 지속 후원 등의 연계실적 비율이 다소 낮게 나타남

② 대상자에게 미친 영향 또는 변화

- 본 사업의 경우 최저생계비 200%이하, 부동산 1억 3천만 원 이하의 지역주민이라면 누구나 도움을 받을 수 있으며 지원절차가 간단하여 지역주민의 시급한 문제 및 욕구에 발빠르게 대처할 수 있었음
- 의료비 지원, 영유아물품지원, 방과후 수업비 지원, 방충망 지원 등 다양

한 형태의 지원이 이루어짐으로써 중구 지역주민들의 생활불편 감소 및 삶의 질 향상에 도움이 되었음

- 또한 길거리 쓰레기통 설치, 계단난관 보수 등 지역주민들의 민원처리 창구로서의 역할 수행이 가능하였음

③ 대상자 만족도 수준

- 접수된 사연 속 문제 및 욕구에 맞는 희망지원이 이루어짐으로써 90%이상의 높은 만족도가 나타남. 불만족 10%의 경우 연 1회 30만 원 한도 내 지원에 대한 아쉬움을 표현하였음

(2) 프로그램 제한점(목표달성 저해요인 및 개선방안)

- 현수막, 소식지 등을 통해 본 사업에 대한 홍보를 실시하였음에도 불구하고 사업에 대해 모르는 복지사각지대의 주민이 많음. 접수된 사연의 60% 이상이 타 복지기관 담당자들을 통한 사연이 많아 지역사회 복지사각지대 주민 을 위한 다양한 홍보방법 마련이 필요함
- 또한 연 1회 지원이라는 점을 악용하는 사례가 발생함에 따라 2016년의 경우 대상자 선정 기준을 좀 더 세분화해 재원의 낭비 없이 도움이 절실한 복지사각지대의 주민에게 적합한 서비스가 제공될 수 있도록 해야겠음

(3) 프로그램 향후 전망 및 제언

- 본 사업의 경우 부산 중구청 및 중구종합사회복지관이 협력하여 진행하고 있으며 연간 중구지역 복지사각지대 주민 80여 명이 도움을 받고 있음에 따라 지역사회의 안전망으로써 자리매김하고 있음
- 또한 시범사례로 선정되어 다양한 지자체에서 행복우체통과 비슷한 사업을 시작하는 등 긍정적 효과가 나타나고 있는 만큼 현재까지의 문제점을 보완하여 지속적으로 중구주민들의 문제 및 욕구해결에 도움이 될 수 있도록 해야겠음

참고문헌

경기도 구리시(2015). 제3기 지역사회복지계획.

국민연금연구원(2015). 국민노후보장패널 조사표.

김상곤 · 최승희 · 안정선(2015). **사회복지 프로그램 개발과 평가**. 서울: 학지사.

김영종(1999). **사회복지조사방법론**. 서울: 학지사.

______(2010). **사회복지행정론**. 서울: 학지사.

______(2013). **사회복지 프로그램 개발과 평가**. 서울: 학지사.

김영종 · 민소영 · 김영미 · 김찬우 · 임정기 · 홍현미라(2008). **사회복지 성과측정기법**. 서울: 학지사.

김원형 · 남승규 · 이재창 · 우석봉(2010). **심리학의 이해와 적용**. 서울: 학지사.

김주현(2015). 한국 고령자의 연령차별 경험과 노년기 인식 질적 연구. **한국인구학**, 38(1), 69-104.

김진숙(2014). **사회복지조사론**. 서울: 신정.

박경일 · 박승기 · 조수경 · 오승환 · 권진아 · 김안나(2016). **사회복지 프로그램 개발과 평가**. 경기: 양성원.

보건복지부(2017). 2017 드림스타트 사업 안내.

_________(2018). 2018 사회복지관 운영관련 업무처리 안내.

_________(2018). 통계로 보는 사회보장 2018.

보건사회연구원(2012). 사례관리를 위한 지역사회 복지자원 관리방안. **보건복지 ISSUE & FOCUS**, 128호.

사회보장정보원(2017). 2018년도 사회복지시설평가 사회복지관 평가지표.

사회복지공동모금회(2011). 2010 배분사업안내.

________________(2012). 2011 배분사업안내.

________________(2017). 2017 배분사업안내.

________________(2018). 2018 배분사업안내.

________________(2019). 2019 배분사업안내.

________________(2016). 2015 사회복지공동모금회 배분사례집.

________________(2017). 2016 사회복지공동모금회 배분사례집.

________________(2018). 2017 사회복지공동모금회 배분사례집.

________________(2019). 2018 사회복지공동모금회 배분사례집.

삼성복지재단(2015). 사회복지 프로그램 개발지원 기획 매뉴얼.

서울대학교 교육연구소(1995). 교육학용어사전.

서울시복지재단(2014). 민간사회복지자원 통합DB구축 조사보고서-서대문구 동 자원 목록화.

양정하 · 임광수 · 김치영 · 황인옥 · 이종운(2011). **사회복지 프로그램 개발과 평가**. 경기: 정민사.

우수명(2008). **TP사회복지조사**. 서울: 인간과 복지.

이가옥 · 이지영 · 이미진 · 김연순(2008). 세대 통합 프로그램을 통한 대학생의 노인에 대한 인식 변화와 자기 성찰. **노인복지연구**, 39, 79-109.

이기량 · 김 병 · 김효선 · 나혜숙 · 박영주 · 송기영 · 신민정 · 임경선 · 전영록 · 현영렬(2017). **사회복지실천기술론**. 경기: 공동체.

이민홍 · 정명오(2012). **사회복지 프로그램 개발과 평가**. 서울: 나눔의 집.

인천광역시 서구(2014). 제3기 지역사회복지계획 2015~2018.

정무성 · 정진모(2001). **사회복지 프로그램 개발과 평가**. 경기: 양서원.

조미형(2011). 제도적 환경변화에 대한 사회복지관의 인식과 대응에 관한 연구. **한국사회복지행정학**, 13(1), 103-132.

조성우 · 안정선 · 최승희 · 김상곤(2018). **쉽게 배우고 바로 활용하는 사회복지 프로그램 개발과 평가**. 서울: 학지사.

최일섭 · 최성재(1994). **사회문제와 사회복지**. 서울: 나남.

홍덕기 · 최성열 · 이재신(2015). 노인 운전자의 삶의 질에 관한 평가항목 개발: 델파이 방법 적용. **대한작업치료학회지**, 23(1), 73-84.

황성철(2017). **사회복지 프로그램 개발과 평가**. 경기: 공동체.

대구서구청, 지역사회 복지자원목록, https://www.dgs.go.kr

두산백과, http://www.doopedia.co.kr

사회보장정보원, http://www.w4c.go.kr
서초구청 홈페이지, http://www.seocho.go.kr
영암군청소년상담복지센터, http://ya1388.or.kr
태화기독교사회복관, http://www.taiwha.or.kr

Altschuld, J. W., & Kumar, D. D.(2010). *Needs Assessment: An Overview.* SAGE.

Antonucci, T., & Akiyama, H.(1995). Convoy of social relations: Family and friendships within a life span context, In R. Blieszner & V. H. Bedford(Eds.), *Handbook of Aging and the Family*(pp. 355-371). Westport, Connecticut: Greenwood.

Atchley, R. C.(1989). A continuity theory of normal aging. *Gerontologist*. 29: 183-190

___________(2000). *Social Forces and Aging. Belmont*. CA: Wadsworth Thompson Learning.

Baltes, P. B., & Baltes, M. M.(1990). *Successful Aging: Perspectives from the Behavioral Sciences*. New York, NY: Cambridge University Press.

Baltes, P. B.(1993). The aging mind: Potential and limits. *Gerontologist*. 33: 580-594.

___________(1997). On the incomplete architecture of human ontogenesis. American Psychologist. 52: 366-380.

Baltes, M. M., & Carstensen, L. L.(1996). The process of successful ageing. *Aging and Society*. 16: 397-422.

Baron, R. M., & Kenny, D. A.(1986). The moderator-mediator variable distinction in social psychological research: Conceptual, strategic, and statistical considerations. *Journal of Personality and Social Psychology,* 51(6): 1173-1182.

Bigby, C.(2004). *Ageing with a Lifelong Disability: a guide to practice, program, and policy issues for human services professionals*. Jessica Kingsley Publishers.

Breitenbach, N.(2001). Aging with intellectual disabilities: discovering disability with ald age: same or different? In M. Priestley (Ed.). *Disability and the Life Course: Global Perspectives*. Cambridge: University Press.

Burr, W. G., Leigh, R. D., & Contantine, J.(1979). *Symbolic and Family, In contemporary Theories about the family*. edited by W. Burr, New York: The

Free Press.

Campbell, A.(1981). *The Sense of Well-Being in America.* McGraw-Hill, New York.

Campbell, M.(1997). Two worlds of disability: Bridging the gaps between the aging network and the disability community. *Southwest Journal of Aging,* 13(2): 3-11.

Campbell, M. & Kemp, B.(1997). Variation in secondary conditions, risk factors, and health care needs for four groups of persons aging with physical disability, *Journal of Rehabilitation Research and Development,* 34: 119-120.

Capoor, J. & Stein, A. B.(2005). Aging with Spinal Cord Injury. Physical Medicine and Disability Rehabilitation Clinics on North America, 16: 129-161.

Chambers, D. E., & Wedel, K. R.(2000). *Social Policy and Social Programs: A Method for the Practical Public Policy Analyst.* Needham Height, Allyn & Bscon.

Chen, C.(2001). Aging and life satisfaction. In: *social indicators research.* 54: 57-79.

Chou, K. L., & Chi, I.(2002). Successful aging among the young-old, old-old and oldest-old Chinese. *International Journal of Aging and Human Development,* 54(1): 1-14.

Crosnoe, R., & G. H. Elder Jr.(2002). Successful adaption in the later years: A life course approach to aging. *Social Psychology Quarterly,* 65(4): 309-328.

David G. Myers., & Ed Diener.(1995). Who is Happy?. *Psychological Science,* 6(1): 10-19.

Department of Assistive and Rehabilitative Services (DARS).(2014). *DARS RSM Manual.* Austin, TX: Authors.

Diener, E.(1984). *Subjective well-being. Psychological Bulletin,* 95: 542-575.

Division of Rehabilitation Services (DRS).(2014). *Rehabilitation Services Manual.* retrieved from www.dors.state.md.us

Erikson, E. H.(1982). *The Life Cycle Completed: Review.* New York: Norton.

Erikson, E. H., Erikson, J. M., & Kivnick, H. Q.(1986). *Vital Involvement in Old Age: The experience of old age in our time.* New York: Norton.

Evans, D. R.(1994). Enhancing quality of life in population at large. *Social Indicators Research,* 33: 1-3.

Faulkner, M.(2001). A measure of patient empowerment in hospital environments catering for older people. *Journal of Advanced Nursing,* 34(5): 676-686.

Fisher, B. J., & Specht, D. K.(1999). Successful aging and creativity in later life. *Journal of aging studies,* 13(4): 457-472.

Foreman, P.(1998). Aging and Disability: Double jeopardy. Journal of Intellectual *& Developmental Disability,* 23(1): 1-2.

Freud, A. M., & Baltes, P. B.(1998). Selection, optimization and compensation as strategies of life management: correlations with subjective indicators of successful aging. *Psychology and Aging,* 13(4): 531-543.

Freysinger, V. J.(1990). *Successful aging for women, Ontario Research Council on Leisure.* Sixth Canadian Congress on Leisure Research, Proceeding Paper. 1990.

Glenn., T. F.(2001). Emerging Trends on Disability. *Population Today,* 29: 9-10.

Grinnell, R. M., Gabor, P., Unrau, Y. A., & Gabor, P.(2010). *Program evaluation for social workers: Foundations of evidence-based programs.* Oxford: Oxford University Press.

Gunst, R. R., & Mason, R. L.(1980). *Regression Analysis and Its Application.* New York: Dekker.

Hardy, S. E., Concato, J., & Gill, T. M.(2004). Resilience of Community-dwelling older persons. *Journal of the American Geriatrics Society,* 52: 257-262.

Harris, P. B.(2008). Another Wrinkle in the debate about Successful Aging : The undervalued concept of Resilience and the Lived Experience of Dementia. *International Journal Aging and Human Development,* 67(1): 43-61.

Havighurst, R. J.(1963). Successful aging, In Williams R. H., Tibbitts, C., Donahue, W., eds. *Processes of Aging.* New York, NY: Artherton Press, 299-320.

Havighurst, R. J., & R. Albrecht.(1953). *Older People.* New York: Longmans.

Hayes, A. F.(2009). Beyond Baron and Kenny: Statistical Mediation Analysis in the New Millennium. *Communication Monograph,* 76(4): 408-420.

Heller, T., & Heumen, L. V.(2013). Aging with disability In Wehmeyer, M. L.(Ed.). (2013). *The Oxford Handbook of Positive Psychology and Disability.* Oxford University Press.

Hjelle, L. A., & D. J. Ziegler.(1976). *Personality Theory: Basic Assumptions, Research, and Theory*. New York: McGraw Hill.

Hodges, L.(2004). *The relationship of Migration and Retirement Preparation in a Cohort of Middle-Aged Adults*. Ph.D. Dissertation, Utah State University.

Kalish, R.(1975). *Late Adulthood: Perspectives on Human Development*. CA.: Cole.

Kelley-Moore, J.(2010). Disability and ageing: the social construction of causality. In D. Dannefer and C. Phillipson(Eds.). *The Sage Handbook of Social Gerontology,* 96-110. London: Sage.

Kennedy, J.(2002). Aging and disability-The advocacy and research agendas. *Journal of Disability Policy Studies*, 12(4): 280-283.

Kettner, P. M., Moroney, R. M., & Martin, L. L.(2008). *Designing and Managing Programs: An Effectiveness-Based Approach*. CA: Sage.

Krave, A. J.(2007). *Perception of Successful Aging Among Caregivers of Older Adults. A thesis submitted partial fulfillment of the requirements for the degree of Master of Science in Human development and Family Studies*. University of Nevada.

Laslett, Peter.(1989). *A Fresh Map of Life: The Emergence of the Third Age*. London: Weidenfeld and Nicolson.

Lazarus, R. S., & Folkman.(1984). *Stress, Appraisal and Coping*. Springer: New York.

Matt, G., & Dean, A.(2003). Social support from friends and psychological distress among elderly persons: moderator effects of Age. *Journal of Health and Social Behavior,* 34(3): 187-200.

Medley, M. L.(1976). Satisfaction with life among persons sixty-five years and older: A casual model. *Journal of Gerontology,* 31: 448-455.

Mitchell, B. A.(2002). *Successful Aging: Integrating Contemporary Ideas, Research Findings, and Intervention Strategies*. Springfield: Charles C. Thomas.

Monika, A.(2003). Effects of religion and purpose in life on Elders subjective well-being and attitudes toward death. *Journal of religions gerontology,* 14(4): 55-77.

Moody, H. R.(2005). From successful aging to conscious aging. In M. L. Wykle, P. J. Whitehouse, D. L. Morris(Eds.). *Successful Aging Through the Life Span: Intergenerational Issues in Health*(pp.55-68). New York: Springer Publishing

Company.

Moore, J. F., & Mitchell, O. S.(2000). *Projected Retirement Wealth and Saving Adequacy, Pension Research Council, Philadelphia.* PA: University of Pennsylvania Press, 67-94.

Neugarten, B. L., Havighurst, R. J., & Tobin, S. S.(1961). The Measurement of Life Satisfaction. *Journal of Gerontology,* 16(4): 136-142.

Noone, J., Alpasss, F., & Stephens, C.(2010). Do men and women differ in their retirement planning? Testing a theoretical model of gendered pathways to retirement preparation, *Research on Aging,* 32(6): 715-738.

Parker, M. H.(2011). Optimizing Resilience in the 21st Century. in Resilience in Aging : Concepts, Research, and Outcomes(pp.317-330), Edited by Rensnick, B., New York : Springer.

Parker, R., & Patterson, J.(2013). *Rehabilitation Counseling: Basics and Beyond.* Austin. TX: Pro-ed.

Parker, R., & Szymanski, E.(2012). *Work and Disability.* Austin. CA: Pro-ed.

Phelan, E. A., Anderson, L. A., LaCroix, A. Z., & Larson, E. B.(2004). Older adults' views of Successful Aging-How do they compare with researchers' definitions? *Journal of the American Geriatrics Society,* 52(2): 211.

Priestley, M.(2003). *Disability: A life Course Approach.* Cambridge: Polity Press.

Rapp, C. A., & Poertner, J.(1992). *Social Administration: A Client-centered Approach.* Longman Publishing Group.

Robinson, R., Schultz, S., Castillo, C., & Kopel, T.(2000). Northriptyline versus fluoxetin in the treatment of depression and in short-term recovery after stroke. *American Journal of Psychiatry,* 157(3): 351-359.

Rossi, P., & Freeman, H.(1982). *Evaluation: A Systematic Approach.* Beverly Hills.

Rowe, J. W., & Kahn, R. L.(1987). Human aging: usual and successful. *Science,* 237(4811): 143-149.

____________________(1997). Successful aging. *The Gerontologist*, 37(4): 433-440.

____________________(1998). *Successful aging.* New York: Pantheon/Random

House.

Ryff, C. D.(1982). Successful aging: A developmental approach. *The Gerontologist*, 22: 209-214.

__________(1989). Happiness is everything, or is it?: Explorations on the meaning of psychological well-being. *Journal of Personality and Social Psychology,* 57(6): 1069-1081.

Schimmack, U., Radhakrishnan, P., Oishi, S., Dzokoto, V., & Ahadi, S.(2002). Culture, personality, and subjective well-being: integrating process models of life satisfaction. *Journal of Happiness Studies,* 7(4): 467-497.

Schulz, R., & Heckhausen, J.(1996). A Life Span Model of Successful Aging. *American Psychologist,* 51(7): 702-714.

Sheets, D.(2005). Aging with disabilities: ageism and more. *Generations*, 29(3): 37-41.

Shrout, P. E., & Bolger, N.(2002). Mediation in Experimental and Nonexperimental Studies : New Procedures and Recommendations. *Psychological Methods,* 7(4): 422-445.

Sirven, N., & Debrand, T.(2008). Social participation and healthy aging: An international comparison using SHARE data. *Social Science & Medicine,* 67: 2017-2026.

Smith, J. L.(1995). *Community Integration and Quality of Life Following Traumatic Brain Injury*. University Microfilms International.

Strawbridge, W., Wallhagen, M., & Cohen, R.(2002). Successful aging and well-being: Self-rated compared with Rowe and Kahn. *The Gerontologist,* 42(6): 727-733.

Taber, M., & Finnegan, D.(1980). A Theory of accountability for social work program, Unpublished paper, University of Illinois School of Social Work, Urbana, Illinois, Reprinted with permission.

Torres-Gil, F., & Putnam, M.(2004). The politics of aging with a disability: Health care policy and the shaping of a public agenda. In B. Kemp & L. Mosqueda (Eds.), *Aging with Disability* (pp. 262-279). Baltimore: Johns Hopkins University Press.

Torres, S.(2002). Relational values and ideas regarding "Successful Aging". *Journal of Comparative Family Studies,* 33(3): 417-432.

United Nations.(2013). World Population Prospects: the 2013 Revision, United Nations, Dept. of Economic and Social Affairs. *Population Division,* 1: 932.

Vaillant, G. E., & K. Mukamal(2001). Successful aging. American *Journal of Psychiatry,* 158(6): 839-847.

Veenhoven, R.(1984). *Conditions of happiness*. Dordrecht Reidel; reprinted 1991 by Kluwer Academic.

Verbrugge, L. M., & Yang, L. S.(2002). Aging with disability and disability with aging. *Journal of Disability Policy Studies*, 12(4): 253-267.

Wagnild, G. M.(2003). Resilience and Successful Aging : Comparison Among Low and High Income Older Adults. *Journal of Gerontological Nursing,* 29(12): 42-49.

WHO(1998). *The world health report. life in the 21th century*. A Vision for All. Geneva: World Health Organization.

Wong, P. T.(1989). *Personal meaning and successful aging*. Canadian Psychology, 57: 349-357.

__________(2000). Meaning of Life and Meaning of Death in Successful Aging. In A. Tomer(ed.). *Death attitude and the older adult*. New York: Brumer Mazel.

찾아보기

기타

ㄱ

ㄴ

ㄷ

ㅁ

ㅂ

ㅌ

ㅍ

ㅎ

저자소개

■ **송 기 영**

연세대학교 사회복지학과(학사)
연세대학교 사회복지학과(석사)
서울시립대학교 사회복지학과(박사)
오산대학교 실용사회복지학과 조교수

주요 저서

지역사회복지론(공저, 동문사, 2015)
사회복지현장실습(공저, 동문사, 2015)
평생교육방법론(공저, 공동체, 2016)
사회복지실천기술론(공저, 동문사, 2016)
사회복지실천기술론(공저, 공동체, 2018)
사회복지행정론(공저, 동문사, 2017)
사회복지행정론(공저, 정민사, 2018)
사회복지조사론(공저, 정민사, 2018)
정신건강사회복지론(단독, 정민사, 2019)

주요 보고서

『제3기 지역사회복지계획 2015~2018』, 인천광역시 서구, 2014.
『성산지구 새뜰마을사업 마스터플랜』, 전라북도 김제시, 2018.

주요 논문

장애노인의 우울감과 삶의 만족도 상관연구-노령화된 장애인과 노인성 장애인의 비교를 중심으로(장애인복지연구, 2014)
장애노인의 성공적 노화에 영향을 미치는 요인 연구-비장애노인과의 비교를 중심으로(한국케어매니지먼트연구, 2017)
노인의 장애유무가 성공적 노화에 미치는 영향 연구- 사회적 관계망의 조절효과-(재활복지, 2017)
자원봉사활동의 지속성에 관한 연구(한국콘텐츠학회논문지, 2017)
노인의 노후준비가 성공적 노화에 미치는 영향과 삶의 만족도의 매개효과(노인복지연구, 2018)
지역아동센터 이용 아동의 스트레스가 생활만족도에 미치는 영향과 자아존중감의 매개효과(지역아동센터중앙지원단, 2018)

주요 활동

한국인권사회복지학회 학술이사
한국다문화청소년협회 이사
경기도 광역치매센터 치매전문지원단 위원
오산노인종합복지관 운영위원

사회복지 프로그램 개발과 평가

초판 1쇄 발행 / 2019년 7월 30일
초판 2쇄 발행 / 2025년 8월 25일

저 자 / 송 기 영
발행인 / 이 중 수
발행처 / 동 문 사

서울특별시 서대문구 홍제원 1길 12
(홍제동 137-8)
Tel : 02)736-3718(대), 736-3710, 3720
Fax : 02)736-3719
등록번호 : 1974.04.27. 제9-17호
가격 : 20,000원

ISBN : 979-11-6328-107-8 (93330)
E-mail : dong736@naver.com
www.dongmunsa.com